JINRONG

新时代金融风险与金融安全研究书系

中央与地方政府目标偏差视角下金融系统性风险研究

邹 瑾 著

西南财经大学出版社
Southwestern University of Finance & Economics Press
中国·成都

图书在版编目(CIP)数据

中央与地方政府目标偏差视角下金融系统性风险研究/邹瑾著 .—成都:西南财经大学出版社,2021.8
ISBN 978-7-5504-4999-2

Ⅰ.①中… Ⅱ.①邹… Ⅲ.①金融风险—风险管理—研究—中国
Ⅳ.①F832.1

中国版本图书馆 CIP 数据核字(2021)第 154214 号

中央与地方政府目标偏差视角下金融系统性风险研究
邹瑾 著

责任编辑:李思嘉
责任校对:赵静繁
封面设计:何东琳设计工作室
责任印制:朱曼丽

出版发行	西南财经大学出版社(四川省成都市光华村街 55 号)
网　址	http://cbs.swufe.edu.cn
电子邮件	bookcj@swufe.edu.cn
邮政编码	610074
电　话	028-87353785
照　排	四川胜翔数码印务设计有限公司
印　刷	四川五洲彩印有限责任公司
成品尺寸	170mm×240mm
印　张	12.5
字　数	227 千字
版　次	2021 年 8 月第 1 版
印　次	2021 年 8 月第 1 次印刷
书　号	ISBN 978-7-5504-4999-2
定　价	75.00 元

前言

中国经济自改革开放以来保持了四十余年的高速增长，实现了经济发展的历史性变革。随着中国经济由高速增长向高质量发展转变，防范金融系统性风险仍然是我国经济社会发展全局的基石与重点。我们需要审视中国金融系统性风险生成的要素，特别是具有中国经济社会印迹的各种独特因素，这些因素创造了中国经济增长的奇迹，也隐藏着风险。在中国单一制的国家结构下，中央政府与地方政府的目标偏差问题始终作用于宏观经济。在较为重视经济增长的干部考核机制及因财政分权而金融权责模糊的制度背景下，地方政府面临的激励性质和结构与中央政府维护金融稳定的目标存在冲突。地方政府倾向于追求辖内短期经济增长，而忽略了短期增长带来的长期隐患，这导致地方政府发展区域经济所产生的风险不断积聚与外溢，并随着经济与金融体系间相互强化的正反馈机制，积聚为系统性风险。正因如此，中央与地方政府目标偏差所导致的内生性体制机制缺陷是理解金融系统性风险的一个重要视角。

基于这一判断，本书将金融系统性风险放在中国实体经济、金融体系和中央与地方两级政府的多元结构下进行考察，着眼于中央与地方政府目标偏差引发的银行风险和地方债务风险以及两者的联动机制三方面问题，尝试分析其内在根源和传染渠道，提升对中国系统性金融风险问题的解释深度。

根据研究内容与研究思路的演进，全书共分为5章。

第 1 章导论，旨在梳理经济现实与已有文献，提出问题以及确定基本研究框架。本章指出中国经济中存在大量的地方政府金融干预现象，而这种干预的动机源于中央政府与地方政府的目标不一致与激励不相容，积聚了各种风险外溢效应。银行信贷市场与债券市场作为中国金融结构中最重要的部分，成为地方政府争夺金融资源的主战场，同时形成了银行风险与地方政府债务风险的共振，埋下金融系统性风险的隐患。本章为后文的分析确定了研究对象与基本框架。

第 2 章是针对银行体系的分析。区别于既有文献主要从地方政府干预角度去解释银行风险生成的单向视角，本章重点引入了中央政府的角色。具体而言，本章使用地级市城市商业银行与主政官员的微观面板数据，以货币政策与银行监管政策作为中央政府金融调控的重要手段，分析了中央政府与地方政府在银行风险承担上的制衡作用。研究发现，地方干预会通过影响银行风险承担干扰货币政策效力；中央垂直监管对地方政府银行干预行为有一定的抑制效果，主要通过影子银行发挥作用；进一步考察中央政府对影子银行的治理后发现，相关举措会造成旧有潜在风险的释放和暴露。同时，该章还试图从反腐败的维度，讨论官员基于腐败动机所导致的银行风险，以及司法的制衡作用。

第 3 章是立足债券市场对地方政府债务风险的分析。除了对银行信贷市场的干预外，地方政府还会通过在债券市场借债来突破预算，体现为中央与地方政府双重兜底预期下债券普遍性的定价扭曲。因此，如何打破兜底预期是化解当前中国地方政府债务风险问题的关键，这也成为本章探讨的重点。研究发现，中央政府法规性与宣示性的硬化约束举措使地方政府隐性债务风险实现了一定程度的显性化，释放了部分风险，但并不能完全解决问题。地方政府对其隐性债务的担保仍然存在，地方政府角色归位才是风险治理的关键。本章进一步将中央政府治理政策作为外生冲击，识别了地方政府债务风险显性化后在债券市场上的风险溢出效应，发现地方政府债务风险会向一般企业债溢出，并对不同所有制性质、不同信用评级与不同行业的债券造成不同影响。此外，研究还应用官员变更的微观数据，间接证明了中国债券市场上存在基于政企关系的政府兜底行为。

第4章研究了地方政府债务风险向银行风险的传导与共振。地方债务风险的症结是中央与地方政府目标偏差下的预算软约束问题。然而，打破预算约束是一个非常艰难且需逐步探索的过程，原因在于地方政府仍然处于地区经济社会的枢纽地位，中央政府强行硬化约束政策效果有限；且地方政府债务风险的突发与大面积暴露，极易引发辖内企业与银行的联振效应。该章从地方政府融资平台、政府与社会资本合作模式以及地方政府债券三类地方政府主要的融资方式阐述了地方政府债务风险与银行风险的内外反馈；认为地方政府债务风险会通过这三种方式传导至银行体系，影响其资产质量和流动性，造成银行体系风险的积聚；当这些风险交叉传染或者集中爆发时，将会演化成金融系统性风险。

第5章是结论与政策建议。本书的结论是：目前我国金融体系风险总体可控，但现阶段地方政府与中央政府的目标偏差与激励不相容，地方政府金融权责模糊，过度重视经济增长而忽视了金融安全；同时，地方政府可动用的预算内财政资源受到严格制约，却又拥有更多的局部信息与一定的自由裁量权；为实现地区经济增长，一些地方政府的金融争夺与融资扩张行为依然存在，容易诱发金融系统性风险，埋下金融风险的隐患。因此，笔者认为要化解中央与地方政府目标偏差对金融系统性风险的影响，就要以"激励相容原理"为出发点，厘清中央政府和地方政府的职责所在，既要充分发挥中央政府的统摄、协调和监督作用，又要引导和调动地方政府的积极性，推动经济高质量发展，有效控制与防范金融系统性风险。具体的实现路径有四条：一是完善信息反馈与监督机制，推进政府治理与金融管理改革；二是赋予地方政府适度融资权限，规范地方政府举债行为；三是健全金融系统性风险监管体系，加强中央与地方间金融监管协调机制建设；四是坚持引入市场化激励机制，形成政府作用与市场作用的有机统一。

本书的突出特色体现在：首先，以中国特色性因素研究中国金融风险问题。研究强调除了周期性因素外，金融风险也是体制性因素与行为性因素的耦合体。在中央与地方间激励不相容的制度下，中央与地方政府行为的动态不一致是中国金融风险的具有中国特色的矛盾根源。其次，本书侧重以银行系统与债券市场为结点研究系统性风险的形成。金融机构与金融市场具有风险联动性，共同构成了系统性风险生成的基石。研究综合考察了银行风险与债券市场上的政府债务风险，更深入地揭示了系统性风险的内驱机制。最后，本书从组织机构重构和内在的激励约束机制两方面提出解决思路和实现路径，有利于构建适合中国的金融风险管理的长效机制，促进中国经济金融体系的健康稳定发展。

邹瑾

2021 年 6 月

目录

1 导论 / 1

　1.1 研究背景 / 1

　1.2 研究意义 / 2

　1.3 文献综述 / 4

　1.4 研究思路 / 14

2 中央与地方政府目标偏差与银行风险 / 17

　2.1 地方干预、货币政策立场与银行风险 / 18

　2.2 中央金融监管、地方干预与银行风险 / 33

　2.3 地区腐败、法治水平与银行风险 / 55

3 中央与地方政府目标偏差与地方债务风险 / 65

　3.1 救助预期与地方政府隐性债务风险 / 66

　3.2 地方政府债务风险的溢出效应 / 82

　3.3 地方官员变更与债券市场违约 / 106

4　系统性金融风险的触发：地方政府债务风险与银行风险的联动 / 128

　　4.1　文献综述 / 129

　　4.2　地方政府债务风险现状 / 130

　　4.3　地方政府债务风险与银行风险的联动路径分析 / 145

　　4.4　结论与启示 / 159

5　结论与政策建议 / 160

　　5.1　结论 / 160

　　5.2　政策建议 / 165

参考文献 / 169

附录 / 187

后记 / 192

1　导论

1.1　研究背景

金融危机是世界各国长期面临的挑战，在中国经济转型与市场化过程中，金融系统性风险也成为日渐凸显的隐患。金融危机是一个从微观到宏观的内生演进过程，同时与一国的制度因素有着普遍的内在联系。存在于中国经济金融运行中的诸多机制扭曲，无疑对我国系统性风险的累积和演化起着催化和主导的关键性作用。在中国大国经济体的背景下，中央政府与地方政府的目标偏差所导致的内生性体制机制缺陷成为理解金融系统性风险生成的一个重要视角。具体而言，中央政府更关心全局和长期的经济发展，以及国家经济金融安全；而地方政府更关心辖内与短期的经济增长，较少关注经济决策的风险外溢。中央政府和地方政府在风险态度上的不一致，导致地方政府发展区域经济所产生的风险不断外溢与集聚，并随着经济和金融体系间相互强化的正反馈机制，最终积聚为系统性风险。近年来，党中央反复强调要把防控金融风险放到更加重要的位置，如何防范中央与地方政府目标偏差所引致的区域性风险向系统性风险的演化具有极大的现实意义。

在中国，中央政府与地方政府不仅存在利益目标的偏差，两者在经济资源约束上也迥然不同，地方政府可动用的预算内财政资源受到严格制约，却又拥有更多的局部信息与一定的自由裁量权，这些结构性矛盾的叠加导致了中央与地方政府在激励与行为上的差异。为实现地区经济增长，地方政府进行了大量的风险外溢的金融干预，在银行系统与债券市场中表现得尤为突出。自改革开放起，在中国以银行为主的金融结构下，干预银行信贷便成为地方政府获取金融资源的重要形式。正是因此，中央政府早在 20 世纪 90 年代，便通过金融监管体系的垂直化改革与国有商业银行改革，增强了银行系统对地方政府的独立性。然而，即便如此，地方政府仍然实际控股部分地方金融机构；仍然可以通过各种形式的显性与隐性担保来帮助辖内企业和下辖部门获取信贷资源；利用财政存款、地区金融服务等各种资源对银行进行"诱导性"干预；通过组织辖内商业银行负责人参加各类座谈会等形式协调金融机构的信贷资源配置。

同时，为应对 2008 年金融危机的冲击，地方政府加大了以投资推动经济增长的力度。在财政资源有限的约束下，地方政府纷纷通过成立地方政府融资平台公司的形式来变相举债投向地方基础设施建设，这直接导致了地方政府隐性债务的快速累积。尽管此后 2014 年版《中华人民共和国预算法》（以下简称《预算法》）等一系列规范地方政府债务的政策法规出台，但政策效果仍然存在讨论的空间，地方政府隐性债务仍然蕴含较大的风险隐患。此外，地方政府债务与实体经济、银行体系有多层次、多渠道和多维度的复合连接。商业银行是中国债券市场的重要投资者，持有大量的城投债与地方政府债券，这极易加深地方政府债务扩张与银行风险的关联程度，演变成一个互相强化的双向反馈模式。中国作为单一制国家，中央政府既对地方政府债务承担着事实上的"最后偿还人"责任，又对具备风险外部性的银行系统提供救助的义务。在一个双向反馈的系统中，由于预期到中央政府的隐性担保，银行（金融市场）可能低估地方政府债务的风险溢价，从而导致银行过度持有地方政府债务，加大政府救助预期，扭曲市场定价机制，隐藏更大的系统风险。

综上，对中国金融系统性风险的认识不能局限于金融领域本身，在中国中央与地方政府的经济分权的背景下，我们需要更加关注中央政府长期目标被异化为地方政府短期内围绕经济增长的竞争所导致的风险外溢效应，厘清中央政府与地方政府在金融风险中扮演的不同角色，分析其治理政策与制衡关系，完善其治理机制，以守住不发生系统性金融风险的底线，维护中国金融安全。

1.2 研究意义

中国金融系统性风险是各界长期关注的焦点领域之一。系统性风险一旦转化为金融危机，将会对实体经济和金融领域造成严重的影响，如金融市场崩溃，生产活动停滞，货币急速贬值与资本外逃等。因此，本书试图基于中央与地方政府目标偏差视角来考察中国金融系统性风险，以内生性体制机制缺陷为出发点，探索符合中国国情并有效防范金融系统性风险的治理方式。本书具有以下几个方面的理论意义和现实意义：

第一，有助于在追求经济高质量发展背景下，准确把握中国金融系统性风险的形成机制。经历了40多年的高速增长，现阶段中国经济发展已由高速增长转向高质量发展，并且正逐步形成"以国内大循环为主体、国内国际双循环相互促进的新发展格局"。在这种发展格局下，推动国内大循环成为构建新发展格局的重点，地方政府在其间的促进作用不容忽视。地方政府与市场的关系亟待重塑，必须更加警惕过去高速增长过程中所累积的各种矛盾，避免中央与地方政府的目标偏差产生新的风险，带来无序信用扩张与错配，阻碍资本与要素在区域间的有效流动。因此，如何准确识别中国系统性金融风险生成的特征性因素，特别是央地关系的作用，防患于未然，实现经济持续健康发展是本书研究的初衷所在。

第二，有助于维护中国金融安全，建立有效的风险防范机制。金融安全是经济安全的重要组成部分，金融风险的累积和爆发势必危及金融安全，但风险是金融的基本属性，防范危机不是去消除风险，而是尽力摒除不必要的风险因素如制度缺陷所造成的市场经济中的风险定价失灵等，以便确保正常的金融功能和金融秩序。本书引入央地关系这一制度性因素来观察中国经济金融系统性风险的生成问题，对现实问题给出更恰当的解释，为地方政府治理改革与宏观经济政策的精准、动态优化提供理论支持和决策依据，使金融体系更好地服务于实体经济。此外，针对中央与地方政府在对待风险态度上的动态不一致问题，从完善政府治理模式与金融管理制度、强化信息反馈与监督机制等方面提出思路和实现路径，有利于构建适合中国的激励相容的金融风险管理的长效机制，促进中国经济金融体系的健康稳定发展。

第三，有助于进一步丰富地方政府债务风险、金融系统性风险的研究。中国金融系统性风险是各界长期关注的焦点领域之一，已有文献汗牛充栋，但研究仍有一些不尽如人意之处，主要表现在两个方面：一是从研究视角来看，大量文献忽视了中央与地方政府的制衡机理，仅指出了地方政府金融干预行为，及其对经济增长（产出）与金融（银行）风险的影响，但却较少同时纳入中央政府角色，在一个统一的框架内分析中央政府监管与地方政府干预对金融风险的共同影响，而这恰恰对于认识与防范中国金融系统性风险十分重要；二是从地方政府债务风险生成来看，已有文献指出了预算软约束是地方政府债务风险的顽疾，但对治理政策的评估不足。本书正是在中央与地方政府目标偏差的视角下，立足银行系统与债券市场，分析中央政府与地方政府对于金融风险的制衡作用，评估中央试图打破刚性兑付的政策效果，在此基础上，设计我国金融系统性风险的治理路径，为中国金融系统性风险的防范提供理论支撑。

1.3 文献综述

1.3.1 中央与地方政府目标偏差

1.3.1.1 中央与地方政府目标偏差的内涵

"目标偏差"（goal displacement）是一种常见的组织现象，按德国学者罗伯特·米歇尔斯（Robert Michels，1968）的经典定义，是指在一个组织运营的过程中，组织利益代替了公众利益，导致组织追求的目标逐渐偏离最初设置的目标。

目标偏差现象常存在于传统科层式关系中（Weber，1946）。科层制组织有着权责分明、层级明晰的特点。政府组织是科层制组织的典型代表：规模庞大并负有公众责任。由于政策制定者（上级政府）与政策执行者（下级政府）的分离，形成了委托代理关系，当激励不相容时，下级政府目标便替代上级政府目标，出现目标偏差现象。

中国中央政府与地方政府之间的关系可以理解为科层式关系的一种，但也存在一些具有局部共识的本土概念，这构成了中国中央与地方政府目标偏差的特有内涵。如，周黎安（2014）提出了"行政发包制"，认为它是由行政权分配、经济激励和内部控制所构成的一个逻辑整体，政策目标被中央政府"发包"给地方政府，中央政府拥有政策制定权，地方政府拥有政策执行权。周雪光（2014）认为"行政发包制"是在科层制内部引入了"包干"的因素，在"行政发包制"下，中央政府存在提高治理效率与减小统治风险两项目标，地方政府被赋予较大的自由裁量权来实现这些目标。而在缺乏监督的情况下，地方政府容易滥用自由裁量权，将其变为对社会公众与企业的"合法伤害权"（吴思，2003）。这将加大统治风险，与中央政府目标偏离，导致中央政府的两项目标很难同时实现。简言之，不论以何种结构去理解中央政府与地方政府间的关系，两者始终存在不同层级的信息不对称，地方政府在具体执行中央政策目标的过程中，常常会偏离中央的意图和利益。

1.3.1.2 中央与地方政府目标偏差的成因

中国在单一制的国家治理结构下，经济转型的进程也伴随着中央与地方间经济权力结构的不断调整，财政分权逐渐成为中国经济制度变革的重要一环，并与官员晋升机制相交织，勾勒出中国中央与地方政府目标偏差成因的基本线索。

（1）以"财政分权"为核心的经济分权

中国改革开放以来，中国实施了"分权让利"与"分税制改革"等系列财政管理体制改革，地方政府的权力逐步扩大（Avery，1991）。在财政分权改革的过程中，权力发生了从中央向地方的迁移，地方政府拥有了相对独立的经济决策权，作为一个独立的政治个体而不仅仅是中央政府的一个派出机构，它成为地方财政剩余的所有者。地方政府的独立偏好也开始凸显，并在财政决策的制定上有所体现。钱颖一等（1993；1995；1997）指出中国形成了一个"中国式财政联邦主义"，并将其概括为一种经济分权和政治集权相结合的"地区性的分权式威权主义"模式，这种模式被视为中国经济快速增长的重要支撑。

但是，当前的财政分权有其不对称性，中央与地方之间仍然存在权责不对等、利益不对称等问题，造成地方和中央财权上的争夺和事权上的推诿，中央与地方政府目标很难实现一致。姚洋和杨雷（2003）指出在1994年分税制改革后，税源小而散的税种一般划给地方政府，而税源大而集中的优质税种一般划拨给中央政府，地方政府的财权被大大削弱，但事权却被下放给地方政府。龚强等（2011）的研究发现，财政分权后地方政府的财政支出压力骤增。财政分权的失当使得地方政府存在开辟财源等自身诉求，出现一些地方政府间的"共谋"行为。当中央下达的政策可能威胁到自身的利益时，作为拥有自主性和自利性的地方政府，甚至会直接阻碍甚至拒绝中央政策目标的落实（Qian & Roland，1998）。此外，中央与地方政府之间的信息不对称也会使得地方政府在执行中央具体政策时进行策略性应对，导致中央政策目标被扭曲颠倒（Sagan，1994；Elliott & States，1979）。在面对中央下达的多重任务时，地方政府会偏重于追求占考核比重较大，易于量化且有益于自身的经济指标，而"理性"地弱化占考核比重较小，不易量化且会损害自身短期利益的其他指标（Shirk，1992；杨瑞龙 等，2007；Resh & Marvel，2012；朱光喜，金东日，2012）。具体的表现形式多样，如地方政府会将有限的资源投入面子工程，用这种完成投资指标的方式来"彰显政绩"。

（2）官员晋升机制

自改革开放以来，经济建设成为中国发展路线的重点之一。地方政府及官员也围绕经济增长展开了竞争，一定程度上形成了较重视经济绩效考察的地方官员考核晋升模式与政绩观。对于这种晋升激励模式，主要有"晋升竞标赛"（周黎安，2004；2007），"为增长而竞争"（张军，2005；2007）和"经济增长市场论"（徐现祥，2005；徐现祥，王贤彬，2010）三种理论。

"晋升锦标赛"认为，由于我国是集权型的政治体制，在这种体制下，上级会通过考核下级为当地所带来的经济效益决定是否对下级进行提拔，从而使下级官员有强烈的动机去发展经济以此获得晋升机会。周黎安（2007）指出我国已经具备了"晋升锦标赛"能够有效实施的前提条件，例如上级具有集中的人事权利、有可以对官员进行衡量和比较的具体指标、参赛官员对结果有一定的控制权等。

"为增长而竞争"理论认为，中国经济在各地区之间存在着巨大的差异，且差异将长期存在，形成"财政联邦主义"的结构和体制。把中国这个巨大的经济体分解为数个以省（自治区、直辖市）为单位的小型经济体，每个小经济体都有独立决策的权力（张军，2005）。财政分权创造出了地方之间为增长而展开的激烈的竞争。"为增长而竞争"的模式确实能对地方经济增长形成巨大的驱动力，但随之而来的成本可能也会迅速膨胀（王永钦 等，2007）。且为了获得"竞争"的胜利，达到晋升的目的，地方政府的投资会更加偏重于基础设施建设，而轻视了人力资本和公共服务方面的投资，严重扭曲了地方政府的支出结构（张军 等，2007）。

"经济增长市场论"理论又称为社会基础设施假说，最早由 Hal、Jones（1999）提出。其基本思想是有效的基础设施建设有利于经济增长绩效，对当地居民有利。获得居民的支持成为政府提供有效的基础设施的动机。基于这一假说，徐现祥和王贤彬（2010）通过实证研究证明了在中国通过基础设施建设等方式可以促进当地的经济增长，使得在以经济增长为核心的晋升激励下的中国地方官员也有动机大兴基础设施建设。

这三种理论本质上是一致的，其都认为由于地方官员的晋升标准是以经济绩效为主，地方政府官员为获得晋升，会在任期内推动所在辖区的经济增长（Li & Zhou，2005；Xu，2011），以提升自己相对于竞争者的"绩效排名"（彭时平，吴建瓴，2010）。尽管晋升与经济增长的关系在实证上存在争议（Opper & Brehm，2007；姚洋，张牧扬，2013），但晋升激励的存在已是局部共识，这可能导致官员职业目标优先于组织目标，中央政府的长期目标被地方政府（官员）追求短期经济绩效的目标所替代。

1.3.2　金融系统性风险

1.3.2.1　金融系统性风险的基本概念

2008 年金融危机爆发之后，金融系统性风险被世界上各个国家和组织广泛讨论。但对于金融系统性风险的界定，学术界尚未形成统一的严格定义（Benoit et al.，2017；杨子晖，周颖刚，2018）。国际上普遍对金融系统性风险的界定主要从系统性风险的破坏力、风险传染、对实体经济产生的负面冲击等维度切入，可以归纳为风险的危害程度和风险传染这两个视角。

对金融系统性风险进行界定的第一种视角主要基于风险的危害程度。

Crokett（1977）最早提出金融系统性风险，他认为蔓延到整个金融体系，并造成普遍灾难的风险就是金融系统性风险。同样的，Bartholomew 和 Whalen（1995）认为系统性风险是指某种巨大的、全局性的外部冲击对整个经济产生的负面影响。之后，十国集团（G10）在 2001 年做了更全面的定义，认为金融系统性风险是指金融体系重要部分受到冲击或信心的损害，对其他金融机构乃至实体经济造成负面的影响。在 2008 年全球金融危机后，各组织和学者对系统性风险有了更为明确的认识和崭新的视角，国际货币基金组织（IMF）、金融稳定委员会（FSB）和国际清算银行（BIS）等监管机构发布一系列报告重点关注金融系统性风险，并将其定义为金融体系部分或全部受损的风险，并由此造成广泛金融服务的中断和对实体经济的严重影响。Allen 等（2010）也将由于众多金融机构受到共同冲击而导致金融机构倒闭的风险定义为金融系统性风险。国内学者刘春航（2011）定义了系统性风险的负外部性以及对实体经济的负面影响；韩心灵等（2017）认为金融系统性风险导致的负面影响巨大，最终会对宏观经济造成巨大破坏。上述文献主要从风险冲击导致的危害程度这一角度对金融系统性风险进行了定义。

对金融系统性风险进行界定的第二种视角主要基于风险传染的维度：Bandt 和 Hartmann（2000）较早地从狭义和广义两个角度给出了定义，指出狭义的金融系统性风险是指一个金融机构（市场）的倒闭或崩溃引起一系列金融机构（市场）倒闭或崩溃的可能性；而广义的金融系统性风险，进一步包括了由于经济周期波动、通货膨胀率突然上升等严重且大范围的系统性冲击导致一系列金融机构（市场）同时倒闭或崩溃的风险。在此基础上，部分文献认为系统性风险主要是银行体系的风险传染（Schoenmaker，1996；Kaufman & Scott，2003）。2008年金融危机爆发后，研究者对金融系统性风险的传染性的认识更加深刻，认为金融系统性风险不止局限于单个部门，而是通过大部分或所有部门之间的相互作用来扩散的，金融系统性风险是风险在整个系统或大多数金融机构中发生的概率（Battistonet et al.，2009；Bijlsma et al.，2010）。Kaufma和Scott（2013）进一步强调金融系统性风险具有三种特征：宏观震荡风险、危机传播链和重估风险。此外，巴曙松（2013）和刘锡良（2018）也做出了类似的定义，认为金融系统性风险来源于金融体系共同风险暴露的累积和风险强传染性。

1.3.2.2 金融系统性风险的成因

研究系统性风险的生成机制是防范风险发生的重要基础，现有文献对该问题进行了多角度的研究，总的来说，学者普遍认为金融系统性风险的形成机制与金融系统的内部和外部因素有关。

内部因素有：①金融体系和金融机构（市场）的脆弱性，资产价格波动、信息不对称、金融自由化（以金融创新、利率汇率市场化、资本自由流动、金融混业经营等为主要内容）都是导致金融脆弱性的因素（Stiglitz & Weiss，1981；Postlewaite & Vives，1987）；②在监管体制不完备的背景下，金融市场和金融交易中产生的创新过度和杠杆工具使用过度的现象，引发风险在金融体系中的传染和扩散（Danielsson & Zigrand，2008）；③影子银行的发展和扩张，使得该体系下的信贷活动规避了金融监管，增加了金融体系的复杂性和关联性，加剧了风险的积累和传染（Gramlich et al.，2011）；④其他还包括金融体系的道德风险、金融机构之间的业务相关性等内在于金融机构的因素（Corsetti et al.，1999；Chakravort，2000）。

外部因素主要表现为经济周期和政策干预：①经济衰退会造成企业和个人财务状况恶化，导致金融机构不良贷款率上升、资产质量下降，影响存款人和投资者的信心，严重时造成银行挤兑或恐慌性抛售，风险在金融机构之间蔓延并迅速扩张，最终引发金融体系的系统性危机（Allen & Carletti，2013；陶玲，朱迎，2016）。②在宏观货币政策调控与微观金融监管约束不相协调的背景下，金融机构经常性存在流动性压力，强化了金融体系的风险（左伟 等，2018）。例如，一些学者研究了货币政策对银行体系的影响，认为货币政策失当会导致金融失衡（马亚明，王虹珊，2018；杨雪峰，2019；张朝洋，2019；杨海珍 等，2020）。另一些学者则指出了宏观审慎政策对银行风险承担有着不同程度、不同方向的影响，以及对系统性风险也会产生影响（Gao et al., 2019；Jan et al., 2019；宋科，李振，2019）。此外，在中国，地方政府行为也是金融系统性风险生成的重要因素，下文将重点述评。

1.3.2.3 地方政府行为与金融系统性风险

地方政府争夺金融资源的行为是中央与地方政府目标偏差的重要表现形式，会带来金融系统性风险的隐患。已有文献围绕地方政府金融干预行为对银行系统的影响以及地方政府债务风险两个方面展开了大量研究，综述如下：

（1）地方政府行为与银行风险

由于金融危机和经济动荡的存在，政府为避免危机蔓延会采用一些非市场化的手段来管理或干预市场，这种政府干预金融的行为在国内外普遍存在（刘锡良 等，2018）。在我国的经济发展过程中，地方政府扮演着至关重要的角色，因此在理解中国背景下的政府的金融干预行为时，文献的研究重点往往集中于地方政府的干预行为。并且，由于我国属于银行主导型的金融体系，地方政府对金融资源的争夺便大量表现于地方政府对银行体系的干预行为上。

地方政府干预金融行为的根源复杂。一方面，我国地方政府官员考核指标长期以经济增长为主，为了获得晋升机会，地方官员会极力争夺金融资源以便推动当地的经济增长（Li & Zhou, 2005；Xu, 2011）。政府官员对金融资源的争夺大量显现为对当地银行信贷的各种显性和隐性干预，使当地企业或政府部门获得相应的资金需求（巴曙松 等，2005；钱先航 等，2011；李维安，钱先航，2012；纪志宏 等，2014）。此外，强烈的干预动机也使得各地区之间不断竞争性地发展金融机构，在机构的设立上进行攀比（郭峰，2014），一定程度上导致了地区性金融机构的广泛扩张（郭峰，胡军，2016）。

另一方面，中央与地方政府经济分权下的财权事权不匹配是地区金融干预的重要诱因。自1994年分税制改革以来，地方政府财权上移事权下移，弱化了地方政府的财政自主权（张军，2007），造成地方政府财政赤字规模持续上升，省以下的政府存在严重的财政缺口（贾康，阎坤，2005）。当财政资源无法满足地方政府建设需要时，地方政府必然会尽力通过其他途径获取资金以代替财政资源，银行信贷便成了地方政府的争夺对象。已有研究发现分税制改革强化了地方政府干预当地银行体系的贷款行为和决策的可能性（姚耀军，彭璐，2013），并且政府赤字率越高的城市商业银行的贷款投放也越多（尹威，刘晓星，2017）。同时，这种信贷干预存在向地方国企倾斜的特征，如祝继高等（2020）发现地区财政压力不仅会影响到城商行的信贷资源配置，还与城商行对地方国企的贷款比例成正比。

尽管部分研究指出了地方政府金融干预的合理性，认为地方金融干预会提高辖内的金融业水平（庞欣，王克敏，2020），但大部分研究还是聚焦于地方政府金融干预行为对银行体系所造成的负面影响。首先，地方政府对信贷资源配置的干预行为削弱了价格机制在金融资源配置中的主导作用，会导致信贷过度膨胀、集中和配置低效等现象的产生（钱先航 等，2011；纪志宏 等，2014；何德旭，苗文龙，2016）。与之相关的负面作用还包括：降低了城商行经营的谨慎程度（张光利，曹廷求，2015），提升了银行的不良贷款率（王海军，2017；叶群，2018），对银行的流动性风险和偿付风险产生了负向影响（庞欣，王克敏，2020），以及加剧了银行业市场的竞争与银行的经营风险（谭劲松 等，2012；粟勤，孟娜娜，2019）。其次，地方政府金融干预行为在导致金融功能受到抑制、市场机制被扭曲的同时，阻碍了中小银行发展，从而间接影响中小企业融资约束（王凤荣，慕庆宇，2019），阻碍该地区实体经济的资本配置效率（李青原 等，2013），影响产业结构升级（徐云松，齐兰，2017）；甚至还会增加主权信用风险（郭敏 等，2019），引发道德风险，降低金融市场质量（朱民，边卫红，2009）。

（2）地方政府债务风险

针对地方政府债务风险的研究很多，一个基本的共识是中国地方政府债务风险与预算软约束紧密相关（江曙霞 等，2006；马恩涛，于洪良，2014；姜子叶，胡育蓉，2016；马文涛，马草原，2019；马万里，2019）。预算软约束的概念最早由 Kornai（1979）提出，最初是用来描述在社会主义国家，国家对国有企业的经营风险予以无限兜底的现象。在中央与地方政府关系的视角下，预算软约束也可以用来指中央对地方的财政预算无法有效约束地方政府行为，当地方政府遇到财务上的困境时，可以借助中央政府的救助，缓解财政困难的经济现象，即中央对地方政府的无限兜底与救助（龚强 等，2011；王叙果 等，2012）。预算软约束是个相对宽泛的概念，对于预算软约束的认识涉及如下多个不同的经济学分析框架（罗长林，邹恒甫，2014）。因此，综合已有文献，可以从如下维度来认识预算软约束下的地方政府债务问题。

一是动态承诺（dynamic promise），可以理解为中央政府和地方政府的两期动态博弈关系。地方政府在前期投资时可以选择好项目和坏项目，如果选择"好项目"并按时完工则可以获益；如果选择"坏项目"，在没有中央政府的救助下则会进行破产清算得到负的回报。由于项目的结果只有在当期可见，虽然中央政府认为"坏项目"不应该启动，但在地方选择了"坏项目"，在当期对地方的财政、环境体系造成伤害后，中央还是不得不予以救助。原因在于，地方政府的前期项目投入都是中央政府当期决策的沉没成本，中央当期的最优决策只能予以地方政府救助，避免形成更大的经济损失。这样一来，意味着地方政府即使选择了"坏项目"，也不会遭受破产清算。也就是说，选择"坏项目"的地方政府并未受到严格的预算约束，从而产生了软预算约束（Dewatripont，2000）。显然，这是一种动态博弈下的信息不对称，极易造成地方政府债务膨胀和效率损失（马文涛，马草原，2018；Shuang et al.，2018）。

二是家长式统治（paternalistic），这种关系的核心在于地方政府与中央政府的利益捆绑。地方政府在地区经济和社会发展中起着重要的作用，而地区经济的兴衰又是全国经济发展的基石。所以如果地方政府出现财政困难，中央政府不但不会对其进行惩罚或放任不管，反而会给予救助使其免于破产。在这种家长式统治下，地方政府没有破产预期，主动举债又能在短期内迅速拉升辖区内 GDP，有利于地方政府的政绩考核，这就给地方政府突破预算约束的过度举债行为提供了内在激励（姜子叶，胡育蓉，2016）。同时，中央为调动地方政府积极性，存在主动对地方政府施以资产性补贴的行为，其实质是对地方政府原有预算收入的突破，可以被视为一种被动的地方政府债务。此外，这两种债务还会呈现出同向运动的顺周期性，进一步加剧了地方政府的债务风险（王永钦 等，2016）。

三是竞争性寻租（competitive rent seeking）。由于多个地方政府的存在，每一个地方政府都会寻求被分配到更大的补贴份额，一旦某个地方政府所获得的补贴与其权力相比过于小，地方政府就会通过其政治资源、社会关系等手段来取得应得的份额，这就带来了竞争性寻租问题：这样一来，任一地方政府所获补助份额取决于各方综合权力的大小，与其付出的寻租努力成正相关（Gao & Shaffer，1998；Earle & Estri，2003），所以地方政府会付出一切"努力"使自己占有更多当期金融资源。由于这种地方政府寻租的存在，地方政府会在实质上突破原有的预算约束，从而产生过度投资和过度举债的行为（马恩涛，于洪良，2014）。

可见，"预算软约束"意味着中央政府与地方政府的责任边界未被清晰界定，为地方政府追求短期经济绩效、忽视中央的长期目标的目标偏差现象提供了制度可能和内在激励。其实质是中央与地方政府间的目标偏差与激励不相容，其重要表象即地方政府债务的扩张。长期表现为地方政府通过发行城投债等方式在忽略投资效益的情况下，大量举债开拓财源、过度支出（马万里，2019；毛捷，徐军伟，2019）。显然，债务的过度扩张容易引起经济波动、加剧债务危机（Fisher，1993；Minsky，1975）。研究者们早就指出中国地方政府债务的增长可能干扰金融经济稳定（Tao，2015；Ma et al.，2015；Tsai，2015）。

大量文献针对地方政府债务积累与系统性风险之间的关系进行了研究，如郭玉清（2011）从地方债务危机的传播可能危及中央政府的金融安全的角度分析了形成中央或地方隐性债务风险的机制和可能性，并提出了从科学量化的维度管理中国金融风险的建议。范剑勇和莫家伟（2014）在引入地方举债与土地市场和地区工业增长的内在联系的基础上，建模分析了其内生的资源配置扭曲与系统性风险。马建堂等（2016）认为地方政府债务存在较多担保或其他隐性债务，从而埋下债务风险的隐患。此外，地方债务规模的扩大还增加了经济波动的可能（项后军 等，2017）。毛锐等（2018）和李玉龙（2019）在DSGE 理论模型的框架下分析了地方政府债务风险诱发系统性金融风险的潜在机制：商业银行大量持有地方政府债务的行为使财政风险转化为金融风险，商业银行是地方政府债务扩张以及风险产生的载体。李凯风和李星（2019）研究发现地方政府债务风险通过机构和政策两大传导途径影响金融安全，并说明了地方债务风险会对区域金融造成负向冲击。龚强等（2011）指出在中国特定经济背景下的地方债务研究，还缺少较适用的定量分析。毛捷和徐军伟（2019）也同样表示有关地方政府债务的实证研究体系有待完善，基础研究数据有待统一。正是因为地方政府债务体系庞杂，统计口径和统计方法都很难完全一致，基于数据的可得性和规范性，债券市场数据被众多实证研究广泛采用，地方融资平台发行的城投债成为最常见的研究取径（巴曙松 等，2019）。徐高和王艺伟（2013）指出，城投债对于地方政府融资有着重要作用；同时，其隐含的政府担保也使其更容易获得市场投资者的认可。但是，这种隐性担保也会扭曲市场对于城投债信用风险的正确定价（汪莉，陈诗一，2015），地方政府债务的违约风险长期没有在市场定价中得到有效的反映（王永钦 等，2016）。这种地方政府债券的价格扭曲会形成反向激励（李升，2019），加速城投债的发行和地方政府债务的扩张。牛霖琳等（2016）使用债券收益率进行风险度量和风险预警，认为城投债风险增大会增加市场整体风险。也就是说，当城投债原有的"刚兑"消失时，债务偿还压力增大，违约风险也随之增加，城投债一旦发生资金断裂则可能引发市场恐慌，最终形成系统性风险（李升，2019；马万里，张敏，2020）。

1.3.3 总评

可见，已有研究实质上构成了一个从微观到宏观的逻辑整体。中央与地方政府之间存在一个激励不相容的委托代理关系，中央政府的长期目标最终可能异化为地方政府（官员）在短期（任期）内围绕经济增长的竞争，这依赖于金融资源的投入，加大了地方政府对金融的干预力度，表现为银行体系风险的增大与大量的地方政府隐性债务，可能导致中长期的金融风险。然而，现有研究仍然存在如下不足：

首先，从银行体系来看，已有文献主要集中在地方政府对银行信贷配置的干预上。然而，银行信贷是宏观政策，特别是货币政策传导的重要取径，地方政府对银行信贷的影响会否最终影响到货币政策的有效性尚值得探讨。进一步讲，"地方政府→银行风险承担"的单向模式仍然是这一研究领域的主流，而"地方政府→银行风险承担←中央政府"的双向制衡模式尚讨论不足。

其次，"预算软约束"是地方政府债务问题的桎梏，其实质上反映了中央与地方政府间存在目标偏差与激励不相容。尽管中央的债务治理举措不断，但如何进一步通过激励约束机制的调整，增强各主体对待风险态度的一致性还任重道远，这就产生了一个亟待深入研究且极其重要的问题：对已有债务治理政策效果的判别。言其待深入研究，是因为现有研究的视角大都集中在"预算软约束导致的问题"，很少触及对治理政策的评价，探究治理政策可能带来的风险暴露及风险传导。称其极其重要，是因为其恰恰触及了解决预算软约束问题的关键，即需要在风险可控的情况下硬化预算约束。只有在对政策效果的准确判断的基础上，我们才能对下一步改革决策提供参考依据。

综上，若要从中央与地方政府关系的视角来认识金融系统性风险问题，那么银行风险与地方政府债务风险无疑是危机生成的最关键节点。更为严重的是，两者还存在风险捆绑与风险共振的可能。如何在中央与地方政府关系的逻辑框架下以银行风险与地方政府债务风险作为研究对象，为金融系统性风险的生成与治理提供一个清晰的微观解析，极其重要且有待深入研究。

1.4 研究思路

本书从中央与地方政府目标偏差这一基本视角出发，以银行体系与债券市场为研究的落脚点，依循"提出问题→分析问题→解决问题"的逻辑框架展开，研究思路如图1.1所示。

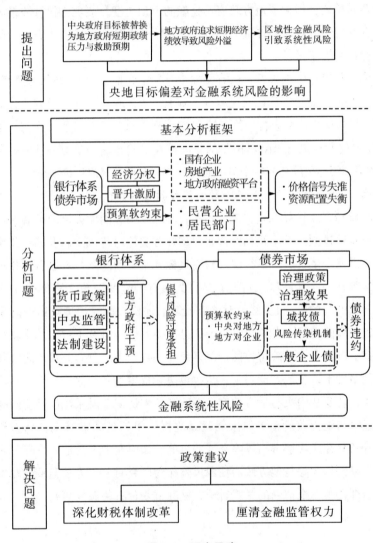

图1.1 研究思路

第 1 章是导论，旨在梳理经济现实，提出问题以及确定基本研究框架。首先分析整理中国金融系统性风险的现状与问题，指出中国经济中存在大量的地方政府金融干预现象，而这种干预动机源于中央政府与地方政府的目标不一致与激励不相容。当地方政府短期的经济增长目标与中央政府追求经济稳定健康发展的长期目标相悖时，就逐渐积累了各种风险外溢效应，形成了风险共振，埋下金融系统性风险的隐患。正是因此，中央与地方政府目标偏差成为理解金融风险的一个重要视角，对于防范化解金融系统性风险具有重大意义。其次就国内外相关研究进行综述和评价，着重指出中央与地方政府目标偏差所引起的风险效应主要体现在银行风险和地方政府债务风险上，从而为后文的分析确定了研究对象与基本框架。

第 2 章是针对银行体系的分析。区别于既有文献主要从地方政府干预角度去解释银行风险生成的单向剖析，本章重点引入了中央政府的角色。具体而言，本章主要以货币政策与银行监管政策作为中央政府金融调控的重要手段，分析中央政府与地方政府在银行风险承担上的制衡作用。研究发现，通过影子银行的作用，地方干预影响了货币政策的有效性，放大了银行风险承担，即货币政策一定程度上被隐性分权。同时，中央银行监管对地方政府干预起到了一定的抑制作用。但地方干预会作用于一些未受到严格监管的银行风险与资产质量指标，此时中央监管的制衡作用便不太显著。本章从治理腐败的视角，实证分析了官员腐败对银行风险的影响，以及外部法治环境对于官员腐败的制约。

第 3 章是针对地方政府债务风险的分析。基于中央政府的救助预期（预算软约束）容易导致地方政府隐性债务风险定价扭曲，生成系统性风险这一现实基础，立足债券市场数据重点分析了中央政府治理政策的效果。首先，从城投债利差的视角，结合采用政府和社会资本合作（public private partnership，以下简称"PPP"）项目规模数据，检验了 2014 年以来《预算法》等一揽子治理政策的效果。研究发现，中央政府对地方政府债务的兜底被有效打破，但地方政府对其隐性债务的担保仍然存在，地方政府隐性债务风险呈现结构化与异质化的趋势。其次，检验了地方政府隐性债务风险暴露向整个债券市场传染的效应。最后，由于地方政府的实际行为主体是地方官员，这使得讨论地方政府对债券市场风险的影响不能忽略地方官员的行为性因素，故此笔者也研究了地方官员变更对中国债券市场违约率的作用。

第 4 章研究了中国地方政府债务风险向金融风险传导的路径。首先，从地方政府债券、地方政府融资平台、政府与社会资本合作模式三个地方政府主要的融资方式阐述了地方政府债务扩张的渠道。地方政府通过发行债券、借助融资平台和PPP项目，从商业银行、银子银行、保险机构等获得资金来支持市政基础设施的建设以及公共服务的提供，使得地方政府直接或间接与金融机构相关联。其次，笔者对地方政府债务风险的传染路径展开分析。一方面，地方政府在"财政激励"与"政治激励"的压力下，积累了大量的地方政府显性债务（地方政府债券等）和地方政府或有债务（融资平台债务、PPP项目债务等），这加大了地方政府的财政风险；另一方面，由于金融机构直接或间接地持有地方政府债务，债务风险会通过影响银行等金融机构的流动性和资产质量，从而影响金融体系的健康运行。两者都极易演化为对国家信用的滥用，危及国家经济安全。因此，科学、合理的管理地方政府债对中国经济金融的稳定发展具有重要意义。

第5章对本书的研究成果进行了总结，包含中央与地方政府目标偏差下的银行风险、地方债务风险以及系统性风险的演化机制三方面内容，并在此基础上以深化财税体制改革，厘清金融监管权力为出发点，对中国财政体制改革、债务市场规范和金融监管体系建设提出相应的建议。笔者认为治理金融系统性风险的关键之一是增强中央与地方政府对待风险态度的一致性，必须重视激励约束机制的调整，树立动态调整的机制构建的理念。提倡在静态管理组织机构的基础上，通过内部制衡发挥作用的或显性或隐性的激励约束机制和通过公共领域发挥作用的公共监督激励机制，从而形成一个相互联系、不断调整的系统整体，更加有效地维护经济金融稳定。

2 中央与地方政府目标偏差与银行风险

银行体系是中国金融体系的核心，防范银行风险对于维护中国金融与经济系统的稳定起着至关重要的作用。在中国经济分权的背景下，不同层级的政府对于调配银行信贷资源存在不同的动机与行为，这使得研究中国银行风险的生成无法脱离中央与地方政府关系的视角。

一方面，基于"财政分权"与"晋升锦标赛"，地方政府对银行信贷资源的争夺始终存在，表现为地方官员寻求信贷资源来弥补进行城市基础建设的资金缺口，以各种显性和隐性担保形式帮助辖区内企业获取信贷资源，逃废银行债务等现象（马颖，陈波，2009；沈红波 等，2019）。这些干预极易导致银行过度承担风险，并最终作用于金融稳定。另一方面，中央政府在金融资源调控上长期起着主导作用，与大多数国家一样，中国货币政策的决策权集中在中央银行。同时，从 20 世纪 90 年代后期开始，中国金融监管制度实行中央垂直管理的模式，其设计的初衷之一就是防范地方政府在发展经济的过程中过度攫取金融资源和增加银行风险承担（傅勇，李良松，2015），阻断区域性风险向金融系统性风险演化。可见，中国中央政府与地方政府在银行信贷资源调配中的利益目标并不完全一致，对银行风险承担以及系统性金融风险有着不同的影响。因此，本章将基于中国城市商业银行的微观数据，主要关注地方金融干预与中央金融管理在银行风险上的制衡关系。

本章内容如下：第 1 节从货币政策的银行风险承担渠道出发，重点考察货币政策对于银行风险承担的影响是否受到了地方政府的干预。第 2 节旨在分析中央监管是否抑制了地方政府通过金融干预所累积的银行风险。第 3 节切入地方官员干预金融的私利动机，从治理腐败的视角，剖析地方干预对银行风险的作用，以及中央法制建设对其的制约。

2.1 地方干预、货币政策立场与银行风险

2.1.1 问题提出与文献综述

自 2008 年全球金融危机爆发以来，货币政策对于金融稳定的影响就受到了广泛的关注，基于货币政策风险承担渠道（risk-taking channel of monetary policy）的讨论是研究的焦点之一。货币政策风险承担渠道由 Borio 和 Zhu（2008）提出，认为宽松的货币政策立场会放大银行的风险容忍度，导致银行调整其信贷结构，增大银行的风险承担水平，并最终作用于金融稳定和实体经济。此后，关于货币政策银行风险承担渠道的文献并不乏见，国内外大量实证文献对这一观点予以了支撑（江曙霞，陈玉婵，2012；金鹏辉 等，2014；Marcella，2008；Deli et al.，2012；Gambacorta et al.，2017），部分学者更指出中国宽松的货币政策会导致银行过度的风险承担（金鹏辉 等，2014）。由此也引出一个问题，如果中国银行存在过度风险承担，那么这种银行过度风险承担的原因何在？是否与一些中国特色的因素有关？提到中国特色，显然无法忽视地方政府在中国改革开放与经济转型中所发挥的作用。这也就使得地方政府行为成为本书观察货币政策与银行风险承担关系的一个视角。

中国地方政府的金融干预行为由来已久，根源复杂。一方面，在"财政分权"的背景下，地方政府财政长期存在财源不足的困境。自 1994 年中国分税制改革以来，地方政府的财权与事权并不对称。地方政府融资渠道单一，在经济建设中面临着较大的资金约束，由此产生了强烈的干预信贷资源的需求（王龑，2020）。另一方面，以经济增长为核心的官员晋升机制被认为是引致这一现象的重要因素（周黎安，2007）。地方经济增长有赖于金融资源的投入，为了在晋升竞标赛中取胜，地方官员必然有动机对金融资源的配置进行干预，其直观后果是对信贷结构的影响，体现在银行项目储备向城市基础设施和地方政府融资平台集中的特征（闫先东，朱迪星，2018）。

可见，地方政府金融干预行为会体现为对信贷资源的争夺，进而可能影响货币政策风险承担渠道的传导效率，增大和积累金融系统性风险。目前，部分文献已经通过观察企业投资额的变化发现了地方政府金融干预对货币政策有效性影响的证据（白俊，2015），亟待深入的是其中间机制与动态变化的研究，

即如果地方政府对货币政策存在干扰作用，如何通过银行风险承担渠道实现？此外，中央的宏观调控与监管政策常会依据金融实践做出调整，这些政策又是否对官员晋升激励的作用起到了有效反制？

这正是本节试图回答的核心问题。笔者首先拓展了经典理论模型。假定官员晋升激励会导致银行信贷资产的信用基础产生差异，部分信贷资产获得了地方政府信用背书，降低了银行预期的资产违约率，进而证明了这会在既有的货币政策下放大银行风险承担。其次，在现有中央集权式的金融监管制度下，银行必须满足各种显性的监管指标，这使以地方政府信用为基础的资产很可能以影子银行的形式存在，其风险也或暴露于一些隐性指标。因此有必要引入银行影子等变量及其治理政策进行考察。基于此，本节利用与市委书记微观特征匹配后的地级市城市商业银行的面板数据，实证检验了在既定货币政策下，官员晋升激励对银行风险承担的影响及其动态变化。

研究发现，第一，官员晋升激励对货币政策风险承担渠道的作用主要体现在一些隐性指标上，反映为在相同的货币政策立场下，地方政府干预越大，纳入关注贷款后的不良贷款率以及影子银行规模都会变大。第二，考察 2017 年以来中央政府治理影子银行等的"降杠杆"政策作用后发现，治理政策缩减了地方政府干预货币政策的空间，银行信贷资产质量恶化凸显。本书的研究为货币政策传导机制不畅提供了新的中央与地方政府关系视角的解释，货币政策传导问题与诸多体制性矛盾相关，亟须在政府治理与金融监管体制等多领域的协同改革来予以配合。同时，只要未引起金融系统的过度波动，治理政策所导致的风险显性化便可被视作在缓释风险，这实际上有利于系统性风险的防范。此外，"信息不对称"和外部性是一种常态，如何朝夕惕厉地实现金融创新、区域经济发展与风险可控的微妙平衡，是监管层面临的永恒课题。

2.1.2 理论模型与假说提出

本节将首先引入一个货币政策风险承担渠道的基本模型，再加入官员晋升激励进行分析。在分析货币政策银行风险承担渠道作用的理论模型中，Dell'Ariccia 等（2010）建立的 D-L-M 模型具有一定的代表性。该模型基于以下两个基本假定：第一，以银行风险管理的力度来衡量其风险承担，这一力度也与信贷资产预期违约率相关。第二，假定货币政策会影响银行融资成本，同时银行可以调整其资本结构。考虑到地方官员出于晋升激励可能对部分信贷提供了多种形式的信用支持，进而导致信贷资产整体的预期违约率下降，本节对

D-L-M 模型的第一个假定进行了修改，在模型中纳入了地方政府官员晋升激励的作用。

2.1.2.1　模型设定

假定变量 q 为银行进行风险管理的力度，认为银行风险管理的力度越大，信贷资产收回的可能性越高，因此 q 也代表着银行的风险承担水平和信贷资产违约概率，显然，$q \in [0, 1]$。q 越小，意味着银行的风险承担越高，信贷资产回收率越小。同时，银行进行风险管理需要付出成本，假定每一单位资产的风险管理成本为 $\dfrac{cq^2}{2}$，其中，c 为常数，$c > 0$。此外，为简化分析，假定在银行资产负债表中，资产方仅为贷款，负债方只有银行资本和存款，银行资本的比例为 k，存款的比例为 $1 - k$。如前所述，由于地方政府干预可能影响银行贷款的预期违约率，笔者引入了一个代表地方官员晋升激励的变量 q_g，$q_g > 0$。q_g 越大，地方官员晋升激励越大。

按经典模型，本节将银行的贷款需求函数设定为：$L(r_L) = A - b \cdot r_L$，其中，r_L 为贷款利率。假定存款人要求银行对其所承担的风险进行风险补偿，显然，这一风险与银行风险管理的力度 q 相关，而 q 又会受到资本结构比率 k 的影响，故将存款人的要求回报率设为 $r_D = \dfrac{r^*}{q}$，其中，r^* 代表基准利率，反映货币政策立场，r^* 越小，货币政策越宽松。此外，将银行资本的要求回报率设为 $r_E = r^* + \xi$，其中，ξ 为风险溢价。

2.1.2.2　基准模型：货币政策的风险承担途径

作为分析的起点，模型先不考虑地方官员晋升激励的作用。在模型中，银行有三个内生变量，一是资本比率 k，二是贷款利率 r_L，三是风险管理力度 q，q 为 r_L 与 k 的函数。这里需要知道的是最优的风险管理力度 $\hat{q}$ 与货币政策变量 r^* 的关系，即 $\dfrac{d\hat{q}}{dr^*}$，推导简述如下[①]：

根据前述假说，银行的预期利润函数可表述为

$$\Pi = \left[q(r_L - r_D(1 - k)) - r_E k - \frac{cq^2}{2} \right] L(r_L) \qquad (2.1)$$

其中，$q(r_L - r_D(1 - k))$ 为扣除债权融资成本后的银行贷款收益，$r_E k$ 是股权融

---

① 限于篇幅，本节省略了大部分推导过程，详细推导过程见附录。

资成本，$\dfrac{cq^2}{2}$ 是风险管理成本。首先，求解银行风险管理最优力度 $\hat{q}$ 与资本比率 k 与银行贷款利率 r_L 的函数关系，有

$$\hat{q}(k,\ r_L) = \frac{1}{2c}\left(r_L + \sqrt{r_L^2 - 4c\,r^*(1-k)}\right) \tag{2.2}$$

再根据资本比率 k 与银行贷款利率 r_L 的最优化条件，应用包络定理：

$\dfrac{\partial \hat{q}}{\partial k} > 0,\ \dfrac{d\,\widehat{r_L}}{d\,r^*} > 0,\ \dfrac{\partial \hat{q}}{\partial k}\left(\dfrac{d\,\widehat{r_L}}{d\,r^*} - c\dfrac{d\hat{q}}{d\,r^*}\right) < 0$。结合 $c > 0$，可得

$$\frac{d\hat{q}}{d\,r^*} > 0。$$

即当货币政策趋于宽松时，银行会减小风险管理的力度，导致风险上升。据此，本节提出待检验的假说 1：

假说 1：货币政策越宽松，银行风险承担越高。

2.1.2.3　模型拓展：地方官员晋升激励的作用

本节的研究视角是地方官员晋升激励的作用。根据已有文献，基于晋升激励，地方官员存在对银行信贷的各种隐性的干预与担保行为，使银行认为信贷资产的违约可能变小。据此，本书将地方官员晋升激励变量 q_g 引入模型，对银行的预期利润函数进行了修改，即

$$\Pi' = \left[(q - q_g)(r_L - r_D(1-k)) - r_E k - \frac{c(q-q_g)^2}{2}\right]L(r_L) \tag{2.3}$$

其中，$(q - q_g)(r_L - r_D(1-k))$ 为新的扣除债权融资成本后的银行贷款收益，认为 q_g 会抵减原有的预期违约率，进而作用于贷款收益。这时，求解新的最优银行风险管理力度，有

$$\hat{q}' = \frac{r_L - r_D(1-k)}{c} - q_g$$

同时，可证得

$$\hat{q} = \frac{r_L - r_D(1-k)}{c}$$

即 $\hat{q}' = \hat{q} - q_g$。由此可得 $\hat{q}' < \hat{q}$。即地方官员晋升激励，会减小最优的风险管理力度，导致银行风险承担进一步增加。需要指出的是，$\hat{q}'$ 减小的背后是地方官员干预导致的资产信用基础的异质性，在中国金融集权的体系下，银行的信贷结构受到了相对严格的限制和监督，这既催生了影子银行等监管套利现象的出现，也使地方官员的作用空间或隐藏于此，即在显性的监管压力之下，地方

官员对货币政策传导的影响或以一种更隐蔽的形式反映在会计信息中，体现为隐性分权的形式，并可能受到相关治理政策的影响。由此可以提出假说2，这也是本节实证的重点。

假说2：地方官员的晋升激励会干扰货币政策的作用，放大银行风险承担，货币政策被隐性分权。

2.1.3 实证设计与数据说明

2.1.3.1 实证设计

根据本节的研究问题与前述假说，本节设计了两个层次的实证检验。第一，初步回归。初步考察地方官员晋升激励对货币政策风险承担渠道的影响，设定的模型如下：

$$Risk_{ijt} = \alpha_0 + \beta_1 \, mp_{ijt} + X_{ijt}\beta + \theta_j + \delta_t + \varepsilon_{ijt} \tag{2.4}$$

$$Risk_{ijt} = \alpha_0 + \beta_1 \, mp_{ijt} + \beta_2 \, age_{ijt} + \beta_3 \, age_{ijt}^2 + \beta_4 \, age_{ijt} * mp_{ijt} +$$
$$\beta_5 \, age_{ijt}^2 * mp_{ijt} + X_{ijt}\beta + \theta_j + \delta_t + \varepsilon_{ijt} \tag{2.5}$$

其中，i 代表城商行，j 代表地级市，t 代表年份，X_{ijt} 表示控制变量，θ_j 表示地区固定效应，δ_t 是年份固定效应，ε_{ijt} 是残差项。式（2.4）是对假说1的检验，考察的是货币政策对银行风险承担的影响。被解释变量 $Risk_{ijt}$ 代表银行风险承担，在已有文献中，比较常用的有两种，一是事前的风险资产率，二是事后的不良贷款率。本部分首先将风险资产率作为银行风险承担的代理指标，后续进一步纳入不良贷款率进行考察。基于数据的可得性，用银行年报披露的风险加权资产除以总资产来得到其数值。核心解释变量是货币政策立场指标 mp_{ijt}。

货币政策立场指标，是指货币政策相对于价格和产出稳定目标而言，究竟是"过松""中性"还是"过紧"的量化测度，将实际政策行为与基于泰勒规则的计算结果做比较是其中使用最为广泛的分析方法，本节亦以此进行度量。传统的泰勒规则主要考虑的是利率作为货币政策工具的作用，然而 Chen 等（2018）认为目前中国利率没有完全市场化，货币政策的主要工具仍然是货币供应量 M_2，从而提出了一种包含 M_2 增长率的泰勒规则，以此来量化货币政策立场。笔者借鉴这一说法，按 Chen 等对货币政策立场的处理方式，将实际 M_2 增长率和根据泰勒规则计算的内生的 M_2 增长率之差定义为外生的 M_2 增长率，将其作为货币政策立场指标变量。计算方法简述如下，基于 2011—2017 年宏观数据和改进的泰勒规则，计算内生 M_2 增长率：

$$g_{m, t} = \gamma_0 + \gamma_m g_{m, t-1} + \gamma_\pi (\pi_{t-1} - \pi^*) + \gamma_{x, t}(g_{x, t-1} - g_{x, t-1}^*) + \varepsilon_{m, t} \tag{2.6}$$

其中，$g_{m,t}$ 为内生 M_2 增长率，$g_{m,t-1}$ 为上一期 M_2 增长率，π_{t-1} 为上一期 CPI 增长率，$g_{x,t-1}$ 为上一期 GDP 增长率，π^* 和 $g_{x,t-1}^*$ 分别为目标 CPI 增长率和目标 GDP 增长率，$\varepsilon_{m,t}$ 为随机扰动项。再用实际的 M_2 增长率减去内生 M_2 增长率，得到外生 M_2 增长率，若为正，代表货币政策宽松；若为负，代表货币政策紧缩。回到式（2.4），参数 β_1 是本节关心的结果，如果其显著为正，说明宽松的货币政策带来了更多的银行风险承担。

式（2.5）是对假说 2 的检验，加入了地方官员晋升压力指标及其与货币政策立场的交乘项，也是本节最重要的回归模型。在已有文献中，官员微观特征是官员晋升压力的一类重要代理指标，主要的官员类型是市委书记或市长，最广泛采用指标的是年龄或任期。考虑到市委书记作为一把手在 GDP 绩效考核中可能承担着更大的责任，笔者以市委书记作为地方官员的代表，以其微观特征来描述晋升激励。又由于在样本中，市委书记任期的标准差与均值接近，从数学上会导致其系数的显著性检验受到影响，不宜用于效应的识别。本部分选择了以市委书记年龄作为晋升激励的衡量指标，同时控制了任期的影响。将官员年龄作为晋升压力的量化维度，与中国现行的人事干部制度相关。在始于20 世纪 80 年代的中国人事干部制度改革中，干部"年轻化"是一个重要原则，省部级以上官员任职存在最高年龄限制，省部级官员最高退休年龄为 60~65 岁①，任职平均年龄在 55 岁左右②，这使得地方官员年龄成为影响其晋升机会的重要因素。当任职年龄接近或超过任职平均年龄时，地方官员可能面临最大的晋升激励，希望能以突出的政绩来弥补年龄上的劣势，获取最后的晋升机会。而一旦接近退休年龄，晋升机会也随之丧失，晋升激励也达到最低。这样一来，意味着年龄对货币政策银行风险承担渠道的放大作用并不是线性的，其影响效应可能呈现一个先上升再下降的倒"U"形关系，拐点在平均年龄到退休年龄之间，这是一个晋升的敏感期。因此，在模型中纳入了年龄及其二次项。需要指出的是，由于考察的是晋升压力是否对货币政策渠道的作用产生了干扰，有必要纳入年龄及其二次项与货币政策立场的交乘项。参数 β_2、β_3，特别是 β_4、β_5 是否呈倒"U"形关系成了关注的重点。

---

① 1982 年，中共中央颁布《关于建立老干部退休制度的决定》，规定担任中央或地方省部级领导干部的同志，正职一般不超过 65 岁，副职一般不超过 60 岁，担任司局级的干部一般不超过 60 岁。

② 1992 年，中共中央提出省级党政领导班子成员的平均年龄要保持在 55 岁左右。各类文献（如纪志宏 等，2014）对省部级官员年龄的统计结果与这一文件要求也基本一致。

首先，基于理论模型和已有文献，本节的控制变量主要有四类：一是各地级市的宏观经济变量，包括实际 GDP 增长率、商品房价格、金融市场化程度；二是银行特征变量，包括总资产规模、核心资本充足率和成本收入比；三是金融市场特征变量，主要是股指增长率和汇率波动指数；四是官员的其他微观特征，即任期。按照大部分文献的做法，对任期月份的处理如下，如果市委书记是上半年（含六月）就任的，任期就从当年计算，如果市委书记是下半年就任的，任期就从次年开始计算。

　　其次是拓展分析，考察金融分权的隐性特征。如前所述，城商行的风险结构受到集权式的金融监管，这使得官员晋升激励的作用或体现于更为隐蔽的会计信息中。鉴于此，将主要从两个方面予以考察，一是隐性的不良贷款。一方面，在初步回归中，被解释变量是风险资产率，这是一种银行风险的事前指标，较好地反映了银行对风险的承担行为。另一方面，银行风险的事后测度也值得关注，一般以不良贷款率来衡量。而目前贷款五级分类存在一定的主观性，不良贷款作为一个显性的银行监管指标，有被调整的可能和动机，关注类贷款成为了隐性的不良贷款的主要形式（秦晓，2016；郭峰 等，2016）。因此有必要扩大不良贷款的口径，将不良贷款与关注类贷款的占比总和作为更真实的银行不良贷款率来更审慎地衡量银行的信贷质量。二是影子银行。近年来，同业业务等部分资产管理业务更成为商业银行规避资本充足率、存贷比等中央监管要求的重要途径，这也是中国影子银行的重要组成部分，其中亦不乏与政府信用有关的资产（刘红忠，许友传，2017）。因此，官员晋升激励会否通过影子银行来实现对货币政策的隐性分权无疑值得考察。参考已有文献，基于数据的可得性，将银行资产负债表中存放同业与买入返售金融资产两项累加后再对数化，以此描述影子银行规模。

　　此外，为防控金融风险，中央政府自 2016 年起实行了一系列"去杠杆"与金融监管政策，2017 年与 2018 年上半年尤为强劲，影子银行业务也就随之萎缩，穆迪研究报告显示，2018 年影子银行规模减少 4.3 万亿元。为考察中央政府这一治理政策对地方政府的反向制衡作用，在式（2.5）的基础上，本节加入了一个政策变量，用 policy 表示，令其在 2017 年及以后为 1，2017 年以前为 0，计量模型如下，核心回归系数是 β_6 和 β_7。

$$
\begin{aligned}
Risk_{ijt} = {} & \alpha_0 + \beta_1\, mp_{ijt} + \beta_2\, age_{ijt} + \beta_3\, age_{ijt}^2 + \beta_4\, age_{ijt} * mp_{ijt} + \\
& \beta_5\, age_{ijt}^2 * mp_{ijt} + \beta_6\, policy * age_{ijt} * mp_{ijt} + \\
& \beta_7\, policy * age_{ijt}^2 * mp_{ijt} + X_{ijt}\beta + \theta_j + \delta_t + \varepsilon_{ijt}
\end{aligned}
\tag{2.7}
$$

2.1.3.2 数据说明和描述

本节样本为2011—2018年城商行财务数据、所在地级市信息和当地市委书记微观信息的匹配样本。其中，城商行数据来自BankFocus数据库，涵盖了该数据库中所有的城市商业银行与农村商业银行，同时收集相应银行年报手工补充了部分数据。地方官员数据在陈硕（2016）提供的中国地市级党委书记及市长数据库的基础上，搜索人民网、新华网等网站手工补充得到。计算货币政策立场的数据与Chen等（2018）一致，为美国亚特兰大联邦储备银行公布的中国宏观经济数据。地级市数据来源于历年的《中国城市统计年鉴》和各省级统计年鉴，考虑到其影响的滞后性与数据的可得性，这部分数据滞后了一年。证券市场与外汇市场数据来自Wind数据库。在删除了直辖市和部分明显异常的样本后，最终样本包括130家银行，对应84个地级市。主要变量的描述性统计如表2.1所示。样本观测值（全样本）共计664个，其中，包括部分公布了关注贷款率与影子银行数据的银行，分别为609个样本观测值（关注贷款率样本）和545个样本观测值（影子银行样本）。

表2.1　主要变量的描述性统计

变量	均值	标准差	最小值	最大值
货币政策立场	−1.453	1.068	−2.870	0.103
风险资产率/%	65.776	11.323	6.022	109.354
不良贷款率/%	1.392	0.768	0.024	9.734
关注贷款率/%	3.755	3.365	0.001	16.442
影子银行规模/对数	2.787	0.127	2.307	3.304
市委书记年龄/岁	53.669	3.505	32.000	62.000
市委书记任期/	2.571	1.988	1.000	9.000

2.1.4　实证结果与分析

2.1.4.1　初步回归

表2.2报告了初步回归的结果。表2.2的列（1）是采用式（2.4）进行回归的结果，此时没有引入任何的官员因素的影响。笔者关心的估计系数 β_1 为3.13，能通过10%的显著性水平检验。这表明货币政策的宽松程度每增加一个单位，城商行的风险承担率将增加3.13%，即宽松的货币政策提高了城商

行的风险承担，与假说1揭示的一致。从控制变量来看，尽管影响系数在统计上并不完全显著，但其作用方向与已有研究基本一致（Laeven & Levine，2009；Barrell et.al.，2010；张强 等，2013），由于控制变量不是笔者研究的重点，已有研究也已做出较详细的解释和分析，本节不再赘述。主要关注核心解释变量的影响。

表2.2的列（2）、列（3）报告了采用式（2.5）进行回归的结果。在列（2）中，本节加入了市委书记的年龄与其平方项作为新的核心变量，并引入任期进行控制。结果显示，参数 β_2 的符号为正，而 β_3 的符号为负，均通过了5%的显著性水平检验。这表明市委书记年龄对城商行风险的影响呈现倒"U"形。计算其拐点在54岁左右，接近省部级官员任职的平均年龄，处于前文分析的地方官员晋升的敏感年龄段。这表明，市委书记年龄越接近晋升的敏感年龄段，其晋升激励或越大，对城商行的干预越强，进而或导致城商行的风险承担越大。此外，β_1 的绝对值稍微变小，显著性水平也明显提高，符号也仍然为正。这一结果初步验证了官员晋升激励的作用。列（3）进一步加入了年龄及其平方分别与货币政策立场的交乘项。这时，参数 β_2 和 β_3 仍然显著，其绝对值与符号也并无太大变化。但交乘项的系数 β_4 和 β_5 并不显著，说明官员晋升激励并没有对货币政策的风险承担渠道产生显性影响。笔者认为，这一结果与预期并不相悖。本节的风险资产率来自银行年报中被严格监管的风险加权资产，即使面临地方政府的强大压力，银行也很难会去逾越监管部门的严格要求。因此上述结果并不能否认货币政策被隐性分权的可能。同时，货币政策立场的作用不再显著，这也表明不宜忽略交乘项的影响。这些都使笔者不得不进行更深入的分析，考察官员晋升激励对货币政策效力的影响会否以一种更加隐蔽的形式存在。

表2.2　初步回归结果

变量	风险资产率		
	（1）	（2）	（3）
货币政策立场	3.128*	2.960**	2.830
	（1.850）	（1.316）	（2.31）
年龄		0.669**	0.673**
		（0.338）	（0.335）
年龄平方		-0.006 18**	-0.006 27**
		（0.002 92）	（0.003 10）

表2.2(续)

变量	风险资产率		
	(1)	(2)	(3)
年龄×货币政策			0.115
			(1.298)
年龄平方×货币政策			−0.003 01
			(0.049 0)
任期		0.009 8	0.019 5
		(0.316)	(0.401)
商品房价格	10.191**	11.680**	12.522**
	(5.028)	(4.722)	(5.970)
实际 GDP 增长率	0.571	0.862	0.801
	(1.581)	(1.558)	(1.681)
金融市场化程度	−7.956	−8.999	−9.110
	(7.411)	(6.832)	(6.871)
资产规模	−0.558	−0.648	−0.461
	(0.734)	(0.647)	(0.726)
成本收入比	−0.389	−1.129	−0.926
	(1.712)	(1.805)	(1.814)
资本充足率	−1.281***	−1.265***	−1.320***
	(0.376)	(0.396)	(0.413)
股指增长率	2.103*	2.321**	2.336*
	(1.156)	(1.164)	(1.233)
汇率波动指数	5.700**	6.130**	5.910**
	(2.368)	(2.496)	(2.293)
常数项	19.58***	20.119*	20.110**
	(7.252)	(11.835)	(9.530)
年份固定效应	是	是	是
城市固定效应	是	是	是
样本量	531	531	531
R^2	0.229	0.256	0.261

注：括号内为标准误，经过 robust 调整。***、** 和 * 分别表示在 1%、5% 和 10% 的水平上显著。

2.1.4.2 拓展回归

表2.3 报告了拓展分析的回归结果，单数列对应的是式（2.5），主要考察

上述金融分权的隐性性质。列（1）是将不良贷款率作为被解释变量的回归结果。考虑到违约的滞后性，笔者将所有的解释变量均滞后了一年，列（2）、列（3）、列（4）也做了同样处理。列（1）的结果显示，在10%的显著性水平下，市委书记年龄对不良贷款率的影响呈现倒"U"形，拐点在55岁左右。反映出地级市官员越接近晋升敏感期，其晋升激励和干预动机越大，导致城商行的不良贷款率越高。货币政策立场的影响系数 β_1 为正，但并不能通过统计显著性检验。同时，核心回归系数 β_4 和 β_5 也都不显著。这一结果与表2.2列（3）的结果类似，其原因可能一样，即不良贷款率也属于被高度管制的指标，即使存在地方政府干预，银行亦不能逾矩。

为了更全面真实地反映官员晋升激励的影响，笔者将不良贷款的口径扩大到监管相对较弱的关注贷款，表2.3的列（3）即以不良加关注贷款率为被解释变量的回归结果。结果显示，β_1 变得显著，货币政策立场每宽松一个单位，扩展后的不良贷款率会增加0.33%。同时，交乘项的回归系数 β_4 和 β_5 均变得显著，其对扩展后的不良贷款率的影响呈现倒"U"形，拐点出现在57岁左右，在省部级官员任职平均年龄和退休年龄之间，属于前文分析的官员晋升激励最大的年龄段，即当官员年龄越接近最后的晋升机会期间，其晋升激励可能越大，从而有更大的动机干扰货币政策的有效性，放大了货币政策影响银行风险承担的不良后果，导致银行资产质量进一步下降。且在金融监管高度集权的情况下，主要表现为隐性的不良贷款的增加。此外，β_2 和 β_3 也显著呈倒"U"形，拐点也在57岁左右。

列（5）是地方官员晋升激励和货币政策立场对影子银行规模影响的实证结果。这时，货币政策立场与影子银行规模在5%水平下显著负相关，货币政策每紧缩一个单位，影子银行规模（对数）会扩张0.074，这一结果与既有理论相符。已有文献指出影子银行具有逆周期特征，集权式监管下的信贷约束会导致影子银行扩张（Chen et al.，2018；高然 等，2018）。同时，核心回归系数 β_4 和 β_5 均能通过5%显著性水平的统计检验，对影子银行的影响呈现正"U"形，拐点在56岁左右，接近省部级官员任职的平均年龄。这说明地方官员晋升激励，进一步放大了影子银行与货币政策立场的负向关系，即面对央行货币政策的收紧，地方政府为了保持地区经济增长，仍然会加强对金融资源的控制，只是这种控制更具隐蔽性，表现为影子银行规模的进一步扩张。

基于式（2.7）进一步考察中央治理政策的效果，结果见表2.3的双数列。列（2）考察的是政策治理前后，官员晋升激励和货币政策立场对不良贷款率影响的变化。从回归结果看，β_5 和 β_6 仍不显著，但核心回归系数 β_6 和 β_7 分别在 1% 与 5% 水平下显著，影响呈倒 "U" 形，年龄的拐点在 55 岁左右，属于晋升激励的峰值区。这表明在 2017 年以后，官员晋升激励通过影响货币政策传导，导致不良贷款率明显上升。进一步观察列（4）和列（6），尽管 β_6 和 β_7 的统计显著性并不完全理想，但系数方向与 β_5 和 β_6 基本一致，或说明官员晋升激励对货币政策传导的隐性作用在短期仍然未减弱。笔者认为，这一现象是合理的，即随着杠杆率和影子银行规模的降低，地方政府的表外债务受到更强约束，地方官员干预信贷政策的空间变小，从而导致银行信贷资产质量明显恶化。

表 2.3　拓展回归结果

变量	不良贷款率		不良+关注贷款率		影子银行规模	
	（1）	（2）	（3）	（4）	（5）	（6）
货币政策立场	0.399	0.305	0.329*	0.336**	-0.073 9**	-0.073 2**
	(0.219)	(0.317)	(0.178)	(0.153)	(0.035 2)	(0.033 3)
年龄	0.035 9*	0.033 8**	0.035 6**	0.041 5*	0.071 2	0.096 8
	(0.020 5)	(0.014 2)	(0.016 2)	(0.023 1)	(0.090 1)	(0.125)
年龄平方	-0.000 326*	-0.000 299*	-0.000 313*	-0.000 378*	-0.000 620	-0.000 791
	(0.000 187)	(0.000 170)	(0.000 200)	(0.000 212)	(0.000 816)	(0.001 82)
年龄×货币政策	0.015 3	0.011 8	0.024 8**	0.021 6**	-0.061 7**	-0.063 3***
	(0.013 7)	(0.013 1)	(0.012 3)	(0.010 0)	(0.031 6)	(0.024 4)
年龄平方×货币政策	-0.000 136	-0.000 106	-0.000 218**	-0.000 191**	0.000 547**	0.000 568**
	(0.000 177)	(0.001 52)	(0.000 104)	(0.000 104)	(0.000 274)	(0.000 274)
严监管×年龄×货币政策		0.017 9***		0.009 2*		-0.009 8
		(0.006 19)		(0.084 8)		(0.048 4)
严监管×年龄平方×货币政策		-0.000 164**		-0.000 091 1		0.000 191
		(0.000 071 3)		(0.000 274)		(0.009 12)
控制变量	是	是	是	是	是	是
年份固定效应	是	是	是	是	是	是
城市固定效应	是	是	是	是	是	是
样本量	551	551	480	480	439	439
R^2	0.287	0.324	0.270	0.278	0.197	0.209

注：括号内为标准误，经过 robust 调整。***、** 和 * 分别表示在 1%、5% 和 10% 的水平上显著。控制变量与表 2.2 相同，也包含了常数项。

2.1.4.3　稳健性检验

本节的被解释变量是银行层面的微观数据，难以对宏观的货币政策与政府官员的年龄产生太大影响，这一定程度上缓解了逆向因果所产生的内生性问题。同时，对个体和时间效应的控制也降低了由于遗漏变量所导致的内生性偏误。然而，本节仍然不能确保前述回归没有任何估计偏误。因此，参考相关文献的方法，本节对前述主要回归结果进行了进一步的检验。

首先，本节引入了银行跨区域经营的特征进行检验。当银行进行跨区域经营时，银行的风险承担行为可能受到影响，本地政府也较难对银行的异地经营行为进行干预，这可能削弱官员晋升激励对货币政策效力的作用。而如果其作用在这时仍然没有发生明显变化，或可说明这一作用是较稳固的。因此，在设定了一个银行跨区域经营的虚拟变量，将银行跨区域经营设为1。表2.4的列（1）至列（4）报告了引入银行跨区域经营的虚拟变量后的回归结果，结果显示，从符号上看，当其他条件一定时，银行跨区域经营会可能导致银行风险资产率、不良贷款率、不良加关注贷款率相对下降，影子银行规模相对上升。只是这些关系并不具备统计显著性。同时，与表2.2最后一列和表2.3中间两列的回归结果比，此时本节所关心的回归系数 $\beta_1 \sim \beta_5$ 没有发生实质性变化，说明了前述结论的稳健性。

其次，本节试图借鉴一种反事实的思维，放松官员晋升激励的非线性假定，并引入了一个检验退休效应的虚拟变量。显然，当官员接近退休年龄时，其晋升机会减少，晋升激励也变小。如果假说2成立，那么很难期待接近退休年龄的官员还会产生放大货币政策银行风险承担渠道的作用。因此，有必要引入一个官员是否接近退休的虚拟变量，考虑到前文年龄影响的拐点均未超过57岁，以58岁作为年龄的门槛值①，将年龄大于或等于58岁设为1。由于仅不良加关注贷款率与影子银行在基本回归中显著，故只对他们进行了检验，表2.4的列（5）、列（6）报告了其回归结果。可见，门槛年龄虚拟变量能通过统计显著性检验，其作用方向与年龄单次交互项的影响方向刚好相反。这反映出官员年龄越接近门槛值，货币政策的银行风险承担渠道相对越小，不良加关注贷款率越小，影子银行规模也变小。这些结果与假说2是一致的，说明只有晋升激励较大时，才会产生对货币政策风险承担渠道的放大作用。

最后，笔者采用2017年以后的子样本检验了中央治理政策作用的稳健性，表2.4列（7）的结果显示，在2017年以后，官员晋升激励明显干扰了货币政策传导，并导致原来并不显著的不良贷款率显著上升，与前文的结论一致。

---

① 本节也尝试把59岁作为门槛值，回归结果没有实质性变化。

表 2.4　稳健性检验回归结果

变量	加入跨区域经营				年龄门槛值		子样本
	风险资产率	不良+关注贷款率		影子银行	不良+关注贷款率	影子银行	不良贷款率
	(1)	(2)	(3)	(4)	(5)	(6)	(7)
货币政策立场	2.712	0.324	0.328*	-0.073 7**	0.379*	-0.070 2*	0.409
	(2.465)	(0.318)	(0.176)	(0.032 1)	(0.228)	(0.040 1)	(0.430)
年龄	0.682**	0.031 9*	0.037 4*	0.098 9	0.023 0	0.008 92	0.032 9*
	(0.324)	(0.018 8)	(0.021 8)	(0.074 3)	(0.048 0)	(0.013 4)	(0.019 1)
年龄平方	-0.006 48**	-0.000 294*	-0.000 342*	-0.000 841	-0.000 112	-0.000 517	-0.000 301**
	(0.003 08)	(0.000 173)	(0.000 192)	(0.001 01)	(0.000 891)	(0.002 12)	(0.000 175)
年龄×货币政策	0.252	0.016 6	0.023 6	-0.061 6**	0.029 1*	-0.050 6**	0.019 2***
	(0.899)	(0.014 2)	(0.027 6)	(0.027 6)	(0.014 1)	(0.022 7)	(0.007 11)
年龄平方×货币政策	-0.002 26	-0.000 159	-0.000 208**	0.000 546**			-0.000 171
	(0.039 0)	(0.000 151)	(0.000 238)	(0.000 270)			(0.000 085 5)
跨区域经营	-0.042 9	-0.033 9	-0.012 3	0.034 6			
	(0.048 0)	(0.081 3)	(0.051 1)	(0.752)			
年龄≥58×货币政策					-0.014 3**	0.003 31*	
					(0.007 11)	(0.001 96)	
控制变量	是	是	是	是	是	是	是
年份固定效应	是	是	是	是	是	是	是
城市固定效应	是	是	是	是	是	是	是
样本量	531	551	480	439	480	439	229
R^2	0.269	0.291	0.282	0.205	0.242	0.192	0.332

注：括号内为标准误，经过 robust 调整。***、** 和 * 分别表示在 1%、5% 和 10% 的水平上显著。控制变量与表 2.2、表 2.3 相同，也包含了常数项。

2.1.5　结论性述评

如何理解当前的金融权力结构是深化我国经济发展与转型的重要问题。在地区分权竞赛的背景下，地方官员晋升激励可能干扰中央集权的金融发展与管理模式，体现为隐性的金融分权。本节尝试从晋升激励对货币政策的银行风险承担渠道影响的视角进行探索。

在理论上，本节证明了货币政策立场越宽松，银行风险承担越高，而官员晋升激励会对这一关系产生干扰，放大银行风险承担。在此基础上，笔者将 2011—2018 年各地级市城商行的财务数据、所在地信息和当地市委书记微观信息匹配后进行了实证检验。本节考虑到官员年龄与其晋升激励间为非线性关系，以市委书记年龄及其平方作为官员晋升激励的代理变量，并引入货币政策立场与两者的交乘项来反映官员晋升激励对货币政策银行风险承担渠道的作用。当以被中央严格监管的风险资产率和不良贷款率来代表银行风险承担时，结果显示，货币政策立场以及交乘项的影响都不显著。但当将研究拓展到关注贷款和影子银行等监管相对宽松的指标时，主要参数变得显著，货币政策立场对银行不良贷款率和关注贷款率呈正向影响，对影子银行呈负向影响，同时官员晋升激励会显著放大其作用。这些结果说明，官员晋升激励会对货币政策银行风险承担渠道产生干扰，并主要体现在一些隐蔽性指标上，呈现出隐性分权的性质。此外，考虑中央政府的反向制衡作用后发现，中央政府的治理政策使地方官员影响显性化，体现在不良贷款率的明显恶化。但笔者认为这一现象实质是新旧动能转换的正常体现，是对潜在的旧有风险的释放，对系统性风险的防范反而具有积极的意义。

本节的发现为金融隐性分权提供了一个事实证据。银行风险承担是货币政策发挥作用的一个重要渠道，如果地方官员的作用，导致这一渠道失灵，使银行承担了无谓的风险，并因银行风险的外部性及中央垂直监管的制度属性，实质上由中央政府来买单，那无疑意味着中央与地方间风险承担关系的失衡。同时，这种地方政府对金融结构作用的不透明性尤其值得警惕，因为地方官员正是在利用这种信息的不对称透支中央政府信用，从而不可能避免会造成资源的严重误配，加大区域性风险生成并演化为系统性风险的可能。

本节的结论有如下政策建议：第一，增强中央与地方之间在对待风险上的激励相容效应。货币政策被分权的背后是中央与地方两级政府在对待风险态度上的激励不相容问题，这需要从组织机构重构和内在的激励约束机制进行思考，关键要给予地方政府合适的激励和约束。第二，完善金融管理制度。针对地方政府干预的隐蔽性特征，在金融监管领域，特别要加快形成"规制统一、权责明晰、运转协调、安全高效"的金融风险管理和风险处置体系，减少中央与地方监管交叉和监管真空。

2.2 中央金融监管、地方干预与银行风险

2.2.1 问题提出与研究意义

经济发展常常与金融风险伴生，随着我国经济的快速发展与金融改革的全面深化，中央政府与地方政府在金融风险治理上的目标偏差不容忽视。我国金融监管权长期集中在中央政府，从原有的"一行三会"发展到新监管框架下的"一委一行两会"，中央金融监管机构始终对全国银行实行统一的监管标准和措施，旨在推动银行业稳健运行，有效防范风险与维护国家金融稳定。而地方政府出于促进地方经济增长的需要，会倾向于干预信贷资源配置，这极易导致区域金融风险的生成，累积系统性金融风险。

既有的相关研究很多，但大部分是基于地方政府单一视角。其基本认为地方政府的干预会加重银行的风险承担。部分文献开始尝试同时引入地方官员微观特征与地方监管官员的微观特征，讨论中央监管的反制作用（刘冲，郭峰，2017)，但研究尚待深入。具体而言，银行监管存在事前、事中、事后监管等不同层次。地方监管官员的微观特征并不能很好地描述中央金融监管行为，也就无法更深入地探讨两者互动一些细节。因此，本节旨在综合地方政府干预与中央具体监管举措，观察它们对商业银行风险的共同影响。一个重点关注的问题是：如果地方政府追求政绩的动机会加大银行风险，那么，银行监管当局的监管措施能够有效反制吗？反制效果又是否存在异质性？

本节选取了中国 241 家城市商业银行 2006—2014 年的非平衡面板数据①，将银监会监管举措、地级市党委书记微观特征、地方官员晋升压力同各城市商业银行年报数据匹配后进行回归。结果显示，中央监管显著降低了银行风险，只是其有效性不能一概而论，其中惩戒性质监管的抑制性最为有效；同时，中央监管对地方政府干预起到了显著的抑制作用，但存在明显的异质性。当地方政府干预试图作用于一些被监管严格控制的显性指标，如不良贷款率与风险资产率等时，中央监管的抑制效果较好；而当地方政府干预试图作用于一些监管不严的隐性指标，如关注贷款率与影子银行时，监管的效果不彰。

---

① 2014 年以后银监会公布的监管政策指标与口径发生变化。考虑到监管框架并未有较大改变，2014 年以前的数据仍具有外推性，为保持指标的一致性，本节未选取 2015 年以后的数据。

2.2.2　文献综述与研究假说

2.2.2.1　银行监管与银行风险

银行业监管效力及其影响因素是学界长期关注的焦点，学者们从不同角度对其进行了研究。尽管大部分国家都对银行业采取了金融监管，但在理论上，银行业监管是否有效并无定论。如，Grossman 和 Stiglitz（1983）从信息不对称的角度，提出银行的所有者（股东）与管理者（高管）之间存在典型的委托代理问题，两者利益追求不同，信息沟通不畅。股东更倾向于追求银行的长久发展，管理者却只注重短期利益，管理者的行为会损害银行稳定，需要外部监管介入，故银行监管可以有效促进资源的配置。Becker 和 Stigler（1974）则认为政府监管也可能滋生内部信息不对称和外部信息不对称等问题。具体而言，如果银行被外部控制，被提出不合理要求，那么银行同样会陷入风险。众所周知，所有的理论模型都依赖于假设前提，理论模型结论不一致的背后，反映的是假设前提与现实世界无法吻合的问题，银行监管效力受到众多因素的制约，在实践中无法一概而论。

因此，学者们围绕影响银行监管效力的因素展开了丰富的实证研究。除上市与否、资产规模外，银行的治理结构也是学者们关注的焦点。Barakat 和 Hussainey（2013）选取欧洲的银行，将操作性风险披露质量作为风险的代理，发现在外部董事比例更高而高管持有股份更低的结构中，审计活动对于监管有促进作用。他们进一步认为，独立的外部股东可以充当监管者的角色，提议保持股东会的独立性，强化审计活动。Laeven 和 Levine（2009）发现股东的权力越大，监管对于风险就越有效。但是 Saunders 等（1990）对 20 世纪 80 年代监管力度较弱时期的研究表明，银行受股东控制越多，银行越倾向于冒风险，这种现象在监管弱化的时候更加凸显。与 Saunders 等（1990）的研究结果不太一样，采用相同时期的样本，Anderson 和 Fraser（2000）发现，如果股权更多的掌握在管理层手中，银行的总风险以及特征风险都会提高。随着监管立法的加强，这种正相关会变为负相关。同时，在监管弱化和强化的两个时期中，管理层是否拥有较多股权都与系统风险不相关。此外，Anderson 和 Fraser（2000）发现，特许权高的银行不会冒风险，这与 Konishi 和 Yasuda（2004）针对日本银行的实证结论一致。

监管俘获与监管套利也都是对监管有效性的质疑。从监管俘获看，首先，银行机构体系复杂，外部核查的困难导致了监管俘获的可能性（Laffont &

Tirole，1991）。其次，尽管监管是监管者的职责，但是监管者群体本身也追求着利益，在监管过程中可能会与监管对象形成利益关系，从而偏离监管为了公共利益最大化的目标（Stigler，1971；Becker，1983；Peltzman，1998）。刘江会和刘兴堂（2011）通过多角度实证研究发现，我国的银行监管业不仅存在监管俘获问题，而且存在监管声誉丧失问题。原因在于监管只要选择屈服就会丧失监管绩效，败坏其声誉，进一步削弱监管效果。此外，监管中的旋转门现象也会引致监管俘获，监管中的旋转门现象指的是监管者被派遣到被监管机构担任职位（Shive & Forster，2013）；同时还有一种"逆旋转门"现象，指人员从银行升职到监管部门。这两道"门"毫无疑问为监管俘获提供了良好的契机。监管套利现象则是对于监管内容的质疑，不涉及监管者本身。Partnoy（1997）把监管套利定义为一种金融交易，指被监管者利用制度间的差别创造套利机会；Fleischer（2010）认为这种制度的差别体现在制度对交易的认定与交易的实质内容之间。银行的表外业务和影子银行体系是监管套利的主要表现。

需要指出的是，在文献中，"管制（regulation）"和"监管（supervision）"有一些区别：管制可认为成关于银行活动的一系列规章制度法律体系，是静态的，是主要基于监管者的视角的概念；监管是监管者在与被监管者互动过程中，所呈现出来动态的具体操作行为、实现途径和手段（周子衡，2005）。尽管不一定对两个概念区分明确，但本节中和所梳理的文献中都更多涉及的是"监管"；原因在于，本书研究的是地方政府与监管当局的共同作用，这是一个多方参与的互动过程，使用动态的监管概念要比单一视角的静态管制概念更为合适。

既然众多因素会影响监管效力。那么，在中国具体的制度环境下，监管效力如何？已有文献提供了参考。潘敏和魏海瑞（2015）将监管划分为三个流程——事前监管、事中监管和事后监管，并且分析了三个过程对于银行风险的单独作用，发现事前发布监管公文和在事后的惩戒性措施都能够有效抑制商业银行风险蔓延。刘冲和郭峰（2017）指出中国的监管设计有考虑到避免旋转门和监管俘获的产生，各地银监局局长任满四年后要进行异地交流，这在一定程度上保证中国银行监管的有效性。综合已有文献，笔者认为中国中央垂直监管的监管效率较高。据此本节提出如下的假说：

假说1：中央层面的银行监管措施能够有效降低我国银行风险承担。

2.2.2.2 地方政府干预与银行风险

下面重点引入地方政府的角色。如前所述，在我国，由于财政分权与晋升激励，地方官员扮演着推动地区经济快速增长的角色。地方政府要推动当地经济的增长，必然需要动用资金。在财政资金不足且使用受限的情况下，银行资金自然会成为加大地区投融资活动的主要财源（纪志宏 等，2014）。已有文献指出，地方政府与银行在风险态度上并不一致，但银行常常难以抗拒地方政府的干预。具体而言，银行的效用函数是利润，旨在实现控制风险的情况下的收益最大化；地方政府的效用函数决策则不需要考虑银行的风险水平，或者说至少地方官员不必考虑。但政府如果对银行有控制能力或者有讨价还价的能力，那么银行出于历史文化原因可能会迎合地方政府的目标（Li & Liang，1998；Charumilind et al.，2006）。

在20世纪早期文献中，研究者就政府对银行的干预持乐观态度，认为政府对于宏观态势足够了解，主张政府对银行予以干预（Gerashchenko，1962），引导资金流向，促进金融发展从而带动经济发展，并鼓励政府购买银行股权（Lewis，1950）。但是20世纪后期，越来越多的实证证据并不支持这种观点，研究者们在理论上也提出了不同的看法。许多学者认为政府是以政府自身而非商业银行为利益中心，其对商业银行的干预会扭曲可贷资金有效配置，损害银行的健康发展（Kornai，1979；Shleifer & Vishny，1994；Megginson，1997；Barth et al.，2002；Beck & Levine，2002）。此外，政府为了给自身的利益相关者提供便利，会在政府自身、党派和商业银行之间形成不正当利益链（Kornai，1979）；同时，政府为了满足选民的期望，致使地方银行提供补贴或非法融资（Shleifer & Vishny，1994）。

综上，政府对银行的干预可能存在正、负两方面的不同影响。具体到中国，地方政府干预会体现为何种形式？从地方政府官员晋升激励的视角出发，多位学者检验了地方干预对中国银行风险的影响。例如，钱先航等（2011）通过对构造晋升压力指数的研究，发现晋升压力越大，城商行短期贷款越少，而中长期贷款增加，但是市委书记任期长度会减弱该影响。同时，当官员政绩考核加入民生和环保因素时，晋升压力将不再对信贷产生显著影响。谭劲松等（2012）通过对借款企业的不良贷款金额、债务期限和担保种类的研究发现，政府与市场的关系在不良贷款形成中留有明显的痕迹，并且政府干预的作用大小不一致，对于民营企业干预少而对于国企干预多。此外，市场化程度越高，干预所产生的影响也越小。谭之博和周黎安（2015）从晋升激励的视角阐明政治与经济周期的机制，考察了省长和省委书记任期对于信贷投放与固定资产投资的影响，发现省委书记的任期对两者有显著影响。可以说，中国地方政府对银行风险会产生负向影响，是已有文献的共识。

那么，银行监管又能否有效制衡地方政府干预？我国中央垂直化金融监管体制设立的初衷之一就是防范地方政府干预所形成的金融风险。中央政府通过将人民银行省级分行设立为大区分行，分立银监局对银行实现垂直化监管，来杜绝地方政府对地方金融监管机构的人事干预；通过进行国有企业的垂直化结构改革，强化信贷人员对信贷风险的责任（洪正，胡勇峰，2017），从银行内部治理来减小地方政府作用空间；通过实行监管官员异地交流、任期轮换等制度来减小监管俘获，使官员能恪尽职守（刘冲，郭峰，2017）。笔者认为，上述种种制度设计，使得中央监管应该能够有效约束地方政府行为，抑制地方金融干预所导致的风险。基于此，本节提出如下假说：

假说2：地方政府晋升竞争越激烈，政府官员的干预越多，银行风险承担也越高。

假说3：中央银行监管可以抑制地方政府金融干预。

2.2.3　研究设计

2.2.3.1　主要变量

本节的核心解释变量是银行风险承担。对于银行的风险承担，有多种衡量指标。考虑到可行性以及普遍性，本节选择了两个指标：风险资产率与不良贷款率。风险资产比率衡量的是银行风险资产经过加权处理后与总资产的比值，参考现有通用做法，由总权益除以资本充足率得到风险加权资产，再除以总资产计算。不良贷款是借款人不能或有迹象表明其无法按照约定归还本息的贷款。从指标上看是贷款五级分类中的次级类、可疑类与损失类三类贷款的总和。不良贷款率＝（次级类贷款＋可疑类贷款＋损失类贷款）/总贷款数。

本书的核心解释变量是银行业监管指标与地方政府官员的干预强度指标。长期扮演着中国银行业监管主体的是银监会，其对于银行的监管行为，从时间的角度可分为事前监管、事中监管和事后监管。参考Jackson和Roe（2009）、Lohse等（2012）、潘敏和魏海瑞（2015）的选取方法，笔者采取监管公文发布频率刻画事前监管强度，事前监管强度由于数据不可得予以忽略；以现场检查机构平均覆盖率代表事中监管，以取消高级管理人员任职资格、处罚违规银行业金融机构和查处违规金额三者作为事后监管力度的体现。

本节使用的地方政府干预强度指标分为两类。一类是官员晋升压力指数，认为官员晋升压力越大，干预强度也越大。指标的构造遵循的是钱先航等（2011）的做法，参考地方官员晋升的标准，由来自经济增长的压力、来自财政盈余的压力和来自降低失业率的压力三者构成，取值范围为0~3。本节不仅采用了这个晋升压力，还同时考虑使用单独一者分量。另一类是官员微观特征变量。与前文类似，认为地方政府的干预强度与官员晋升激励相关，而官员晋升激励受到官员的年龄这一微观特征因素制约，故可以用官员年龄来反映地方政府干预强度。

本节的控制变量包含银行个体变量、宏观变量、地区变量和官员微观特征四个维度。第一个维度由拨备覆盖率、净资产收益率和资本充足率组成。第二个维度由金融市场化和经济增长率指数构成；经济增长率的计算是各银行对应市的 GDP 年度同比增速，金融市场化率是金融机构各项贷款年末余额与当年 GDP 之比（各银行对应市的数据）。第三个维度由货币政策立场、广义货币增速、产出缺口组成。货币政策立场由叙事描述法计算而成（张朝洋 等，2016）。第四个维度是官员任期，参考已有文献，纳入了官员任期与任期的二次项。

2.2.3.2 模型设定

首先，为验证假说1，本节设定银监会监管对银行风险承担影响的模型为

$$Risk_{it} = \beta_0 + \sum_{\alpha=2}^{5} \beta_\alpha \times Supe_{it}^\alpha + \gamma \times X_{ijt} + \theta_j + \delta_t + \varepsilon_{ijt} \tag{2.8}$$

其中，$Risk$ 代表银行的风险承担，具体表现在两类指标上，分别为不良贷款率和风险资产率。$Supe_{it}^\alpha$ 代表 i 银行在 t 时间受到的监管力度，$Supe_{it}^2$ 代表事中监管力度（现场检查机构平均覆盖率），$Supe_{it}^3$、$Supe_{it}^4$、$Supe_{it}^5$ 代表事后监管（分别是取消高级管理人员任职资格、处罚违规银行业金融机构和查处违规金额）。X_{ijt} 指一系列控制变量，θ_j 表示地区固定效应，δ_t 是年份固定效应，ε_{ijt} 是残差项。t、i、j 分别表示时间、银行与城市。

其次，为验证假说2，在式（2.8）的基础上加入地方干预变量，则新模型为

$$Risk_{it} = \beta_0 + \sum_{\alpha=2}^{5} \beta_j \times Supe_{it}^\alpha + \delta_t \times promotion_{jt}^l + \gamma \times X_{ijt} + \zeta_1 \times sec_{jt} +$$
$$\zeta_2 \times sec_{jt}^2 + \theta_j + \delta_t + \varepsilon_{ijt} \tag{2.9}$$

其中，$promotion_{jt}^l$ 代表 j 城市的官员在 t 时间受到的晋升压力或其分量。$l = 0$ 时，$promotion_{jt}^0 = pr$，即总晋升压力指数；$l = 1$ 时，$promotion_{jt}^1 = ggr$，代表为提升经济增长率方面的晋升压力；当 $l = 2$ 时，$promotion_{jt}^2 = fs$，代表为维持财政盈余带来的晋升压力；当 $l = 3$ 时，$promotion_{jt}^3 = ur$，代表因着力降低失业率带来的晋升压力，sec 表示市委书记年龄。如前所述，官员年龄与晋升激励之间存在倒"U"形关系，故同时引入了年龄的二次项。

进一步，加入监管变量与政府干预变量的交互项检验假说 3，交互项由监管指标与地方政府晋升压力指数或政府官员微观特征所构成。当加入监管指标与地方政府晋升压力指标的公式如下：

$$Risk_{it} = \beta_0 + \sum_{\alpha=2}^{5} \beta_j \times Supe_{it}^{\alpha} + \delta_l \times promotion_{jt}^l + \gamma \times X_{ijt} + \zeta_1 \times sec_{jt} +$$

$$\zeta_2 \times sec_{jt}^2 + \zeta_3 \times secdur_{jt} + \zeta_4 \times secdur_{jt}^2 + \zeta_5 Supe_{it}^{\alpha} \times promotion_{jt}^l +$$

$$\theta_j + \delta_t + \varepsilon_{ijt} \tag{2.10}$$

类似地，可以将上式交互项中的 $promotion_{jt}^l$ 替换为 sec、sec^2 年龄这一官员微观特征变量来反映另一种政府干预维度的交互作用。

2.2.3.3 数据来源

本节样本为中国 241 家商业银行 2006—2014 年的非平衡面板数据，共计 693 个样本观测值（全样本）。银行的数据从 BankFocus 和银行发布的年报获得；城市数据从 CNKI 中国经济与社会发展统计数据库和 Wind 数据库中获取，银行现场监督和事后监管项目的数据则从（旧版）银监会官方网站年报附录和附表中取得。晋升压力类数据从地方统计年鉴、CNKI 中国经济与社会发展统计数据库获得，按照钱先航等（2011）的方法计算获得。地方官员微观特征来自在中国经济网"地方党政领导人物库"、人民网和各地市政府官方网站等的人工收集。

因为本节研究的是地方政府行为，需要将银行归属地匹配到城市，为了保证结果的合理性，笔者做了如下处理：对于五大国有银行和外资银行，在做归属地匹配时不纳入考虑，因为它们的业务跨地区范围已远超出了一个城市；对于其他的城市性地方银行，则优先选取其注册地作为归属地，若其经营主要业务开展在其他城市则另做调整。

表 2.5 是本节主要变量的描述性统计。

表 2.5　主要变量的描述性统计

变量	变量含义	平均值	标准差	最大值	最小值	中位数
$NPL/\%$	不良贷款率	1.747	2.425	24.24	0.01	1.215
$RA/\%$	风险资产率	15.912	21.255	77.24	0.003 23	0.599
$special\_per/\%$	关注类贷款率	0.039	0.045	0.408	0	0.028
$subst\_per/\%$	次级类贷款率	0.008	0.011	0.133	0	0.005
$doubt\_per/\%$	可疑类贷款率	0.004	0.004	0.038	0	0.003
$loss\_per/\%$	损失类贷款率	0.001	0.003	0.040	0	0.001
$Supe^2/\%$	现场检查机构平均覆盖率	26.081	8.237	42	15	27
$Supe^3/$个	取消高级管理人员任职资格	10 897.35	12 212.5	51 001	22	10 147
$Supe^4/$个	处罚违规银行业金融机构	1 831.398	833.442	4 212	873	1 553
$Supe^5/$万元	查处违规金额	4 738.292	10 729.79	51 001	22	177
pr	晋升压力指数	1.456	1.014	3	0	1
ggr	来自经济增长的晋升压力指数分量	0.545	0.513	1	0	1
fs	来自财政盈余的晋升压力指数分量	0.348	0.480	1	0	0
ur	来自降低失业率的晋升压力指数分量	0.605	0.657	1	0	1
$sec/$岁	市委书记年龄	53.419	4.547	69	32	53
$secdur/$年	市委书记任期	2.884	1.799	10	1	2

2.2.4　实证分析

2.2.4.1　监管对银行风险承担及贷款分类的影响

表 2.6 显示的是监管对银行风险承担影响的回归结果。在两个衡量银行风险承担的指标，不良贷款率和风险资产率中，回归结果发现仅有风险资产率的结果是显著的，因而表 2.6 仅报告了以风险资产率作为被解释变量的回归结果。在表 2.6 中，列（1）、列（2）中仅放入了事中监管（现场检查平均覆盖率），列（3）、列（4）仅放入了事后监管（取消高管任职人员、处罚金融机

构数量、查处违规金额），最后两列将所有监管指标都纳入。单数列为不含控制变量的回归，而双数列则放入了控制变量，重点观察双数列的回归结果。列（2）显示，现场检查对于风险资产率的作用在加入控制变量后呈现显著的负向影响，只是在列（6）中统计显著性不够，但系数方向仍然不变。在事后监管对于银行风险的作用方面，取消高管任职资格与查处金额在加入控制变量后都会银行风险呈现负向影响，取消高管任职资格的影响尤其显著，这些结果与假说1一致。需要说明的是，处罚违规金融机构的影响系数为正，似乎与假说1相背，但对取消高管和查处金额针对的都是某一家银行而言，本节选取的处罚机构的数目是指该年所有处罚的机构总数，显然这一指标具有较强的整体属性。与取消高管和查处金额等微观层面变量不同，可能存在双向因果关系，极易受到被解释变量的反向影响，导致系数有偏。故这一结果并不能否定本节的基本假说。

表 2.6 监管对银行风险承担影响结果

变量	风险资产率					
	（1）	（2）	（3）	（4）	（5）	（6）
现场检查	1.30***	-0.428**			-35.83***	-0.508
	(-0.304)	(-0.164)			(10.42)	(-0.471)
取消高管			-4.764**	-0.837**	-2.953***	-0.135***
			(2.311)	(0.378)	(1.091)	(0.021 4)
处罚机构			7.992**	2.991***	11.02***	0.438***
			(3.759)	(0.619)	(3.277)	(-0.155)
查处金额			-1.690**	-3.952*	14.12***	-0.080 7
			(0.746)	(2.254)	(4.073)	(-0.112)
拨备覆盖率		-0.040 8		-0.049 9		-0.056 5*
		(0.028 4)		(0.031 3)		(0.029 0)
资本充足率		3.188*		2.356		2.927**
		(1.906)		(1.585)		(1.345)
净资产收益率		-0.069 4***		-0.099 0***		-0.103***
		(0.019 2)		(0.013 2)		(0.014 1)
金融市场化		7.034***		8.141***		3.978***
		(1.185)		(1.312)		(1.058)
经济增长率		0.203**		0.314***		0.078 4***
		(0.100 0)		(0.097 8)		(0.022 8)

表2.6(续)

变量	风险资产率					
	(1)	(2)	(3)	(4)	(5)	(6)
货币政策描述		0.924***		1.174***		0.577***
		(0.281)		(0.301)		(0.154)
产出缺口		−0.081 3***		−0.038 9		−0.059 1***
		(0.027 9)		(0.025 4)		(0.021 6)
广义货币增速		−0.091 8***		−0.094 7***		−0.071 1***
		(0.012 9)		(0.014 7)		(0.012 6)
常数项	0.533***	−27.81**	0.692**	−40.86***	0.340	−40.86***
	(0.117)	(11.89)	(0.268)	(11.76)	(0.220)	(11.76)
年份固定效应	是	是	是	是	是	是
城市固定效应	是	是	是	是	是	是
样本量	693	312	814	307	676	340
R^2	0.253	0.747	0.338	0.781	0.380	0.744

注：1. 括号内为回归系数的标准误，列在系数的下方。

2. *** 表示在1%的水平下显著，** 表示在5%的水平下显著，* 表示在10%的水平下显著。

虽然使用不良贷款作为被解释变量的结果并不显著，但考虑到这一结果可能与不良贷款的异质性有关，因此进一步将不良贷款拆分开来，分解成次级类、可疑类和损失类，分别作为被解释变量。此外，介于正常贷款和不良贷款之间的关注类贷款也值得"关注"，故也将关注贷款作为被解释变量进行回归。替换被解释变量后的回归结果见表2.7，结果显示监管对于次级类贷款、可疑类贷款和损失类贷款的作用仍然不明显。而事后监管对于关注类贷款的结果与风险资产率的结果一样，取消高管和查处金额的系数为负，处罚机构的系数为正，符合假说1。

表2.7 替换被解释变量后的回归结果

变量	关注类		次级类	可疑类	损失类
	(1)	(2)	(3)	(4)	(5)
现场检查	0.209	0.257***	−0.546	−0.498***	0.347**
	(0.164)	(0.059 7)	(1.020)	(0.136)	(0.145)
取消高管	−0.079 1***	−0.062 8**	−0.358*	0.031 4	0.012 6
	(0.023 3)	(0.028 8)	(0.189)	(0.023 2)	(0.225)

表2.7(续)

变量	关注类		次级类	可疑类	损失类
	(1)	(2)	(3)	(4)	(5)
处罚机构	0.128*	0.058 6	0.022 3	0.168***	-0.028 1
	(0.064 8)	(0.079 3)	(0.497)	(0.051 4)	(0.056 4)
查处金额	-0.197***	-0.150*	1.382**	-0.057 6	-0.241***
	(0.074 3)	(0.076 7)	(0.631)	(0.095 8)	(0.081 8)
拨备覆盖率	0.077 0	0.129	-0.239**	0.072 3	-0.057 3
	(0.056 5)	(0.094 1)	(0.113)	(0.164)	(0.123)
资本充足率	-1.637**	-7.780	-7.621	3.801	-13.91*
	(0.758)	(5.568)	(6.151)	(9.221)	(6.952)
净资产收益率	0.037 0***	0.033 1***	0.024 9	-0.014 2	-0.013 2
	(0.012 9)	(0.011 2)	(0.016 3)	(0.021 9)	(0.026 0)
金融市场化	-1.586	-3.912	-4.085	-2.233	-1.770
	(4.044)	(4.560)	(2.654)	(6.105)	(3.596)
经济增长率	0.151	0.084 3	0.048 6	0.212	0.941***
	(0.238)	(0.416)	(0.140)	(0.307)	(0.257)
货币政策描述	0.706	0.263	0.396	1.046	1.582**
	(0.610)	(0.982)	(0.457)	(0.952)	(0.751)
产出缺口	-0.055 6	-0.091 3*	-0.103*	-0.073 6	-0.065 5
	(0.064 5)	(0.051 3)	(0.052 8)	(0.121)	(0.090 6)
广义货币增速	-0.095 3	-0.076 3	-0.006 82	-0.072 6	-0.124**
	(0.063 4)	(0.064 0)	(0.031 1)	(0.043 8)	(0.045 9)
常数项	-17.88	-7.412	-4.927	-26.63	-105.2***
	(29.84)	(50.13)	(17.29)	(39.28)	(30.52)
年份固定效应	否	是	是	是	是
城市固定效应	否	是	是	是	是
样本量	111	111	118	118	99
R^2	0.130	0.108	0.283	0.220	0.277

注：1. 括号内为回归系数的标准误，列在系数的下方。

2. *** 表示在1%的水平下显著，** 表示在5%的水平下显著，* 表示在10%的水平下显著。

2.2.4.2 加入地方政府干预

（1）以风险资产率为被解释变量

实证结果的第一部分只考虑了银行监管，而没有考虑到地方政府的干预产生的效果。下面的实证分析中，笔者将其纳入地方政府干预进行考察。关于观察地方政府干预对于风险承担的作用，与前文一致，先以风险资产率代表银行风险承担，地方政府的干预变量可以刻画为来自经济增长的晋升压力、来自积累财政盈余的晋升压力、来自降低失业率的晋升压力和总晋升压力（晋升层面），以及市委书记的年龄。经过检验，发现来追求自经济增长的晋升压力（ggr）和市委书记年龄（sec）的影响均比较显著。表 2.8 和表 2.9 为其回归结果。

由表 2.8 可以看出，在加入政府干预变量后，银行监管的影响系数与前文基本一致，进一步验证了假说 1 的稳健性。同时，经济增长晋升压力指数对于风险具有促进作用，且经济增长压力指数与监管的交乘项为负，说明政府干预会加大银行风险承担，但银行监管可以缓解地方政府干预的作用，回归结果与假说 2 和假说 3 一致。

表 2.8 监管和地方政府对银行风险资产率的影响（1）

变量	风险资产率				
	（1）	（2）	（3）	（4）	（5）
现场检查	−0.548	−0.408	−0.514	−0.497	−0.487
	−0.463	(0.448)	(0.438)	(0.431)	(0.429)
取消高管	−0.177***	−0.180***	−0.153***	−0.179***	−0.180***
	(0.032 4)	(0.040 8)	(0.044 0)	(0.040 3)	(0.041 4)
处罚机构	0.576***	0.576***	0.575***	0.608***	0.575***
	(0.187)	(0.206)	(0.203)	(0.198)	(0.207)
查处金额	−0.219*	−0.245**	−0.237**	−0.244**	−0.186*
	(0.112)	(0.108)	(0.108)	(0.108)	(0.109)
经济增长的压力	0.196*	0.401***	0.398***	0.402***	0.397***
	(0.114)	(0.125)	(0.126)	(0.125)	(0.126)
现场检查×经济增长的压力		−0.099 1***			
		(0.027 1)			
取消高管×经济增长的压力			−0.027 4***		
			(0.007 59)		

表2.8(续)

变量	风险资产率				
	(1)	(2)	(3)	(4)	(5)
处罚机构×经济增长的压力				−0.037 4***	
				(0.010 3)	
查处金额×经济增长的压力					−0.069 9***
					(0.019 5)
市委书记年龄	0.110	0.077 9	0.066 8	0.073 0	0.079 7
	(0.106)	(0.109)	(0.113)	(0.111)	(0.108)
市委书记年龄^2	−0.000 894	−0.000 512	−0.000 399	−0.000 461	−0.000 530
	(0.001 10)	(0.001 11)	(0.001 15)	(0.001 13)	(0.001 11)
市委书记任期	−0.170	−0.196*	−0.194*	−0.196*	−0.194*
	(0.107)	(0.109)	(0.109)	(0.109)	(0.109)
市委书记任期^2	0.010 8	0.012 5	0.012 2	0.012 5	0.012 2
	(0.012 5)	(0.012 4)	(0.012 4)	(0.012 4)	(0.012 5)
控制变量	是	是	是	是	是
常数项	−37.87***	−35.55***	−35.50***	−35.45***	−35.42***
	(11.80)	(11.64)	(11.66)	(11.64)	(11.63)
年份固定效应	是	是	是	是	是
城市固定效应	是	是	是	是	是
样本量	304	304	304	304	304
R^2	0.792	0.801	0.801	0.801	0.801

注：1. 括号内为回归系数的标准误，列在系数的下方。

2. *** 表示在1%的水平下显著，** 表示在5%的水平下显著，* 表示在10%的水平下显著。

3. 限于篇幅，银行个体特征、时间维度和地区维度的控制变量都略去报告，用"已控制"表示，后同。

　　表2.9展示了加入市委书记年龄后的回归结果。由表2.9可知，虽然市委书记年龄自身对于银行风险资产率不显著，但是监管与市委书记年龄的交乘项仍然显著为负。其进一步验证了来自中央政府的监管会明显抑制地方政府对银行的干预，减少银行的风险。

表 2.9　监管和地方政府对银行风险资产率的影响（2）

变量	风险资产率				
	（1）	（2）	（3）	（4）	（5）
现场检查	-0.548	0.408	-0.373	-0.294	-0.227
	(0.463)	(0.365)	(0.287)	(0.279)	(0.274)
取消高管	-0.177***	-0.246***	-0.050 6	-0.245***	-0.239***
	(0.324)	(0.042 9)	(0.082 3)	(0.043 0)	(0.039 8)
处罚机构	0.576***	0.731***	0.729***	0.993***	0.702***
	(0.187)	(0.139)	(0.143)	(0.229)	(0.128)
查处金额	-0.219*	-0.527***	-0.476***	-0.524***	-0.279
	(0.112)	(0.125)	(0.118)	(0.125)	(0.158)
市委书记年龄	0.110	-0.176	-0.163	-0.175	-0.181
	(0.106)	(0.230)	(0.224)	(0.229)	(0.230)
现场检查×市委书记年龄		-0.010 7**			
		(0.004 60)			
取消高管×市委书记年龄			-0.002 92**		
			(0.001 27)		
处罚机构×市委书记年龄				-0.004 04**	
				(0.001 73)	
查处金额×市委书记年龄					-0.007 81**
					(0.003 31)
市委书记年龄^2	-0.000 894	0.002 19	0.002 05	0.002 18	0.002 25
	(0.001 10)	(0.002 30)	(0.002 24)	(0.002 30)	(0.002 30)
市委书记任期	-0.170	-0.117	-0.116	-0.116	-0.115
	(0.107)	(0.099 0)	(0.099 2)	(0.099 0)	(0.099 3)
市委书记任期^2	0.010 8	0.000 256	0.000 434	0.000 245	-8.95e-06
	(0.012 5)	(0.011 9)	(0.011 9)	(0.011 9)	(0.012 0)
经济增长的压力	0.196*	0.223**	0.220**	0.223**	0.225**
	(0.114)	(0.105)	(0.106)	(0.105)	(0.104)
控制变量	是	是	是	是	是
常数项	-37.87***	-26.36**	-27.29**	-26.40**	-25.76**
	(11.80)	(11.62)	(11.57)	(11.61)	(11.63)
年份固定效应	是	是	是	是	是

变量	风险资产率				
	（1）	（2）	（3）	（4）	（5）
城市固定效应	是	是	是	是	是
样本量	304	304	304	304	304
R^2	0.792	0.819	0.817	0.819	0.819

注：1. 括号内为回归系数的标准误，列在系数的下方。

2. *** 表示在1%的水平下显著，** 表示在5%的水平下显著，* 表示在10%的水平下显著。

（2）以各级贷款分类为被解释变量

与前文类似，本书进一步以次级贷款、可疑贷款、损失贷款与关注类贷款作为被解释变量，考察加入地方政府干预后的回归结果。本书前后加入地方政府干预，以及其与监管的交互项进行回归。由于加入交互项的结果并不显著，且这时主要解释变量系数与统计显著性变化不大，故表2.10仅展示了未加入交互项的结果。主要的政府干预变量仍然是来自经济增长的晋升压力分量 ggr 和市委书记年龄 sec 这两个指标。由表2.10的结果可知，在加入了地方政府的干预以后，监管对于银行风险的影响与假说1更为一致。取消高管和查处金额对于关注类贷款的系数显著为负，在可疑类和损失类贷款两列中的系数也与关注类具有相同的负向作用，

下面观察地方干预的作用。经济增长晋升压力的系数在关注类中显著为正，表明经济增长压力越大，银行的关注类贷款就会越多；市委书记年龄的系数在关注类、次级类和损失类中都显著为正，表明市委书记年龄越高，这三类贷款比例就也越高。此外，还需注意到市委书记年龄平方项在这三类贷款中系数都为负，体现了地方官员年龄对银行风险的倒"U"形作用，即地方官员年龄越大，晋升压力越大，政府干预越强，银行风险也越大，但这一影响将在年龄的拐点55岁左右发生变化。

同时，纳入了地方政府的回归后，系数与纳入地方政府前的关注类回归结果一致，这与秦晓（2016）的发现相吻合，表明关注类贷款也能够有效反映银行的资产质量，值得监管关注。此外，尽管可疑类和损失类贷款与假说一致，但次级类贷款的结果并不满足假说，这也正好解释了如果使用不良贷款率作为被解释变量不显著的原因，因为不良贷款率中包含了不同性质的贷款，其作用方向并不完全一致，不能一概而论。

表 2.10 监管和地方政府对于各级贷款分类的影响

变量	关注类 (1)	次级类 (2)	可疑类 (3)	损失类 (4)
现场检查	0.195**	0.052 1	−0.000 195	0.000 168
	(0.091 1)	(0.083 6)	(0.000 331)	(0.000 193)
取消高管	−0.121**	0.068 3*	−0.000 349***	−0.000 101
	(0.045 7)	(0.036 4)	(0.000 127)	(0.000 068 2)
处罚机构	0.260*	−0.294**	0.001 00***	0.000 404*
	(0.148)	(0.109)	(0.000 350)	(0.000 193)
查处金额	−0.344**	0.379***	−0.000 980**	−0.000 669***
	(0.149)	(0.113)	(0.000 414)	(0.000 193)
经济增长的压力	0.677*	0.045 7	0.072 2	−0.070 7
	(0.370)	(0.210)	(0.261)	(0.290)
市委书记年龄	0.520**	0.471***	−0.142	0.597**
	(0.252)	(0.130)	(0.360)	(0.270)
市委书记年龄^2	−0.006 16**	−0.005 64***	0.001 23	−0.007 47**
	(0.002 89)	(0.001 55)	(0.004 50)	(0.003 14)
市委书记任期	0.195	−0.208	0.390	0.075 0
	(0.215)	(0.142)	(0.313)	(0.257)
市委书记任期^2	−0.015 2	0.053 8***	−0.061 5	0.002 64
	(0.027 8)	(0.016 1)	(0.037 3)	(0.030 0)
控制变量	是	是	是	是
常数项	−25.57	−14.42	−31.47	−99.22***
	(48.04)	(21.34)	(47.41)	(33.46)
年份固定效应	是	是	是	是
城市固定效应	是	是	是	是
样本量	109	116	116	97
R^2	0.202	0.417	0.245	0.374

注: 1. 括号内为回归系数的标准误,列在系数的下方。

2. *** 表示在 1% 的水平下显著,** 表示在 5% 的水平下显著,* 表示在 10% 的水平下显著。

2.2.4.3 引入影子银行业务的分析

通过前面的分析,笔者基本验证了前述三个假说,但作用机制并不完全明确。同时,以上所梳理的银行风险都是银行的显性风险,表现为一些资产负债表内的信贷行为。然而,近年来被广泛讨论的影子银行不容忽视。有观点认为，近些年投向影子银行的资金掩盖了一部分真实信贷，导致真实信贷波动率要高于官方公布的社会融资水平（汪涛，2018）。可见，忽略影子银行去分析银行信贷及其风险是不完整和不精确的，研究需要进一步引入影子银行。影子银行的概念最早由太平洋投资管理公司（PIMCO）的执行董事提出，指一整套杠杆化的非传统银行投资渠道、载体与结构。在中国，中国人民银行（2013）将常规银行体系外的具有流动性与信用转移功能并且造成潜在的信用风险和监管套利的信用中介实体与业务统称为影子银行。针对影子银行生成的驱动因素，大量研究也从金融监管的视角进行了探讨，一种被广泛接受的观点是影子银行的生成与监管套利有着密切的关系（Adrian & Ashcraft，2012；Tarullo，2012）。万晓利等（2016）指出，中国商业银行长期存在绕科目投放贷款的行为，这即是对金融监管中存贷比指标要求的套利。近年来这种监管套利行为更经历了从单一通道模式到多重通道模式的演变，投资的通道分为银行间同业代付、买入返售金融资产、委托贷款等多重类型，都是典型的影子银行。

同时，已有研究认为影子银行会对银行风险产生影响。Rosen（2009）指出 2008 年金融危机在相当程度上与影子银行的资产证券化与高杠杆有关。Brunnermeier（2009）和 Hsu、Moroz（2010）均认为影子银行会导致银行高杠杆，在危机发生时，高杠杆的经营因为更高的资金要求更容易使得资产贬值，导致银行资产负债表不断恶化不得不抛售资产，使银行风险逐步蔓延。Diallo、Al-Mansour（2017）对 1998—2011 年的 26 个国家进行了研究，发现保险资产占 GDP 比重与银行体系稳定性呈负相关，而中间渠道正是影子银行资产。Pellegrini 等（2017）通过研究 2005 年第四季度到 2013 年第四季度的英国货币市场基金与影子银行，发现流动性错配在整个过程中增加了系统风险。当然，这些大都是基于国外背景下的分析。根据中国的实际情况，学者们也有一些不同观点。例如，黄益平等（2012）认为中国影子银行规模仍然有限，且受到监管层的高度重视，理财产品和信托产品中的个别产品可能会引发赎回，但是不至于造成资产贬值→资产负债表恶化→抛售资产的恶性循环。

综上，影子银行是银行规避监管的极好途径。而影子银行业务极易滋生金融风险。可见，前述中国地方政府强烈的信贷争夺与融资的冲动，会否通过商业银行影子银行业务来实现，导致银行系统风险增大值得探索。因此，本部分尝试引入影子银行作为中间机制予以分析，基本思路如下：第一步，以影子银行作为被解释变量，考察银行监管、地方政府干预以及两者相互作用对于影子银行的影响。这是中间传导的第一步，基本计量模型如下：

$$Middle_{it}^m = \beta_0 + \sum_{\alpha=2}^{5} \beta_\alpha \times Supe_{it}^\alpha + \delta_l \times promotion_{jt}^l + \gamma \times X_{ijt} +$$

$$\zeta_1 \times sec_{jt} + \zeta_2 \times sec_{jt}^2 + \zeta_3 \times secdur_{jt} + \zeta_4 \times secdur_{jt}^2 +$$

$$\zeta_5 \times Supe_{it}^\alpha \times promotion_{jt}^l + \theta_j + \delta_t + \varepsilon_{ijt} \qquad (2.11)$$

在式（2.11）中，$Middle$ 代表影子银行，参考万晓利等（2016），分别使用同业代付、买入返售与房地产业贷款来代表（$Middle_{it}^m$ 的角标分别设定为 $m=1$，$m=2$，$m=3$）。

第二步是分析从影子银行业务传导到银行最终的风险承担。此时模型中应该不再纳入与银行业监管和地方政府干预的因素，而单纯考虑影子银行业务自身是否会改变银行的风险状况。第二步考察的模型设定为

$$Risk_{it} = \theta_0 + \theta_m \times Middle_{it}^m + \gamma \times X_{ijt} + \theta_j + \delta_t + \varepsilon_{ijt} \qquad (2.12)$$

在式（2.12）中，与前面类似，银行风险承担 $Risk$ 包括了不良贷款率、风险资产率以及各级分类贷款率，$Middle$ 仍然代表影子银行。

根据上述思路，首先对式（2.11）进行回归。由于同业代付作为被解释变量的结果并不显著，表 2.11 仅报告了以房地产贷款和买入返售金融资产作为被解释变量的回归结果。可见，银行业监管对于房地产业贷款和买入返售金融资产的影响，与监管对于风险资产率的影响几乎是相反的。在表 2.6 中，取消高管（$Supe3$）和查处金额（$Supe5$）的系数显著为负，处罚机构（$Supe4$）的系数显著为正；在表 2.11 中，取消高管和查处金额的系数为正，处罚机构的系数为负。这表明，监管的力量主要是针对看得见的风险——风险资产率，但是正好产生了"挤兑效应"，银行不从事直接产生风险资产的业务，而是转向这些影子银行业务。银行通过影子银行实现了监管套利，监管的效果看似达到，但实际上未必如此。

表 2.11　监管对于影子银行业务的影响

变量	买入返售		房地产业	
	（1）	（2）	（4）	（5）
现场检查	156.2	−895.6***	48.42	−63.91
	（831.8）	（242.0）	（174.9）	（67.11）
取消高管	302.0***	433.5***	72.69**	111.4***
	（85.04）	（24.56）	（31.05）	（9.000）
处罚机构	−846.3***	−850.1***	−110.9	−203.8***
	（289.0）	（100.7）	（71.56）	（27.17）

表2.11(续)

变量	买入返售		房地产业	
	（1）	（2）	（4）	（5）
查处金额	856.7***	1,246***	79.79	191.4***
	（284.4）	（55.35）	（63.17）	（20.32）
控制变量	是	是	是	是
常数项	24.00	-90.86	60.02	-42.67
	（346.5）	（159.6）	（194.1）	（57.05）
年份固定效应	否	是	否	是
城市固定效应	否	是	否	是
样本量	147	147	74	74
R^2	0.673	0.821	0.900	0.973

注：1. 括号内为回归系数的标准误，列在系数的下方。

2. *** 表示在1%的水平下显著，** 表示在5%的水平下显著，* 表示在10%的水平下显著。

其次加入政府干预变量，表2.12展示了回归结果。同样，由于年龄交互项的结果并不显著，且不改变主要回归结果，故未对其进行报告。由表2.12可见，晋升压力总指数对于买入返售、房产贷款的直接作用不明显，但是交乘项的系数显著为正，表明地方政府的晋升压力越高，越容易加大监管对影子银行的正向作用。这说明了商业银行在受到地方干预的压力下，会进一步加深监管套利行为，通过影子银行来满足地方政府的融资需求。

表2.12 监管和地方政府对于影子银行业务的影响

变量	买入返售			房地产业		
	（1）	（2）	（3）	（4）	（5）	（6）
现场检查	-799.9***	-836.6***	-37.41	-46.62	-34.64	-46.18
	（173.3）	（160.7）	（73.33）	（71.42）	（73.94）	（76.34）
取消高管	494.0***	485.9***	126.0***	119.1***	125.8***	116.5***
	（31.09）	（33.60）	（19.45）	（19.10）	（19.80）	（18.29）
处罚机构	-1 049***	-1 021***	-260.7***	-240.2***	-261.0***	-233.6***
	（104.1）	（121.5）	（62.37）	（60.99）	（64.98）	（59.44）
查处金额	1 415***	1 393***	244.9***	224.3***	244.0***	212.6***
	（124.0）	（135.6）	（62.32）	（64.61）	（63.76）	（65.04）

表2.12(续)

变量	买入返售			房地产业		
	(1)	(2)	(3)	(4)	(5)	(6)
晋升压力	80.98	-10.74	-8.764	-5.192**		
	(97.96)	(100.9)	(22.45)	(2.105)		
现场检查×晋升压力		20.14*		6.452***		
		(10.86)		(2.114)		
经济增长的压力					8.416	-61.83
					(46.74)	(48.12)
现场检查×经济增长的压力						13.67*
						(7.403)
市委书记年龄	281.5**	273.2**	-64.63*	-71.13**	-63.26*	-67.07*
	(107.6)	(109.4)	(32.71)	(32.59)	(33.91)	(33.59)
市委书记年龄^2	-3.174***	-3.106**	0.781*	0.860**	0.768*	0.802*
	(1.172)	(1.190)	(0.388)	(0.386)	(0.402)	(0.401)
市委书记任期	-234.7*	-201.9	-47.12	-23.61	-45.57	-16.95
	(139.9)	(140.8)	(45.38)	(42.97)	(44.77)	(37.53)
市委书记任期^2	39.23**	35.06*	6.702	2.684	6.654	1.717
	(18.88)	(19.12)	(8.142)	(7.924)	(8.239)	(7.579)
控制变量	是	是	是	是	是	是
常数项	-660.4	274.0	1 275	5 710	1 573	2 014
	(1 776)	(1 816)	(5 625)	(6 067)	(5 669)	(5 092)
年份固定效应	是	是	是	是	是	是
城市固定效应	是	是	是	是	是	是
样本量	145	145	72	72	72	72
R^2	0.848	0.852	0.976	0.978	0.976	0.977

注：1. 括号内为回归系数的标准误，列在系数的下方。

2. *** 表示在1%的水平下显著，** 表示在5%的水平下显著，* 表示在10%的水平下显著。

下面对式（2.12）进行回归。同业代付、买入返售和房地产业贷款三者没有同时出现在公式中，而是单个检验，因为各银行报表披露内容不尽相同，若要求三者同时出现则会损失很多样本量，结果如表2.13所示。其结果显示，这三类业务都会在一定程度上促进不良贷款的形成，但是对于风险资产率则无显著效果。

但是值得注意的是，这三类业务的期限不尽相同。银行之间的同业代付是短期的，但是买入返售金融资产在报表中一般会存在一年以上的时间，而投向房地产业的贷款则具有更长的信贷周期，它们所蕴含的风险在当期是不能够体现出来的；另外对于周期长短的计算也没有统一标准。可以将影子银行业务滞后若干年，但是在现有样本无法达到，因为影子银行的数据不齐全，样本量较小。这可能是表 2.13 中影子银行统计显著性不是特别高的原因所在。

表 2.13　影子银行业务与银行风险

变量	不良贷款率		风险资产率
	（1）	（2）	（3）
Panel A：同业代付			
同业代付	0.048 8*	0.034 7	−0.105
	(0.028 1)	(0.042 7)	(0.064 5)
控制变量	是	是	是
年份固定效应	否	是	是
城市固定效应	否	是	是
样本量	97	97	125
R^2	0.295	0.313	0.839
Panel B：买入返售			
买入返售	0.086 7**	0.180***	0.019 1
	(0.042 2)	(0.042 4)	(0.150)
控制变量	是	是	是
年份固定效应	否	是	是
城市固定效应	否	是	是
样本量	99	99	135
R^2	0.316	0.501	0.849
Panel C：房地产业			
房地产业	0.104	1.046**	0.159
	(0.064 5)	(0.425)	(0.527)
控制变量	是	是	是
年份固定效应	否	是	是
城市固定效应	否	是	是
样本量	54	54	73
R^2	0.449	0.598	0.833

注：1. 括号内为回归系数的标准误，列在系数的下方。

2. *** 表示在 1% 的水平下显著，** 表示在 5% 的水平下显著，* 表示在 10% 的水平下显著。

2.2.4.4　稳健性分析

与前文类似，本节的被解释变量是银行层面的微观数据，难以对宏观的金融监管政策与政府干预变量产生太大影响，这一定程度上缓解了双向因果所产生的内生性问题。笔者同时控制了银行个体和时间效应，降低了由于遗漏变量所导致的内生性偏误，但为了进一步说明结论的稳健性，对前述主要回归结果进行了检验。其主要包含如下两类处理：一是引入了银行跨区域经营的特征进行检验。原因与前文一致，当银行存在跨区域经营时，其风险承担行为可能受到影响，注册地政府也较难对银行经营进行异地干预，从而会削弱政府干预的作用，如果此时仍然呈相同影响，则可说明结果的稳健性。二是考虑到被解释变量可能存在自相关，加入被解释变量的滞后性，采用广义矩估计方法（GMM 估计）来进行回归。这两种检验的回归结果都与前文基本一致，证明了本节结论的稳健性。由于本节涉及的回归较多，稳健性结果也较为繁复，简洁起见，这里未列示其具体结果。

2.2.5　结论与启示

本节通过对全国 241 家城市商业银行的非平衡面板数据实证分析，以现场检查平均机构覆盖率作为事中监管指标，以取消高管任职资格人数、处罚银行业违规金融机构家数、查处违规金额三项作为事后监管指标；以城市商业银行的不良贷款率、风险资产率，以及关注类、次级类、可疑类、损失类贷款比例作为风险的度量。结果发现事后监管中的取消高管任职资格和查处违规金额两项惩戒性措施均能抑制银行的风险；与银行监管的作用相反，地方政府干预会加大银行风险。来自经济增长的晋升压力越大，市委书记年龄越接近拐点，银行风险越大。此外，银行监管可以较好地统一地方干预的作用，在以来自经济增长的晋升压力代表地方干预力量时，表现得尤为明显。在影响机制方面，本节发现影子银行业务是一个重要的中间变量，影子银行会受到银行监管和地方政府干预的共同作用，并且能够促进银行风险的形成。中央监管在督促银行降低风险的同时，银行被"挤上了"发展影子银行业务的道路。地方政府的影响表现在，晋升压力越高，监管对于影子银行业务的正向作用越大，而影子银行业务最终能够传递到银行风险当中。

针对以上结论，提出如下的政策建议：第一，监管对银行风险的影响不能一概而论，即便从不同的角度来分类，不同的监管指标还是有不同的效果。事后监管中对于取消高管任职和查处违规金额最为实质性，在风险抑制中起到了良好作用，因而应该加强这两项措施。第二，地方政府干预的负面影响与中央监管对其的抑制作用被证实，应当重视中央监管对地方行为的制约作用。通过协调中央与地方政府间的金融监管行为，强化对地方政府行为的约束。地方政府对于经济增长的诉求容易片面化与短期化，在带动地方经济的发展的同时滋生风险，需要加强中央与地方政府间的激励相容。第三，银行业监管不仅应该考虑表面的风险衡量，还应该重视潜在的风险因素，如关注类贷款与影子银行。关注类贷款介于正常贷款和不良贷款之间，银行可以通过表内转移，将不良贷款转移到关注贷款而隐藏资产真实质量。前文影子银行与风险资产率受到监管的作用正好相反，表明影子银行业务的发展有明显的"逃离监管"趋势，加大银行风险。可见，这些都会为金融稳定带来隐患。银行监管应时刻把握风险现状，予以实时动态应对。

2.3　地区腐败、法治水平与银行风险

前文所述的地方政府干预行为，主要来自财政分权与晋升激励，其动机是为促进地区经济增长。而事实上，地方政府的干预行为的动机还可能出于私利，即腐败与寻租动机。例如，王倩等（2012）指出地方政府对银行资源的争夺部分源于政府官员是自利的，他们更关心的不是资源配置是否能提高区域经济效率而是能否增加自身利益。表现在个别地方政府官员出于个人寻租目的，而非企业利润目的要求城市商业银行对一些绩效低下的企业发放贷款，导致信贷分配效率的降低和城商行经营风险的提高。

因此，为了更为全面地反映地方政府干预对银行风险的影响，更好地治理地方干预所引致的金融风险，本节将引入党的十八大以来的官员落马数据，在考虑财政分权的基础上，就基于私利的地方政府干预行为对城商行风险影响进行实证研究，并进一步考察法制环境对官员腐败的制约。本节的主要贡献在于：①已有研究多从晋升激励出发衡量政府干预，而鲜有研究深入政府干预银行的私利动机，本节从政府干预私利动机角度去探讨政府干预对城市商业银行信贷风险的影响，有助于深入理解政府干预行为对城商行产生的不同影响。②在衡量直接经济利益方面，采用地级市市委书记是否腐败作为其衡量指标，将政府的直接经济利益的衡量深入地方政府官员的微观层面。③本节不仅分析了政府干预本身对银行风险的影响，还引入了法治水平的影响，分析了外部法

治环境对官员腐败的制约。

2.3.1　文献回顾和理论假说

综合前述政府干预银行的研究可以看出，政府本身是一个抽象的"黑箱"，其所表现出来的各种特征其实是作为实体的官员动机的体现，正是官员将自身的动机嵌入地方政府之中，才形成了中国地方政府的行为特征（周黎安，2018）。正是因此，关注地方官员不同的干预动机有助于从更深入的层面理解政府对城商行的干预行为，从而改善地方政府与城市商业银行的关系，促进城市商业银行的良性发展。具体而言，地方官员干预城市商业银行的动机，可以分为两类：获取基于城市经济增长的间接经济利益和获取基于个体私利的直接经济利益。对于间接经济利益的分析，前文已足够充分，这里将更多关注基于私利的官员干预动机。Shleifer 等（1994）认为政治家会出于自身的政治目的，以及追求自身利益的最大化而非社会福利的最大化来控制银行。尹振东和聂辉华（2020）指出当面临晋升无望或即将离职退休等情况时，腐败行为产生的直接经济利益或许更能够"激励"政府官员做出金融干预行为。也就是说，腐败作为一种更为有效的获取利益的方式对官员具有导向作用，从而可能决定性地影响地方政府的行为。比如，政府官员利用职务上的便利，在承揽工程、项目审批等方面谋取利益，开发一些没有必要开发的项目，建设一些没有必要建设的工程，从而影响到本地资源配置和经济运行。更有可能通过一些"权钱交易"，引导银行的信贷投向与自身关系密切的企业，从而直接影响到银行的信贷配置。基于以上分析，提出如下假说：

假说 1：官员腐败对银行信贷风险具有正向影响。

首先，法律制度的建设和完善对于地区金融发展与制约地方金融干预具有重要意义，郑志刚和邓贺斐（2010）基于中国省级面板数据研究证明，法律环境改善对于推动区域资本市场规模以及银行信贷规模发展影响显著。余明桂和潘红波（2008）研究发现，地区的法治水平和金融发展水平越高，企业获得的银行贷款越少，贷款期限越短。张惠琳和倪骁然（2017）也得出了相似的结论，法治水平越高，银行经营业绩也越高。由此可见，地区法治环境对银行经营具有较大的影响，从而也将直接影响到银行的信贷风险。其次，地区法治水平的差异也将影响到地方政府干预的效果。当地区的法治水平越高时，往往意味着社会的公开透明度更高，政府干预银行的行为将受到一定程度的限制。本节提出如下假说：

假说2：地区法治水平的提高将降低银行信贷风险。

假说3：地区法治水平的差异将影响到政府干预银行的效果。

2.3.2 数据来源与变量选取

2.3.2.1 数据来源

本节选取 2009—2014 年为研究样本期，分析地方政府干预对城市商业银行风险承担的影响。地级市地方官员落马数据来自腾讯新闻《纪委你好，干得漂亮！》专题①，经手工录入整理形成。其他地级市官员数据来源于中国经济网"地方党政领导人物库"，为保证信息的准确性，本节在整理出 2009 年—2014 年各地级市市长出生年月、上离任年月、籍贯等关键信息后，又在百度百科中搜索市长姓名进行过比对。城商行的数据主要来源于 Wind 数据库和 BankFocus 数据库，还利用对应的银行年报进行了相应的数据补充。法治水平数据来自王小鲁和樊纲的《中国分省份市场化指数报告（2016）》。其余数据来自 Wind 数据库和各城市统计年鉴。将上述数据匹配后，最终形成了包含 78 家城商行、2009—2014 年共计 339 个样本数据。

2.3.2.2 变量说明

（1）核心变量

本书样本数共计 339 个，较均匀地分布于 2009—2014 年。城商行样本数量最多的省份为浙江省，样本银行数达到了 13 个，其次为山东省、河南省等。本书的被解释变量与前文类似，使用的是不良贷款率与非政策贷款率（不良贷款和关注贷款余额之和与贷款余额的比率）。核心解释变量是政府干预相关的变量，根据文献梳理，本节选取了两个指标来衡量，分别是财政分权程度和官员腐败，分别代表前述两个干预动机。

①财税分权程度

目前学术界对财政分权的度量指标没有得到统一的意见，主要有三种指标："支出指标""收入指标""财政自主度指标"。按大部分文献的做法，本节采用第三种指标，即财政自主度指标：

$$财政自主度_{it} = \frac{市本级预算内财政收入_{it}}{市本级预算内财政支出_{it}}$$

---

① 该专题仅更新至 2014 年，故笔者未纳入 2014 年以后的数据。

其中下标 i 表示地级市，t 表示时间。地级市本级的财政收入和来自上级政府的转移支付构成了该地级市在本年度的财政支出来源。1994 年改革以后，几乎所有地方政府都要依靠上级政府的转移支付来消除本级财政收入和本级财政支出之间的差距（陈硕，高琳，2012）。当地方政府的财政收入能满足其自身的财政支出时，该指标大于 1，表示地方政府不依靠上级政府的转移支付来满足其财政需求，具有较高的分权程度。相反，当指标值小于 1 时则表示当地方政府的财政收入不能满足其自身的财政需求，指标值越小，表示地方政府越依赖于上级政府的转移支付，其财政分权程度越低。

②官员腐败

官员腐败用地级市市委书记是否腐败来表示。市委书记作为地级市市委书记是党在所在市的最高负责人，享有一定的自由裁量权，通过滥用职权、施加个人影响力等方式来干预当地的资源分配和经济运行。因此，市委书记获取直接经济利益而采用的腐败行为可能对当地的资源配置和经济运行产生影响，从而对城商行的信贷投放等产生显著影响。本节的市委书记微观信息主要来自中国经济网"地方党政领导人物库"，笔者利用各地级市的市委书记姓名与腾讯新闻《纪委你好，干得漂亮!》专题中 2009—2014 年腐败官员数据进行匹配，得到了市委书记是否腐败的虚拟变量。若某地级市的市委书记在腾讯新闻《纪委你好，干得漂亮!》专题的落马官员名单中，则对其任市委书记期间的地级市官员腐败变量赋值为 1，否则赋值为 0。

（2）控制变量

除此之外，本节还选取了银行特征、官员特征以及环境变量等控制变量。祝继高等（2012）基于中国城市商业银行数据的实证研究表明城商行的股权结构是影响其信贷行为的重要因素，故本节将城商行第一大股东性质（Gov）作为控制变量。第一大股东性质表示为是否为地方政府控制，地方政府控制包括地方财政、政府投资公司、地方国资委等，非政府控制则包括外资、民营企业、上市公司及银行工会等。其次，跨区域经营也是影响银行信贷风险的重要因素。王营和马莉（2011）证实城商行的跨区域经营能显著降低银行的不良贷款率，对银行的信贷行为产生显著影响。故将跨区域经营也作为了本节的控制变量。

将任期作为主要的官员微观特征变量予以控制。在任期计算方面，当市委书记在上半年（包含六月）上任，任期则从当年开始计算，若市委书记在下半年上任（不包含六月），任期则从下一年开始计算。此外，参考相关文献，本节还控制了一些地区层面的变量，主要是地级市的 GDP 增长率与金融市场化程度，后者用金融机构各项贷款年末余额与当年 GDP 之比来衡量。以上所有变量的具体定义见表 2.14。

表 2.14　变量定义

变量	变量含义	变量单位	变量定义
Npl	不良贷款率	%	不良贷款余额与贷款余额的比率
Abl	非正常贷款率	%	不良贷款和关注贷款余额之和与贷款余额的比率
Ft	财税激励	—	市本级预算内财政收入与市本级预算内财政支出之比
Cor	官员腐败	—	市委书记是否腐败，腐败取 1，否则取 0
Law	法制水平	—	采用王小鲁和樊纲的《中国分省份市场化指数报告（2016）》中披露的市场中介组织的发育和法律制度环境评分。数值越大，表示地方法律制度环境越好
Gov	第一大股东性质	—	银行的第一大股东性质是指是否为地方政府，第一大股东是地方政府时 Gov 取值 1，否则 Gov 取值 0
$Area$	跨区域经营	—	当城商行设有跨地级市的分支机构时 $area$ 取值为 1，否则取值为 0
$Swrq$	官员任期	年	市委书记任期
$Market$	金融市场化程度	%	各地级市金融机构各项贷款年末余额与当年 GDP 之比
$Egrowth$	经济增长水平	%	地级市 GDP 增长率

表 2.15 是各变量描述性统计。从表 2.15 可以看出，城商行的风险状况具有较大的差异，不良贷款率、非正常贷款率分别为 0.09%、0.32%，最大值分别为 16.69%、22.84%。平均来看，地级市具有较低的财政自由度，地方本级预算内的财政收入不能支付其财政支出。在城商行的股权结构方面，样本中有 31.00% 的城商行第一大股东为地方政府，这只是体现了第一大股东的性质，而不代表政府持股的城商行数量，不难推测，大部分的城商行都有政府参股。从跨区域经营指标的均值可知，样本中大部分的银行都实现了跨地级市经营，这与近几年城商行发展壮大的现状密不可分。

表 2.15　变量描述性统计

变量	观测值	均值	标准差	最小值	最大值
不良贷款率	283	1.11	1.19	0.09	16.69
非正常贷款率	158	4.27	3.18	0.32	22.84
官员腐败	300	0.09	0.291	0	1
财税激励	299	0.68	0.216	0.15	1.73
第一大股东性质	259	0.51	0.501	0	1
跨区域经营	259	0.95	0.23	0	1
法治水平	339	6.13	4.50	−0.41	16.19
经济增长水平	299	11.25	6.53	−1.20	109.00
金融市场化程度	314	1.42	0.83	0.08	8.89
官员任期	280	2.91	1.876	1	10

2.3.2.3　模型设立

本节利用固定效应模型探究政府干预、法治水平对城市商业银行的风险的影响，计量模型如下：

$$Risk_{it} = \beta_1 Ft_{jt} + \beta_2 Cor_{jt} + X_{ijt}\beta_X + \beta_4 law_{jt} + \theta_j + \delta_t + \varepsilon_{ijt} \quad (2.13)$$

其中，$Risk_{it}$ 代表第 i 个城市商业银行第 t 年的银行信贷风险；Ft_{jt} 代表财税激励；Cor_{jt} 代表 j 城市第 t 年的官员腐败情况；X_{ijt} 为控制变量；law_{jt} 代表的是 j 城市第 t 年的法治水平；θ_j 表示地区固定效应，δ_t 是年份固定效应，ε_{ijt} 是残差项。

上述模型的因变量为 $Risk_{it}$，即银行的信贷风险承担，本节借鉴以往学者的做法，采用不良贷款率（Npl）的指标，同时本节还使用了非正常贷款率（Abl）指标，其在数值上为关注类贷款率与不良贷款率之和。

使用非正常贷款率（Abl）指标的原因在于：首先，关注类贷款存在向不良贷款迅速转移的易迁徙性。关注类贷款是指尽管借款人目前有能力偿还贷款本息，但存在一些可能对偿还产生不利影响因素的贷款，其是正常贷款和不良贷款的"分水岭"，极易受到不利因素的影响成为不良贷款，进而冲击银行的资产质量。其次，银行存在策略性信息披露现象。要探讨银行信贷风险，首要解决的应是数据准确性问题。由于银行的资产质量优劣是核心考核指标，直接与绩效挂钩，部分银行为应对不良贷款考核压力，存在人为调整贷款风险分类，导致拨备计提不准确、会计报表利润反映不实等问题。这一点在学术界也得到了证实。郭峰和刘冲（2016）利用 2004—2013 年 110 余家城市商业银行数据表明，银行利用银监局局长变更导致的责任空档期，将之前通过会计自由裁量权隐藏的不良贷款集中释放出来，表现为不良贷款率显著增高而关注贷款率则显著降低，即银行进行策略性信息披露行为得到了验证。也就是说为了使报表的不良贷款数字不至于快速攀升，银行往往通过人为干预将不良贷款纳入关注贷款。因此，为了更准确地度量银行信贷风险，笔者增加了非正常贷款（*Abl*）变量用于衡量银行风险。

进一步，考虑到法治水平可能会影响到政府干预对城市商业银行的风险承担，本节对原计量模型进行了如下拓展，添加了法治水平与官员腐败的交互项，探索当地法治水平对当地政府干预对银行风险的影响：

$$Risk_{it} = \beta_1 Ft_{jt} + \beta_2 Cor_{jt} + X_{ijt} \beta_X + \beta_4 law_{jt} + \beta_5 Cor_{jt} law_{jt} + \theta_j + \delta_t + \varepsilon_{ijt}$$

(2.14)

其中 $Cor_{jt} law_{jt}$ 代表官员腐败与当地的法治水平的交互项。

2.3.3　实证分析

表 2.16 为回归结果，列（1）与列（3）是针对式（2.13）的回归，列（2）与列（4）是针对式（2.14）的回归。从实证结果可见，在所有回归中官员腐败和财政自由度变量的系数都为正，且大部分统计显著，说明政府基于不同的干预动机产生的干预行为都在一定程度上提高了银行的信贷风险，验证了上文的假说 1，即市委书记有较强的动机去干预城商行从而获取自身直接经济利益，而这种干预往往对城商行产生不利影响，增加银行的风险。同时，值得注意的是，虽然两者的系数都为正，但相比于列（1）、列（2），列（3）、列（4）中官员腐败变量和财政自由度变量的显著性大大提高，这说明政府干预对银行的信贷风险存在影响，但这种影响较为隐蔽。也就是说，城商行信息存在策略性披露现象，为了符合政策的规定或是为应对不良贷款考核压力，部分银行可能存在利用其自由裁量权，隐藏部分不良贷款，或人为调整贷款风险分类，导致部分不良贷款隐藏在关注类贷款中，造成信息披露的偏差。

下面来看控制变量的影响。城商行的跨区域经营能降低银行对非正常贷款率的影响，但银行的跨区域经营与不良贷款率的回归效果并不显著。第一大股东为政府对银行信贷风险的影响并不确定；地方的金融市场化程度和经济增长率对银行信贷风险的影响也甚微。

在讨论了地级市的政府干预对城商行信贷风险影响的基础上，列（2）、列（4）继续深入探讨政府干预、法治水平对城商行风险的影响。政府干预部分的结果与列（1）、列（3）基本相似，政府对银行的干预将导致银行非正常贷款率的增加，提高银行的信贷风险。列（2）、列（4）中，官员腐败变量系数为正且显著。法治水平的影响为负，官员腐败与法治水平的交叉项也显著为负，这表明地方法治水平的提高对银行风险有一定程度的削弱，且能显著抑制政府官员为获得直接利益而进行的腐败行为对银行的影响。假说2与假说3得到验证。

表 2.16　政府干预与银行信贷风险

变量	（1）不良贷款率	（2）不良贷款率	（3）非正常贷款率	（4）非正常贷款率
官员腐败	0.386	1.040 **	5.022 ***	14.820 ***
	(0.858)	(2.092)	(4.251)	(4.984)
财政自由度	0.035	0.027	1.664 **	1.385 *
	(0.527)	(0.399)	(2.329)	(1.772)
第一大股东性质	0.146	0.159	−0.587	0.851
	(0.725)	(0.881)	(−0.572)	(0.610)
跨区域经营	0.093	0.061	−3.122	−5.808 ***
	(0.106)	(0.071)	(−1.193)	(−3.867)
法治水平		−0.052		−0.979 *
		(−0.852)		(−1.728)
官员腐败×法治水平		−0.130 **		−4.258 ***
		(−2.618)		(−3.943)
经济增长率	−0.054 *	−0.045 *	−0.134	−0.009
	(−1.982)	(−1.910)	(−1.200)	(−0.094)
金融市场化程度	−0.061	−0.057	−0.154	−0.028
	(−1.072)	(−0.944)	(−0.375)	(−0.053)
市委书记任期	−0.019	−0.023	−0.484	−0.557 *
	(−0.278)	(−0.328)	(−1.353)	(−1.816)
常数项	0.261	0.987	15.139 ***	19.791 ***
	(0.269)	(1.069)	(6.223)	(9.089)
年份固定效应	是	是	是	是
城市固定效应	是	是	是	是

表2.16(续)

变量	(1)	(2)	(3)	(4)
	不良贷款率	不良贷款率	非正常贷款率	非正常贷款率
样本量	181	181	116	116
R^2	0.576 4	0.584 7	0.661 0	0.701 8

注：括号内为 t 值，*** 表示1%的显著水平；** 表示5%的显著水平；* 表示10%的显著水平。

2.3.4 稳健性检验

为了检验本节的结果的稳健性，本节进行了如下回归。首先，为了尽可能避免腐败窝案可能导致的样本选择问题，本节剔除了厅级（含副厅级）官员落马总数最多的五个省：广东省、四川省、河南省、湖北省与山西省。回归结果如表2.17列（1）与列（2）所示，与表2.16的列（2）和列（4）对比可见，主要解释变量的变量方向与统计显著性都没有明显变化。其次，考虑到地区层面的经济变量可能存在滞后影响，将地区经济增长率变量和金融市场化变量都进行了滞后一期的处理，回归结果见表2.17的列（3）和列（4），也与前文基本一致。上述回归结果都说明了本节结论的可信性。

表 2.17　稳健性检验

变量	(1)	(2)	(3)	(4)
	不良贷款率	非正常贷款率	不良贷款率	非正常贷款率
官员腐败	0.254	6.013 ***	0.719	14.820 ***
	(1.018)	(3.035)	(0.821)	(4.984)
法治水平	−0.021 *	−0.207 *	−0.049	−0.973 *
	(−1.834)	(−1.682)	(−0.858)	(−1.704)
官员腐败×法治水平	−0.094 ***	−2.454 **	−0.137 **	−3.916 ***
	(−2.637)	(−2.077)	(−2.077)	(−2.637)
控制变量	是	是	是	是
常数项	0.379	12.185 ***	1.277	10.931 ***
	(1.384)	(8.573)	(0.423)	(11.603)
年份固定效应	是	是	是	是
城市固定效应	是	是	是	是
样本量	137	89	181	116
R^2	0.317 0	0.398 2	0.331 7	0.417 6

注：括号内为 t 值，*** 表示1%的显著水平；** 表示5%的显著水平；* 表示10%的显著水平。

2.3.5　结论与启示

在中国转轨经济中，地方官员被赋予较大的自由裁量权，同时也容易滋生腐败。地方官员基于腐败动机干预银行信贷配置，导致金融风险生成值得关注。本节基于匹配后的地方官员腐败与城商行微观数据，考察了官员腐败、法治水平对城市商业银行信贷风险承担的影响。本节的实证研究证实了在前述财政激励与官员晋升激励动机外，地方政府官员还可能因私利动机对商业银行进行干预，从而对商业银行的风险状况产生不利影响。同时，这种影响具有区域异质性，较好的法治环境能有效抑制官员腐败对城商行的影响，起到降低城商行信贷风险的作用。

本节发现具有一定的政策含义。首先，腐败对银行风险的增大作用，反映了在金融领域存在一定的寻租设租空间与腐败违纪行为。需要加强对官员权力的制度性约束，通过进一步加快简政放权与政府职能转变，健全对官员的内外部监督制度，大力推进市场化的金融体制建设，以此规避由于政府官员寻租行为给银行带来的潜在风险。其次，研究证实了反腐败的意义，通过反腐败明确高压防线，增大腐败成本，可以一定程度抑制不当的政府干预行为，提高金融资源配置效应，有效降低金融风险。最后，官员腐败与金融风险在法治水平不同的地区间存在差异，需要进一步重视地区法治水平的建设，完善司法体制，推进观念更新，以法治化减少人治化实现廉洁政府。

3 中央与地方政府目标偏差 与地方债务风险

　　政府债务风险，特别是大量的地方政府隐性负债风险，一直是备受学术界关注的一个重要问题。中国地方政府隐性债务风险根源复杂，其发展与演变很大程度上与中央与地方政府经济分权下的预算软约束相关。如前所述，自中国分税制改革以来，地方政府与中央政府的财权事权长期不对称，加之以经济增长为中心的官员晋升考核机制，地方有着扩张债务的极大冲动。在显性负债受到制约的情况下，地方政府便大量通过城投债等方式在债券市场上进行融资，而市场普遍预期中央政府会对地方政府债务实施救助，导致城投债等的融资成本偏低，规模巨大。也就是说，在中国债券市场上长期存在中央政府对地方政府隐性负债的兜底预期，导致地方政府预算约束软化，有扭曲债券市场价格机制，激发地方政府过度举债与风险上移的隐患。中央政府早已意识到这种预算软约束问题的严重性，出台多种政策试图破解这个难题。其中最重要的便是在2014年颁布的《预算法》，明确表明中央对地方债务实行不救助原则，力图打破中央政府对地方的救助预期，但其政策效果如何？此外，长期的国家信用兜底在扭曲债券市场价格机制的同时，也意味着一种对中央政府会承担无限责任的市场信仰。在打破中央政府兜底使得价格归位的过程中又会否引发市场信仰崩溃，带来风险的暴露与传导？这些问题都亟待验证。

　　同时，伴随中国债券市场的不断发展壮大，债券违约率却长期处于较低水平，这里面有多大程度受到地方政府行为的作用亦值得探究。因为在无法彻底破除中央政府最终兜底的情况下，地方政府行为的背后仍然是国家信用。如果是地方政府行为导致了中国债券市场违约率偏低，无疑也是对国家信用的过度使用，同样会引发市场价格扭曲、资源错配等问题，对我国的经济发展与金融稳定产生深远的负面影响。

因此，本章内容如下：第1节基于城投债利差与地方政府偿债能力、PPP规模的关系来回答2014年版《预算法》是否有效解决了中央政府对地方的预算软约束问题；第2节以债券市场为切入点，旨在探究当中央政府硬化对地方政府的预算约束时，在债券市场上可能导致的风险暴露与风险溢出；第3节通过地方官员变更来识别地方政府对于中国债券市场违约率的作用，试图发现中国债券市场低违约率的背后是否受到地方政府行为的影响。

3.1 救助预期与地方政府隐性债务风险

3.1.1 问题提出和文献综述

纵观全球，地方政府债务风险并不鲜见，不论是部分新兴市场国家，还是欧洲部分发达国家，都曾出现过地方政府债务风险，并倒逼中央政府事后救助（Trein & Ruiz-Palmero，2015）的现象。更为严重的是，只要市场预期存在潜在救助机会，就会降低地方政府债务的融资成本，并导致当期风险定价机制扭曲，从而不可能避免会造成资源的严重误配，加大区域性风险生成并演化为系统性风险的可能，进一步倒逼救助（Rodden et al.，2003）。这样循循相因的棘轮效应，使得决策层难以最优化当期决策。如何打破隐性救助预期，始终是地方政府债务治理与防范系统性风险的难题。中国作为全球最大的发展中国家，具有地区财政分权与中央政治集权相结合的治理结构①。这引发了两方面的问题：一方面，地方政府存在大量隐性债务，如地方政府长期对辖内融资平台公司的城投债予以隐性担保；另一方面，市场普遍预期中央政府会对地方政府债务行为最终兜底。事实上，这形成了中央与地方政府对隐性债务的双重救助预期。债务的不透明性与偿债责任的不清晰导致这部分债务的违约风险长期被市场忽视（王永钦 等，2016），加剧了地方政府债务风险的过度累积和不断上移，成为中国财政和金融领域系统性风险的隐忧。对此，中央政府十分重视，有针对性地实施了一系列政策来降低这种过度异化的趋势，但政策具体效果如何，目前还缺乏足够的实证证据。

---

① 大量文献对此进行了论述，如 Xu（2011）认为，中国政府治理结构为两种形态的结合：一是中央政府的集权，即中央政府掌握重大决策权和人事权；二是地方政府的分权，反映为地方政府在管辖地内拥有相对自主的决策与执行具体事务的权力。

近年来，与城投债相关的地方政府负债模式的改革，特别是2014年以来《预算法》的颁布，为笔者考察政策效果提供了一个很好的切入点。2014年，中央政府通过推出《预算法》等一系列政策法规，在打破中央政府的救助预期，承诺对地方债务实行不救助原则的同时，试图通过透明化、清晰化地方政府现行债务，剥离城投债的政府融资功能，推广PPP等融资模式进行地方政府新增基础设施建设的方式，来打破城投债对地方政府信用的依赖。立足负债模式转换的历史时点，亟待澄清的问题是，这些举措是否有效解决了地方政府隐性负债的"双重"救助预期问题？地方政府举债是否受其偿债能力的约束？城投债与地方政府信用的关系有无变化？对这些问题的解答，有助于正确认识与治理中国地方政府债务风险，对如何硬化地方政府预算约束，形成地方政府债务治理的长效机制，防范财政风险与金融风险相交织的系统性风险，具有重要意义。

　　本节试图基于城投债利差与地方政府偿债能力的关系来回答上述问题。基本逻辑如下，城投债作为一种市场化融资工具，其利差信息本应反映其违约风险，但如果市场普遍预期中央政府的无限兜底，利差自然会对违约风险不敏感。如果中央政府的救助预期被打破，而地方政府的隐性担保仍然存在，利差则应反映地方政府的偿债能力，可能与其财政收入相关。此外，地方政府推广PPP模式的进程中，如果在现阶段未能实现有效的风险隔离，导致部分PPP项目被异化为新的地方隐性债务，其规模过大也会削弱地方政府对城投债的偿还能力。因此，本节可以通过研究政策变化前后地方政府财政收入、PPP规模等因素对城投债利差的影响变化，来识别政策效果。本节发现：首先，城投债利差在政策实施前对地方政府财政收入并不敏感，而在政策实施之后变得敏感，表现为政府人均公共财政收入越高，城投债利差越小；其次，PPP项目与城投债在获取地方政府担保与救助资源上可能存在竞争性，反映为政策之后，PPP项目规模越大，城投债利差越大；最后，在政策之后，城投债利差变得对房地产价格敏感，房地产价格越高，城投债利差越小，这或与土地财政有关。

　　可见，中国中央政府的切实承诺有助于硬化地方政府的预算约束。本次"不救助"信号的发出，使城投债利差开始反映地方政府的异质性违约风险，带来了更合理的地方政府债务风险承担模式，从而对地方政府的行为形成一种强有力的市场约束，减缓了风险的上移，可以更好地预警与防范地方政府债务风险。但是，地方政府的隐性负债模式并没有被彻底打破，城投债并未实现完全依赖自身信用的市场化模式，其风险溢价仍与地方政府信用挂钩。这或与地方政府财政体制及投资拉动型的增长模式等多因素密切相关，如何有序推进系列改革与之相配合，使地方政府在实现其社会经济目标的过程中，得以角色归位与风险可控仍值得深思。

本节的边际贡献主要体现在：第一，很多文献指出城投债市场上存在双重政府担保，但就笔者的阅读范围，关于治理政策效果的实证并不多（朱莹，王健，2018；张雪莹，王玉琳，2018），且均将政府信用视为一体处理。本节将城投债市场上中央和地方政府的角色进行了区别分析，可以更精准地识别政策效果。第二，量化地方政府隐性负债是判断地方政府角色变化的重点，但也因其形式多样和透明度低，存在相当难度。考虑到城投债与 PPP 项目均着眼于城市基础设施与公共服务建设，与地方政府实现城市发展的目标难以割裂。本节综合了城投债价格与 PPP 项目规模信息来反映地方政府寻求预算外资源的行为变化，较好地解决了这一难题。第三，通过硬化地方政府的预算约束来化解地方政府债务风险是已有文献的基本共识，但本节发现地方政府在现阶段很难完全割离隐性负债。也就是说，硬化地方政府预算约束并不能完全解决问题，我们还应着眼于明确地方政府的支出责任，贯通地方政府城市建设行为与市场化投融资之间的机制通道，改善投资效率，实现经济发展与债务负担的平衡。

本节余下内容如下：第二部分介绍中央政府救助预期与地方政府债务演变的制度背景，并提出研究假说；第三部分是数据来源与变量说明；第四部分是基本模型设定及其实证结果；第五部分是模型拓展与稳健性检；第六部分是本节的主要结论。

3.1.2　制度背景与理论假说

3.1.2.1　制度背景

中央政府的救助困境是一个典型的预算软约束问题。"预算软约束"最早由 Kornai（1979；1986）提出，用于刻画社会主义制度下国家对国有企业的经营活动无限兜底，扭曲资源配置的市场机制的现象。目前，这一概念的应用空间早已拓展，也被广泛用于描述在一些财政分权的国家中，中央政府与地方政府的关系（Wildasin，2004）。在这些国家，地区财政赤字可以由中央政府的补贴或地方政府融资弥补。只要预期中央政府会予以救助，在一定条件下地方政府就会过度支出和举债（Persson & Svensson，1989；Besfamille & Lockwood，2008），产生了地方政府债务上的预算软约束问题。在中国，地方政府债务融资中的预算软约束现象尤为突出（郭玉清 等，2016；姜子叶，胡育蓉，2016）。尽管中国长期在法律上不允许地方政府自主举债，但同时，中国也是一个地方政府债务超过中央政府的国家①。地方政府隐性债务风险受到广泛关注，城投债无疑是焦点之一，也成为观察救助预期问题的一个良好窗口。

城投债的发行主体是与地方政府相关联的城投企业，在形式上属于企业债、公司债的范畴。但相较于一般的公司债，中国的城投债具有鲜明的"准市政债"的性质（龚强 等，2011），其发展有着独特的体制渊源。一方面，从财政激励与融资约束看，1994 年分税制改革以来，地方政府事权大于财权，财政收支存在缺口，但为防范风险，地方政府被禁止自主发债；另一方面，从政治激励看，以 GDP 增长为核心的地方官员晋升机制，助长地方政府以城市基础设施建设来推动经济增长的风气。因此，地方政府纷纷设立各种融资平台公司，通过城投债发行来平衡收支缺口和进行基建投资（陈菁，李建发，2015）。在 2008 年金融危机爆发背景下，伴随经济刺激计划，城投债发行量迅猛增长，地方融资平台债务从 2007 年年末的近 5 万亿元增长至 2013 年的 18 万亿元②，2014 年，城投债发行量超过国债。可见，城投债事实上发挥着市政债的作用，促进了中国城市化进程和基础设施建设。

正因为这种具有中国特色的"准市政债"性质，城投债被地方政府予以各种隐性甚至显性的兜底。一方面，地方政府大量向城投企业注资土地或其他资产（杨继东 等，2018；张莉 等，2018）；另一方面，地方政府常常会向城投企业提供多种融资便利。如由地方人大、地方政府及其部门出具担保函、承诺函、知悉函等，明示或暗示政府兜底（刘红忠，许友传，2017；许友传，2018）。可见，城投债的复杂性在于存在双重的政府隐性担保，问题的严重性是，一旦城投债出现违约，地方财政无力偿还，在预算软约束和地方政府债权责任模糊的情况下，必然有着中央政府救援的可能。由此，中央政府"兜底"成为市场普遍预期的一项政策选择，地方政府隐性负债似乎可以不考虑其偿债能力③。从价格指针上，反映为城投债利差对地方政府的偿债能力不敏感，利差不能反映地方政府违约的异质性（王永钦 等，2016；钟辉勇 等，2016），一般而言，金融市场的作用之一，是根据交易资产风险的异质性予以差别化定价。如果政府债券市场的风险定价失准，必然导致资源配置的失效和政府债务规模的失

---

① 直到 2014 年 8 月人大常委会审议通过《预算法修正案草案》，地方政府方可自行举债。而根据审计署 2013 年第 32 号公告《全国政府性债务审计结果》，截至 2013 年 6 月底，地方政府负有偿还责任的债务已达 10.9 万亿元，超过中央政府负有偿还责任的债务 9.8 万亿元。

② 参见审计署 2013 年第 32 号公告《全国政府性债务审计结果》。

③ 也有部分学者持不同观点，如罗荣华和刘劲劲（2016）、潘琰和吴修瑶（2017）、李永友和马孝红（2018）。

衡，为地方和全国的经济发展带来深远的负面影响（Roch & Uhlig, 2018）。

中央政府充分认识到解决上述问题的紧迫性。2014 年 8 月，《预算法》从制度上赋予了地方政府依法适度的举债融资权。2014 年 9 月，国务院发布《国务院关于加强地方政府性债务管理的意见》（国发〔2014〕43 号），持续遵循"修明渠、堵暗道"的治理方针，一方面推广使用政府与社会资本合作的 PPP 模式来进行城市基础设施和公共服务建设；另一方面，明确规定 2015 年开始的新发城投债不再属于地方政府债务。明确地方政府要"建立债务风险应急处置机制"，发生债务风险时，本级政府要"切实化解债务风险，并追究相关人员责任"，并强调"地方政府对其举借的债务负有偿还责任，中央政府实行不救助原则"。可见，中央政府试图通过改善融资模式，建立官员问责机制来硬化预算约束，打破地方政府对城投债，中央政府对地方政府举债行为的信用兜底。在理论上，这是符合中国政治和经济管理体制的一个举措。然而，这些政策的有效性还值得深入探讨。

3.1.2.2　理论假说

城投债作为一种市场化融资工具，其利差是识别救助预期对地方政府债务风险作用效果的良好信号。按经典的债券估值理论，债券利差信息反映了违约风险程度，而违约风险与借款人预期偿债能力紧密相关。当借款人的预期偿债能力较强时，意味着违约损失越小，利差（信用风险溢价）越小（Beck et al., 2017）。如图 3.1 所示，在中国城投债市场中，存在两个层级的兜底和救助预期，影响着城投债利差的形成。

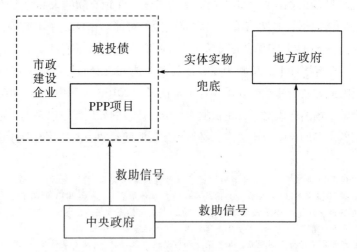

图 3.1　地方政府隐性负债救助与兜底关系

一是来自中央政府的救助信号。二是来自地方政府的隐性兜底。当中央政府救助信号出现时，意味着市场认为城投债的最终偿还由中央政府兜底和保障，债券的信用风险极小，导致利差对债券的违约风险不敏感，反映为前述论文中城投债利差与地方政府的偿债能力无关。

如果 2014 年版《预算法》等政策有效打破了中央政府的救助信号，作为地方政府偿债能力的重要保障，财政收入对城投债利差的影响或得以显现。原因在于：首先，与中央政府口头承诺不同，地方政府对城投债存在实体或实物联系，其隐性担保关系难以切割。城投企业的资本多来自地方政府的财政拨款或土地、股权等资产注入，虽然其在法律上是独立法人，但经营和人事安排都受到地方政府的干预。同时，很多城投企业仍未与城市建设性项目脱钩，政府补贴收入仍是其重要的收入来源（牛霖琳 等，2016；刘红忠 等，2019）。从这些角度看，城投公司很难完全脱离地方政府。进一步地，担保关系的实现有赖于担保能力，这使得城投债的违约风险与地方政府的财政收入状况紧密相连。显而易见，如果地方政府财政收入状况不佳，当城投债出现问题时，地方政府即使有偿付的意愿，也没有偿付的能力，会导致其违约风险较大。此外，与收入状况良好的地方政府相比，同样的担保成本（地方政府对城投公司提供的救助费用）对收入状况不佳的地方政府影响也会更大，会降低其救助意愿（Varian，2014）。综上所述，当中央政府的无限责任被打破，而地方政府的责任难以切割，城投债的违约风险会开始受到地方政府财政收入的影响，反映出风险的异质性。地方政府财政收入越高，救助能力与救助意愿越大，市场预期城投债的违约风险（利差）越小。可见，城投债利差对地方政府财政收入的敏感性变化可以成为度量政策效应的一个重要指标，由此本节提出假说 1：

假说 1：政策变化后，地方政府财政收入越高，城投债利差越小；政策变化前，不存在显著影响。

与此同时，中国地方政府在推广 PPP 模式的进程中，现阶段是否实现了项目风险与财政风险有效隔离的制度设计初衷是一个有争议的话题。一种观点认为由于我国仍处于新兴加转轨时期，法律法规不健全，市场监督与风险分担机制不完善，导致政府的支出责任和义务相对模糊，部分 PPP 项目仍然具有地方隐性债务的性质（姚东旻 等，2019；袁诚 等，2017）。曾经广泛出现的地方政府以"明股实债"等形式为社会资本方进行兜底的现象即是其体现（陈硕颖，杨扬，2017；吴中兵，2018）。依据这一观点，那么，在地方政府担保能力有限的情况下，不同的隐性负债形式在获取有限的担保资源上便可能存在竞争性，PPP 项目规模的增长便有可能削弱政府对城投债的偿债能力，进而增大城投债利差。而在政策变化前，由于中央政府的无限责任兜底，不会存在这一影响。基于此，本节提出假说 2：

假说 2：政策变化后，PPP 规模越大，城投债利差越大；政策变化前，不存在显著影响。

3.1.3　数据来源与变量选取

3.1.3.1　数据来源

本节的城投债数据和对应城投公司的财务数据来源于 Wind 数据库，基础数据为月度数据，考虑到本节为年度数据的回归，笔者按其对应的年度值匹配使用。删除部分重复和缺失的数据后，得到 4 884 只城投债及其公司数据。地级市层面的数据来自历年《中国城市统计年鉴》《中国国土资源统计年鉴》和各省级统计年鉴。PPP 项目数据来自财政部 PPP 综合信息平台项目管理库，涉及 338 个城市，共计 11 260 个 PPP 项目。由于 PPP 项目在 2012 年以后开始逐渐增多，因此本节的样本区间为 2012—2017 年。

3.1.3.2　变量说明

城投债的利差是本节的被解释变量，定义为每一支城投债发行时的到期收益率与同期限的国债的到期收益率之差。核心解释变量是地方政府财政收入与PPP 项目规模。前者借鉴已有文献，用各市人均公共财政收入来衡量[①]。后者是将某城市某年开展的所有 PPP 项目的投资金额全部加总得到，并予以对数化处理。控制变量分为两类：一是债券及其发行人相关变量。债券变量包括对数化后的发行规模、发行期限和票面利率。发行人变量为城投企业的财务变量，主要包括息税前利润率、资产负债率和资产规模。同时，为了反映债券市场化水平，本节后续还加入了城投债发行时的评级变量进行更深入的分析。二是地方经济发展变量，主要由人均实际 GDP 来衡量。为了控制房地产市场的影响，加入了商品房销售价格变量。主要变量的描述性统计指标见表 3.1。

---

① 就笔者的阅读范围，人均公共财政收入是使用最为广泛的财政收入指标。为了稳健性的需要，笔者也尝试使用对数后的公共财政收入，以及人均税收收入进行了回归，结果基本一致。限于篇幅，仅在文中报告了人均公共财政收入的回归结果。

表 3.1 主要变量的描述性统计指标

变量	均值	标准差	最小值	最大值
利差/%	1.85	1.29	−7.70	6.76
人均公共财政收入/元	8 558.19	6 695.66	487.28	35 271.11
PPP 投资额/亿元	219.29	288.59	0.13	1 997.21
发行规模/亿元	10.79	6.91	0.25	100.00
发行期限/年	5.73	2.26	0.25	23.00
票面利率/%	5.81	1.28	2.86	10.50
息税前利润率/%	1.80	1.46	−12.98	20.74
资产负债率/%	55.32	13.35	1.11	99.36
资产规模/万元	1 011.96	541.49	6.00	1 971.00
人均 GDP/元	70 392.97	31 769.31	12 556.00	207 163.00
商品房售价/元·m²	7 311.14	4 114.80	2 414.18	27 497.74

3.1.4 基准回归分析

3.1.4.1 基本模型设定

本节的基本计量模型设定如下,式(3.1)与式(3.2)分别用于检验假说 1 与假说 2。

$$y_{ijt} = \alpha_0 + \alpha_1 FI_{jt} + \alpha_2 FI_{jt} \times D_t + X_{ijt}\beta + \theta_j + \sigma_t + \varepsilon_{ijt} \tag{3.1}$$

$$y_{ijt} = \alpha_0 + \alpha_1 FI_{jt} + \alpha_2 FI_{jt} \times D_t + \alpha_3 PPP_{jt} + \alpha_4 PPP_{jt} \times D_t + X_{ijt}\beta + \theta_j + \sigma_t + \varepsilon_{ijt} \tag{3.2}$$

其中,i 代表债券,j 代表地级市,t 代表年份。方程的被解释变量 y 为地方政府下属的城投公司每年发行城投债的发行利差,反映了城投债的信用风险溢价水平。主要解释变量是地方政府的两类偿债能力指标:人均公共财政收入(FI_{jt})和 PPP 项目投资规模(PPP_{jt})。这里 D_t 表示外生政策变量,以 2014 年国家出台的《预算法》等系列政策为分界点。若城投债在 2014 年及以前发行,D_t 取 0;若在 2015 年及以后发行,D_t 取 1。笔者主要关注的是 D_t 与两个主要解释变量的交互项系数,以识别在政策前后城投债利差对财政收入与 PPP 项目规模的敏感性是否发生变化。其他控制变量 X_{ijt} 包括:城市人均 GDP;债券的发行规模、期限、票面利率;城投企业的息税前利润率、资产负债率和资产规模。除此之外，在模型中笔者也控制了地级市固定效应（θ_j）和年份固定效应①（σ_t）。

3.1.4.2 回归结果

表 3.2 的前两栏为本节的基本回归结果。列（1）对应的是式（3.1），财政收入，以及财政收入与政策变量交乘项所对应的系数是式（3.1）中的 α_1 和 α_2，也是笔者关注的重点。α_1 不显著，说明在政策变化以前，城投债利差对政府财政收入不敏感。而 α_2 显著为负，说明政策变化之后，财政收入开始影响利差，当地方政府公共财政收入越高时，城投债风险越小。实证结果与假说 1 一致。列（2）对应的是式（3.2），PPP 项目投资规模，以及 PPP 项目投资规模与政策变量交乘项所对应的系数是 α_3 和 α_4，可以反映本节待检验的假说 2。实证结果显示，α_3 不显著，而 α_4 显著为正。说明在政策变化之前，PPP 项目规模对城投债利差没有显著影响。而在政策之后，PPP 项目规模对城投债利差有了显著的正向作用，当 PPP 项目投资规模越大，城投债的风险越大，这验证了假说 2 的结论。此外，当加入 PPP 项目投资规模变量时，α_1 与 α_2 的实证结果与列（1）相似，说明了假说 1 的稳健性。基本回归的结果说明，"不救助"信号的发出，较为有效地改变了市场预期，市场在趋向对风险理性定价。但同时也印证了城投债的准"市政债券"性质仍然存在，"政企分离"的目标并未完全实现。除了地方政府财政收入与 PPP 规模外，本研究还控制了影响城投债发行利差的其他一些变量，表 3.2 中的回归结果显示债券规模与债券期限对发行利差的影响显著为负，而票面利率、税前利润以及资产负债率对发行利差的影响显著为正，但资产规模以及城市人均 GDP 却对城投债发行利差无显著影响。

表 3.2　主要回归结果

变量	城投债信用利差			
	（1）	（2）	（3）	（4）
财政收入	−0.179	−0.204	−0.216	−0.209
	(0.197)	(0.197)	(0.177)	(0.222)
财政收入 × 政策变量	−0.098**	−0.121**	−0.048	−0.048
	(0.041)	(0.049)	(0.045)	(0.050)

---

① 因为笔者在回归中加入了年份固定效应，控制了时间趋势的干扰，所以并未在回归方程中纳入独立的 D_t。

表3.2(续)

变量	城投债信用利差			
	（1）	（2）	（3）	（4）
PPP 规模		−0.025	−0.029	−0.026
		(0.025)	(0.027)	(0.022)
PPP 规模 × 政策变量		0.076**	0.078*	0.077**
		(0.036)	(0.040)	(0.033)
房价			−0.095	−0.121
			(0.258)	(0.264)
房价 × 政策变量			−0.267**	−0.224
			(0.135)	(0.138)
信用评级				−0.886***
				(0.173)
信用评级 × 政策变量				−0.253**
				(0.110)
发行规模	−0.080**	−0.080**	−0.077**	−0.057*
	(0.035)	(0.035)	(0.038)	(0.034)
发行期限	−0.080***	−0.080***	−0.083***	−0.087***
	(0.011)	(0.011)	(0.012)	(0.011)
票面利率	0.522***	0.523***	0.492***	0.476***
	(0.025)	(0.025)	(0.033)	(0.025)
息税前利润率	0.034**	0.035**	0.035**	0.036***
	(0.015)	(0.015)	(0.017)	(0.013)
资产负债率	0.004***	0.004***	0.004**	0.005***
	(0.002)	(0.002)	(0.002)	(0.002)
资产规模	−0.005	−0.004	0.000	−0.000
	(0.026)	(0.026)	(0.030)	(0.022)
人均 GDP	0.105	0.048	−0.311	−0.365
	(0.285)	(0.303)	(0.290)	(0.300)
常数项	−1.468	−0.326	4.260	5.706
	(3.235)	(3.531)	(3.606)	(3.668)
城市固定效应	是	是	是	是
年份固定效应	是	是	是	是
样本量	4 884	4 884	4 068	4 068
R^2	0.243	0.244	0.235	0.243

注：***、**和*分别表示在1%、5%和10%的水平上显著；括号内是城市聚类稳健标准误。

3.1.5 模型扩展与稳健性检验

3.1.5.1 模型扩展

在中国城市化进程中，房地产市场是推动地方经济发展、拓展地方政府财源的一个重要领域。同时，城投企业与城投债发行最大的质押物就是城镇建设用地。这些经济现实都表明房地产价格变化对地方政府偿债能力有着不可忽视的影响。因此，如果 2014 年版《预算法》等系列政策使得城投债利差与政府偿债能力的关系更加密切，有必要对房地产价格予以控制。

在表 3.2 的列（3）中，本节控制了对数后的商品房销售价格及其与政策变量的交互项。列（3）的结果显示，在政策之后，城投债利差开始变得对房地产价格敏感，随着房地产价格的上升，利差趋于下降。这说明市场认为，价格上扬的房地产市场增加了地方政府的财政实力，使地方政府对城投债违约风险的担保实力进一步增强，从而能够带来债券发行成本的显著降低。需要指出的是，当加上房地产价格之后，政府财政收入变得不再显著，这或反映了房地产价格与地方政府财政收入有所关联。

同时，在债券市场中，评级机构的评级有助于减轻债券市场中的信息不对称现象，这是反映债券发行人的违约风险与债券市场有效性的一个重要指标。因此，在表 3.2 的列（4）中，本节进一步控制了评级机构对债券的发行评级和发行人（企业）的主体评级。表 3.3 是城投债发债主体信用评级的分布情况。

表 3.3　城投债发债主体信用评级分布

发债主体信用评级	城投债数量/只	所占比例/%
A−、A 和 A+	119	2.44
AA−	1 076	22.08
AA	2 904	59.58
AA+	670	13.75
AAA	105	2.15

如表 3.3 所示，在本节选取的城投债样本中，发债主体信用评级主要为 AA−和 AA，两者共占近 80%。考虑到其为有序分类变量，便将 AA−及其以下的评级归为数值 0，AA 及以上的评级归为数值 1。表 3.2 的结果显示，市场评级越高，会导致债券利差显著减小。这说明评级机构对地方债务风险的评估，

得到市场的认可。同时，政策变量与评级变量的交乘项系数显著为负，显示城投债利差对市场评级的敏感程度进一步加强。侧面说明中央政府救助预期被打破，风险定价市场化程度变得更高。此外，对比表 3.2 中的列（3）和列（4），当加入市场评级指标后，财政收入与房地产价格的相关变量系数都不显著。说明评级机构在对城投债进行评级时，可能充分考虑了当地房地产市场和政府的财政状况，评级具有较高的参考价值。但是，PPP 项目规模的信息并没有被评级机构捕捉，PPP 项目规模的系数与之前并没有明显变化。

此外，PPP 项目作为一种更为市场化的城市基础设施投融资模式，在建立政府与企业市场主体的"利益共享"机制的同时，付费模式可以分为使用者付费、政府付费、可行性缺口补助三种，三者在政府的支出责任上面有所区别。在使用者付费中，政府没有支出责任，其成本由最终消费者来承担。政府付费则明确了政府的支出责任，公共产品和服务都由政府来付费购买。而在可行性缺口补助中，政府的责任边界相对更为模糊，只有当使用者付费不足以覆盖社会资本成本，政府才予以投入。PPP 项目回报机制分布如表 3.4 所示。

表 3.4 PPP 项目回报机制分布

回报机制类别	PPP 项目数量/个	所占比例/%
使用者付费	1 452	29.73
政府付费	1 918	39.27
可行性缺口补助	1 514	31.00

从表 3.4 可见，三种类型的分布较为平均。有趣的是，当笔者将项目归总到不同城市，考察其在不同城市所占比例时，发现几乎在所有城市，总有某一种模式所占比例超过了 70% 以上。如前所述，不同回报模式所对应的地方财政负担不同。同时，政府付费项目对地方政府财政实力的要求更高①。那么，付费模式的不同，会否影响到市场对地方政府财政实力的判断，出现回归结果的异质性呢？为此，笔者进一步将样本分为三种付费模式，对此进行考察。

在实证中，笔者分别设置了政府付费、可行性缺口补助、使用者付费三个

---

① 为规范政府付费模式的 PPP 项目的运作，国家出台了不少限制政策，使得政府付费项目对地方政府财政能力的要求更高。例如，财办金〔2017〕92 号文明确指出："政府付费或可行性缺口补助在项目合作期内未连续、平滑支付，导致某一时期内财政支出压力激增的项目，不允许进入财政部 PPP 项目库。"

虚拟变量，当某城市的多数 PPP 项目为相应的模式时，取值为 1，否则为 0。分别加入他们与 PPP 投资规模交乘项进行回归，回归结果见表 3.5。从表 3.5 可见，政府付费的回报模式与 PPP 投资金额的交乘项显著为负，这可能是因为，较多采用这类回报模式，反映出相应的地方政府财力相对雄厚，使得市场认为当地城投债的偿债可能更大，信用利差更小。可行性缺口补助与 PPP 投资金额的交乘项，显著为正。原因可能是：多选择这类项目，说明地方政府财力并不足够强大。同时，地方政府的参与可能弱化社会资本方对项目的监督意愿。这样一来，这类 PPP 项目规模的增大会进一步加重城投债的债务风险。而使用者付费模式与 PPP 投资金额的交乘项不显著，可能是由于这类项目与政府财力关联度较小，因而对结果没有特别的影响。此外，主要解释变量的回归结果，都与表 3.2 的列（4）并无太大差异，侧面印证了主回归的可信度。

表 3.5　PPP 项目付费模式间差异

变量	城投债信用利差		
	（1）	（2）	（3）
财政收入	−0.234	−0.22	−0.283
	(0.222)	(0.219)	(0.218)
财政收入 × 政策变量	−0.057	−0.061	−0.037
	(0.052)	(0.051)	(0.051)
PPP 规模	−0.019	−0.031	−0.038
	(0.023)	(0.022)	(0.024)
PPP 规模 × 政策变量	0.069 **	0.078 **	0.088 ***
	(0.034)	(0.033)	(0.034)
房价	−0.082	−0.034	−0.049
	(0.262)	(0.263)	(0.263)
房价 × 政策变量	−0.155	−0.138	−0.204
	(0.139)	(0.134)	(0.134)
信用评级	−0.872 ***	−0.859 ***	−0.865 ***
	(0.173)	(0.173)	(0.173)
信用评级 × 政策变量	−0.261 **	−0.260 **	−0.255 **
	(0.110)	(0.109)	(0.109)
使用者付费 × PPP 规模	0.041		
	(0.068)		

表3.5(续)

变量	城投债信用利差		
	（1）	（2）	（3）
政府付费×PPP规模		-0.118**	
		(0.054)	
可行性缺口补助×PPP规模			0.097*
			(0.056)
发行规模	-0.056	-0.057*	-0.057*
	(0.034)	(0.034)	(0.034)
发行期限	-0.087***	-0.087***	-0.087***
	(0.011)	(0.011)	(0.011)
票面利率	0.475***	0.476***	0.476***
	(0.025)	(0.025)	(0.025)
息税前利润率	0.036***	0.035***	0.035***
	(0.013)	(0.013)	(0.013)
资产负债率	0.005***	0.005***	0.005***
	(0.002)	(0.002)	(0.002)
资产规模	-0.000	-0.001	-0.001
	(0.022)	(0.022)	(0.022)
人均GDP	1.584	1.640	2.130
	(1.853)	(1.813)	(1.821)
常数项	-0.832	-0.936	-0.840
	(1.419)	(1.418)	(1.418)
城市固定效应	是	是	是
年份固定效应	是	是	是
样本量	4 068	4 068	4 068
R^2	0.243	0.243	0.243

注：***、**和*分别表示在1%、5%和10%的水平上显著；括号内是城市聚类稳健标准误。

3.1.5.2 稳健性检验

对于实证研究而言，内生性是无法回避的问题。在上述回归中，尽管本节已经控制了可能对城投债信用利差产生影响的相关变量，也控制了年份和城市固定效应，但仍有可能遗漏掉一些与政策节点年份相关，而又会直接影响地方城投债发行利差的变量。这可能使关键解释变量的系数估计不一致。解决内生性问题的常见方法是使用工具变量。但对于本书来说很难找到既与政策变量相关又仅通过政策变量影响城投债发行利差的变量用来做合适的工具变量。为了尽可能缓解这种内生性问题，笔者尝试借鉴了同样被广泛使用的安慰剂检验方法。其基本思想是：如果在本节的政策节点——2014年前后，有其他笔者未注意到的政策，影响了前面的实证结果。那么，这种影响可能在其他节点也会显现。因此，为了尽可能处理这种内生性问题，笔者将政策变量的时间节点向前推延了一期，使用2012—2013年的数据进行了回归，若城投债在2012年发行，D_t取0；若城投债在2013年发行，D_t取1。即假设政策发生在2013年，看是否会对城投债的发行利差带来显著影响。回归结果见表3.6的列（1）和列（2）。从结果可见，当政策的时间节点提前一期后，无论是财政收入、PPP项目规模，还是它们与政策变量的交互项都不再显著。这符合前述假说，因为这时候中央政府的救预期仍然存在，城投债市场的风险定价仍然被扭曲，无法准确反映地方政府的违约风险。这一定程度上说明了不存在其他政策的影响①。

此外，城投债可以在银行间市场与交易所市场发行。银行间市场的主要参与者是银行。银行因其风险的外部性，具有风险政府兜底的特性。在中国以国有银行为主的金融结构下，这种兜底现象更为突出（许友传，2018）。由于预期到中央政府对自己的救助，银行可能忽视地方政府对地方政府债务"不救助"信号的发出，导致银行间市场上的城投债利差对政策变化的反应不敏感。但在交易所市场，参与者更多元化，可能对政策信号更为敏感。也就是说，有可能仅仅是交易所市场的作用导致了前述的回归结果。因此，笔者试图以银行间市场的子样本来进一步检验回归结果的稳健性。表3.6中的列（3）和列（4）是其回归结果。结果显示，"不救助"信号在银行间市场依然有效，在政策之后，财政收入和PPP项目投资规模对城投债利差都开始有了显著影响，影响方向与主回归结果完全一致。进一步证实了前述结果的稳健性。

---

① 笔者也使用2015—2017年的数据进行了检验。其中，将政策变化的时间节点设置为：若城投债在2015年发行，政策变量取0；若城投债在2016年及以后发行，政策变量取1。回归结果也符合预期。

表 3.6　稳健性检验结果

变量	安慰剂检验		子样本检验	
	（1）	（2）	（3）	（4）
PPP 投资规模		−0.006		−0.007
		(0.124)		(0.020)
PPP 投资规模×政策变量		−0.237		0.091***
		(0.186)		(0.028)
财政收入	4.906	5.535	−0.182	−0.217
	(3.685)	(3.778)	(0.214)	(0.214)
财政收入×政策变量	−0.137	−0.197	−0.062*	−0.080**
	(0.211)	(0.217)	(0.035)	(0.037)
其他控制变量	是	是	是	是
城市固定效应	是	是	是	是
年份固定效应	是	是	是	是
样本量	420	420	3 041	3 041
R^2	0.222	0.226	0.269	0.273

注：***、** 和 * 分别表示在1%、5%和10%的水平上显著；括号内是城市聚类稳健标准误。

3.1.6　结论性述评

中央政府的"救助预期"困境是一个困扰各国政府的难题。中央政府的"救助预期"，有助于维护经济社会的稳定，但也可能引致有关主体的道德风险，使市场化的定价机制失效或扭曲，损害资源的配置效率，引发系统性风险。近年来，中国地方债的违约风险有所显现，中央政府试图通过改变"救助预期"来减小债务风险，对其效果的评估至关重要。基于此，本节通过中国地方政府设立的城投企业所发行的城投债利差数据，研究了中央政府打破"救助预期"的政策对政府债券风险定价状况的影响。本节发现，中国中央政府具有一定的政策公信力，中央"不救助"信号较为有效地改善了地方政府的"预算软约束"现象，但地方政府的隐性负债与隐性兜底现象未被完全打破，PPP 项目或被视为新的地方隐性债务。在信号发出以后，利差开始反映地方政府的违约风险。地方政府人均公共财政收入越大，PPP 投资规模越小，城投债利差越小。此外，商品房销售价格越高，会增加地方政府的担保资源和财力，进而减小城投债利差。笔者还发现评级市场较好地反映了地方政府财政状况等因素，市场评级越高，城投债利差越小，这种影响在政策变化之后进一步增加。因此，弱化救助预期的影响，不仅是简单约束地方政府的债务融资模式，而是健全参与主体的风险分担机制与激励约束机制来优化债务结构，实现风险管理的最优化。

3.2 地方政府债务风险的溢出效应

3.2.1 问题提出与研究意义

地方政府债务风险不容忽视，特别是城投债等各类隐性负债规模巨大。如前所述，这些地方政府隐性负债不断增长的背后是中央政府的隐性担保与救助预期，这意味着地方政府在债券市场上融资成本的降低，可能导致其规模过大，累积系统性金融风险。显然，出于防范系统性风险的需要，有必要在一定程度上打破中央政府对地方政府债务的兜底，通过市场化机制来约束地方政府行为。但从现实政策看，要实现这一点需要回答一个问题，即如果彻底打破中央政府的兜底意味着地方政府风险的暴露，那么这种风险暴露会否引发风险在债券市场上的传染与扩散，导致市场的高度震荡？这一问题显然有着重要的学术价值与政策意义。2014 年版《预算法》的实施作为政府打破城投债的兜底预期的一次尝试，提供了一个较好的政策实验，帮助我们可以管中窥豹地来回答这一问题。

城投债是我国债券市场上的准"市政债"，它依托城投公司发行，往往被地方政府用于地方基础设施和公共事业建设，在债券市场上以企业债、公司债的形式存在。城投债规模的迅速扩张，与我国特殊的财税体系分不开关系。自1994 年进行分税制改革后，地方政府税源被削弱，地方政府收入严重依赖于土地财政，且为了防范风险，中央明令禁止地方政府自主发债。虽然地方政府可以通过出让土地来弥补财政收入的缺口，但是可出让的土地毕竟有限度，地方政府迫切需要更加隐蔽的、稳定的、可持续的渠道来解决地方建设资金不足的问题（邵玉君，2014）。于是，具有中国特色的城投债应运而生，规模不断扩大。同时，地方政府长期都对辖内城投债负担保责任，即使城投债面临违约可能，地方政府也会用其财政资金来对其"兜底"，防止其资金无法偿还（钟辉勇 等，2016）。此外，一旦城投债出现违约，地方财政又无力偿还时还存在着中央政府兜底的可能（郭玉清 等，2016；姜子叶与胡育蓉，2016）。值得注意的是，城投债属于公司类债券的一种，在发行前与一般的公司类债券一样接受评级机构对主体和债项的评级，但上述兜底预期的存在使得城投债背后的真实风险被市场忽略，债券价格中应该包含的风险溢价部分被严重扭曲，导致债务融资市场的风险定价机制失效或扭曲（陈道富，2015）。

2014年版《预算法》的出台正是为了解决这种城投债的兜底预期，让城投债的风险归位。2014年版《预算法》① 通过，其中明确规定除可以在预算内发行地方政府债券之外，地方政府不得再以其他任何方式举债，也不得为任何债务提供任何形式的担保，也就是说，地方政府通过地方政府融资平台发行城投债的举债行为受到了约束。同时，其明确表明中央对地方政府举借的债务将实行不救助原则，打破了中央政府对地方的"兜底"。换言之，2014年版《预算法》为地方政府债务行为套上了"紧箍咒"，城投债的真实信用风险或得以暴露。具体而言，地方政府与城投债关系的剥离可能引发了市场对于城投债风险的重新定价，而且，市场往往十分敏感，城投债的重新定价便极有可能溢出到一般信用债的定价中。

综上所述，2014年版《预算法》作为一项打破中央政府兜底的政策实验，为研究地方政府债务风险的暴露及其传染效应提供了较好视角。因此，捕捉2014年版《预算法》这一政策冲击对城投债利差的影响以及对公司债利差可能存在的溢出效应也就成为本节研究的重点。具体地，本节将分别选用2014年版《预算法》颁布和实施前后的数据，从城投债和公司债利差变化两个角度研究地方政府债务行为的冲击分别对城投债和公司债的影响。研究发现：首先，2014年版《预算法》发布和实施前，城投债利差对信用评级变化不敏感；发布和实施后，利差在不同信用评级城投债中产生分化，表现为债项评级低的城投债的利差的下降比评级高一级的城投债的利差下降得多。其次，2014年版《预算法》发布和实施后，城投债利差的变化能够显著引起公司债利差同向变化。最后，在异质性分析中发现城投债的风险溢出效应在国有企业和民营企业、公司债债项评级、公司信用评级高低、新兴行业与传统行业间均有差异。

---

① 2014年版《预算法》第三十五条：经国务院批准的省、自治区、直辖市的预算中必需的建设投资的部分资金，可以在国务院确定的限额内，通过发行地方政府债券举借债务的方式筹措。举借债务的规模，由国务院报全国人民代表大会或者全国人民代表大会常务委员会批准。除前款规定外，地方政府及其所属部门不得以任何方式举借债务。除法律另有规定外，地方政府及其所属部门不得为任何单位和个人的债务以任何方式提供担保。

相较于已有文献，本节的边际贡献在于，虽有部分文献尝试探索债券市场的风险传染效应，但主要还是针对一般公司类债券的风险，且尚处于起步阶段（张春强 等，2019），实证证据不多。本节通过 2014 年版《预算法》来衡量打破中央政府担保对地方政府债务风险的影响，从而提供市场受地方政府债务风险暴露影响的程度证据；同时，将政策效果分为颁布和实施两个时点前后分别进行研究，以便通过收益率的变化观测市场对于信用风险预期的变动历程，可以更全面地反映政策效果，进而深入分析其原因；此外，城投债风险的研究文献虽多，但主要围绕其风险利差展开，很少涉及其向一般信用债的风险传导。本节尝试在这些研究的基础之上，纵向深入研究城投债到公司债的风险溢出效应。

本节接下来的安排是：第二部分进行文献综述和提出假说；第三部分介绍模型设定、变量说明、样本选择及数据来源；第四步部分对回归结果进行分析；第五部分进行异质性分析；第六部分对回归的稳健性和模型内生性进行检验；第七部分对实证结果进行总体分析；第八部分结论性述评。

3.2.2 文献回顾与基本假说

自"城投债"诞生以来，其与地方政府之间的关系就受到广泛关注与讨论。贾洪文等（2009）认为，"城投债"是以地方政府投融资平台为发行载体、以公用事业产生的现金流及地方政府信用为基础发行的中国"准市政债"。李腊生等（2013）指出，"城投债"是典型的隐性地方债务，地方政府不能公开自行发行债务，便采取了这种形式上市场化，名义上非政府主体的隐形发债方式。范剑勇和莫家伟（2014）提出，地方债务的主要负债形式是银行贷款，主要载体是地方融资平台公司，债务支出集中在交通运输、市政建设和土地收储。并且，在测度地方政府负债规模时，他们将城投债总额作为地方政府债务规模的代理变量。以城投债规模来衡量地方政府债务规模的文献还有很多（陈菁，李建发，2015；汪莉，陈诗一，2015；吴洵，俞乔，2017），大量文献关注到中央政府兜底对城投债价格扭曲的负面作用。例如，陈道富（2015）指出这种对城投债的兜底预期会模糊风险资产和无风险资产的差异性，导致债务融资市场的风险定价机制失效或扭曲。刘继峰和曹阳（2017）认为，地方政府通过城投债等方式变相举债是一种隐蔽性强、攫取市场资源的行为，易造成资本市场价格扭曲乃至系统性风险。卜振兴（2019）提出，城投债具有的"金边属性"会使得城投债面临"道德风险"问题。一方面，地方政府认为中央会为地方债务兜底，因此大量举债，导致城投债规模增长持续加重了地方政府的债务压力；另一方面，商业银行认为地方政府会为城投债兜底，因此大量购买，从而增大了金融风险与财政风险的捆绑与共振，加重了金融体系的风险。

大量实证研究分析了影响城投债信用利差的因素，基本认同政府兜底与隐性担保会影响城投债风险定价，模糊不同评级债券的风险，导致各城投债之间的价差较小（汪莉，陈诗一，2015；吴洵，俞乔，2017）。同时，已有研究也指出城投债的评级是考虑了发行人与地方政府隐性担保状况的，只是这种评级的差异未能在信用利差中有所反映（钟辉勇 等，2016；罗荣华，刘劲劲，2016），这为中央政府兜底对市场机制的扭曲提供了另一个侧面的佐证。另一方面，从债券市场不同品种的风险联动入手，分析地方政府债务风险暴露后的溢出效应的研究在笔者的阅读范围内还很少。包阳（2018）与邹瑾等（2020）均对2014年版《预算法》实施后的新发债券进行了分析，均发现地方政府财力对城投债信用利差的影响显著，城投债的风险定价开始出现分化，但并不涉及风险定价在市场上的传递与溢出。而从国外研究看，从债券市场上债券利差入手来分析债券风险溢出的文献很多，研究常选取欧洲主权债务危机等某一风险事件作为冲击，来观察不同债券的利差变化与风险传递，成果丰硕。例如，Acharya 等（2014）认为过多的政府救助增加了国家的主权信用风险，削弱了金融部门运行效率。Gennaioli 等（2014）认为主权债务风险可能通过对金融部门的削弱作用，从而提高了非金融公司的融资成本，进而将风险传递给非金融公司。Bedendo 和 Colla（2016）实证发现主权信用风险和企业信用风险之间有正相关关系。Pellegrino 和 Zingales（2014）认为如果公司和政府有密切联系，公司将受到主权信用风险的更大影响。Augustin 等（2018）通过对希腊债务危机发生后欧洲各国主权信用风险提升而溢出到公司债的分析，发现主权债务风险对公司债信用风险有显著的正向影响，并且由于主权债务风险会带来削弱政府财力与恶化银行资产负债状况，对于银行依赖或政府依赖的企业而言，这种风险溢出效应更为明显。

可见，尽管利差被大量研究广泛应用于代表信用风险，但从这个视角入手分析政府债务风险溢出效应的研究还十分少。考虑到城投债可被视为一种中国特殊的"主权"债务，国外前述研究主权债券风险溢出的文献为考察城投债风险向一般信用债风险的溢出提供了可借鉴的思路。基本逻辑如下：既然

2014 年版《预算法》是约束地方政府行为的一种政策冲击，可能导致城投债风险暴露，这使得笔者可以借助 2014 年版《预算法》来尝试识别这种溢出效应。在 2014 年版《预算法》实施前，对于不同评级的城投债，由于中央与地方政府双重信用"兜底"的存在，市场预期发行城投债的融资平台即使无法如期支付利息和本金，政府也会进行相应救助，所以几乎不存在违约的可能，债券信用评级的差异也没有在信用利差上得以反映（罗荣华，刘劲劲，2016）。在 2014 年版《预算法》实施后，中央政府救助预期得到一定程度的打破，规范了地方政府发债和担保行为，市场化机制开始发挥作用，信用评级的差异将得以体现。同时，钟辉勇等（2016）的研究说明，债券信用评级对政府隐性担保有所考虑，部分本应获得较低信用评级的城投债获评为 AAA 这类高评级。所以此时受冲击较大的可能是那些 AAA 级别的债券，而信用评级较低的债券相对受到的冲击反而会较小。此外，新预算法涉及政策颁布和正式施行两个时点，如果在政策颁布时，市场因为存在对未来的预期而提前做出反应，则在政策颁布时便会对市场形成冲击。当然，也可能出现另一种情况，即在政策颁布时市场仅持观望态度，在正式实施时方出现较大冲击。由此提出如下相对应的假说：

假说 1a：2014 年版《预算法》发布前，城投债利差对信用评级变化不敏感；发布后，利差在不同信用评级城投债中产生分化。

假说 1b：2014 年版《预算法》实施前，城投债利差对信用评级变化不敏感；实施后，利差在不同信用评级城投债中产生分化。

若前假说得以验证，说明 2014 年版《预算法》的分布或实施对债券市场重要组成部分之一的城投债产生了显著影响，根据前述 Augustin 等（2018）对主权信用风险提升而溢出到相应国家公司债的研究，可以猜想城投债这种具有"准市政债"性质的债券，对于同一城市的公司债极有可能造成影响。进一步提出如下假说：

假说 2a：2014 年版《预算法》发布后，城投债利差的变化能够显著引起公司债利差变化。

假说 2b：2014 年版《预算法》实施后，城投债利差的变化能够显著引起公司债利差变化。

3.2.3 研究设计

3.2.3.1 模型设定与变量说明

本节首先参考 Augustin 等（2018）所研究的欧洲主权债务危机的设计，利用不同信用评级城投债受政策影响的横向差异与政策颁布（或执行）前后的纵向差异来检验假说 1。基本计量模型设定如式（3.3）：

$$citybond_{jt} = \alpha_0 + \alpha_1 time + \alpha_2 class_{jt} + \alpha_3 time * class_{jt} + \alpha_4 debtrate_{jt} +$$
$$\alpha_5 cira + \alpha_6 comclass_{jt} + \alpha_7 Gpercap_{jt} + \theta_j + \sigma_t + \varepsilon_{jt} \qquad (3.3)$$

其中，i 代表债券，j 代表地级市，t 代表年份，θ_j 表示个体固定效应，σ_t 表示年份固定效应。式（3.3）的被解释变量 $citybond_{it}$ 为城投债收益率与同期国债收益率之差，$time$ 是代表政策时期的虚拟变量，政策之后设定为 1，政策之前设定为 0。$class$ 代表不同组别的虚拟变量，信用评级在 AAA 级以下的设定为 1，AAA 级以上的设定为 0。$time * class_{jt}$ 代表政策虚拟变量与评级虚拟变量的交互项，其系数 α_3 是需要重点关注的核心系数，反映政策冲击会否导致评级较高的城投债利差发生更大变化。在此基础上用式（3.4）来检验假说 2。

$$companybond_{ijt} = \alpha_0 + \alpha_1 time + \alpha_2 citybond_{jt} + \alpha_3 time * citybond_{jt} +$$
$$\alpha_4 mature_{ijt} + \alpha_5 ROA_{ijt} + \alpha_6 debtat_{ijt} + \alpha_7 curratio_{ijt} +$$
$$\theta_i + \sigma_t + \varepsilon_{it} \qquad (3.4)$$

在式（3.4）中，i 同样代表债券，j 同样代表地级市，t 同样代表年份，θ_j 和 θ_i 表示个体固定效应，σ_t 表示年份固定效应。被解释变量 $companybond_{ijt}$ 为公司债与同期国债收益率之差，$time$ 仍然是代表政策时期的虚拟变量，政策之后设定为 1，政策之前设定为 0。$citybond_{jt}$ 是债券所在城市所有城投债的每日平均利差。同样，政策变量与地级市城投债每日平均利差交互项的系数 α_3 是需要关注的核心系数，反映政策冲击是否导致会导致城投债风险向公司债风险传染。

参考相关文献，上述公式控制了城市、债券发行主体、债券本身三个层面的要素。简要说明如下：首先，城市层面，本节控制了城市级别（$cira$）、债务率（$debtrate$）与市级人均 GDP（$Gpercap$）。本节将城投债的所在发行城市分为三级，第一级为北京、上海、天津、重庆四个直辖市，第二级为各省省会城市和计划单列市，第三级为其他所有地级市。一方面，行政等级越高的城市的政府财力越强，因此城投债的风险溢价可能越低。而政府债务率越高，意味着政府偿还债务的压力越大，导致债券违约的可能性越大，所对应的城投债风险溢价往往也越高。另一方面，地方人均 GDP 越高，经济状况越好，地方政府财力越强。在实证中，将人均 GDP 取对数进行研究。其次，发行主体层面控制了公司评级（*comclass*）、资产负债率（*debtat*）、流动比率（*curratio*）与资产收益率（*ROA*）。一般来说，城投公司信用评级越高，城投债风险溢价越低。但是不排除存在城投公司评级普遍偏高，但城投债受不同地方政府财力影响，风险溢价有高有低。综合来说，城投公司信用评级对城投债风险溢价的影响是不确定的。资产负债率与流动比率也存在类似情况。资产负债率越高的公司常越会利用债权人提供的资金进行经营活动，发行的公司债的风险溢价越低。但是，当资产负债率过高时，公司也可能面临破产风险，导致公司债的风险溢价上升。因此，公司的资产负债率对公司债的风险溢价的影响是不确定的。就流动比率而言，流动比率越高，债务越容易得到按时清偿。但是流动比率过大又可能会增大公司持有现金的机会成本。故此公司的流动比率对公司债的风险溢价的影响是不确定的。资产收益率的影响相对确定，因为资产收益率高的公司获取利润的能力越强。资产收益率越高，该公司发行的公司债的风险溢价应越低。最后，还控制了公司债期限。一般认为期限较长的企业债券由于其流动性较差且不确定性较大，故风险较大，利差应较高（周宏，2012）。变量说明如表 3.7 所示。

表 3.7　变量说明

符号	变量	含义
$citybond_{jt}$	城投债利差	城投债与同期国债收益率之差
$companybond_{ijt}$	公司债利差	公司债与同期国债收益率之差
$citybond_{jt}$	城投债平均利差	城投债所在城市的城投债每日平均利差
$time$	时点	考察两个时点变化分别对利差的影响 $\begin{cases} time1 = 0, \ t < 164, \ 政策公布前 \\ time1 = 1, \ t \geq 164, \ 政策公布后 \end{cases}$ $\begin{cases} time2 = 0, \ t < 246, \ 政策实施前 \\ time2 = 1, \ t \geq 246, \ 政策实施后 \end{cases}$
$class$	城投债评级	城投债的发行时债项评级 AAA 级为 0，其余为 1
$debtrate$	政府债务率	城投债发行公司所在的地区政府债务率
$cira$	城市等级	城投债所在城市的等级 直辖市为 1，省会城市及计划单列市为 2，其他为 3
$comclass$	公司评级	城投债发行时的发行公司评级 AAA 级为 0，其余为 1

符号	变量	含义
Gpercap	人均 GDP	城投债所在城市的人均 GDP 的对数值
mature	期限	公司债的期限
ROA	资产收益率	公司债发行公司的资产收益率
debtassetratio	资产负债率	公司债发行公司的资产负债率
curratio	流动比率	公司债发行公司的流动比率
*time * class*	交叉项	DID 模型的核心变量 分为 time1 * class 表示政策公布时点与城投债评级交乘项 time2 * class 表示政策实施时点与城投债评级交乘项
*time * citybond$_{jt}$*	交叉项	DID 模型的核心变量 分为 time1 * *citybond$_j$* 表示政策公布时点与公司债利差交乘项 time2 * *citybond$_{jt}$* 表示政策实施时点与公司债利差交乘项

3.2.3.2 样本选择与数据来源

本节数据源于 Wind 数据库，选取的研究区间覆盖 2014 年版《预算法》颁布和实施前后，即自 2014 年 1 月 1 日至 2015 年 6 月 30 日，共 364 期数据。研究对象为城投债利差和公司债利差，具体指标选取为 7 年期城投债收益率，3 年、5 年、6 年、7 年、8 年和 10 年期公司债收益率和同期限国债的收益率之差。关于城投债利差数据的处理简述如下，式（3.3）中的城投债信用利差（credit spread）定义为城投债每日收益率减去同期无风险利率，其中无风险收益率采用中国国债的每日收益率数据。去除没有完整评级的城投债后，城投债利差数据为 114 296 个。由于式（3.4）中的城投债利差需要在城市层面与其他公式债对标，故在式（3.4）中将原式（3.3）中的城投债每日利差按照城市代码进行算数平均，生成每一个城市 *j* 的每日平均利差，从而能与该城市的其他公司债每日利差一一对应。而考虑到 7 年期公司债的个体过少且缺失较多，本节在研究公司债时引入了 3 年、5 年、6 年、8 年和 10 年期的公司债，并引入控制变量对公司债的期限进行控制。在计算公司债的利差时，用公司债每日收益率减去同期限的国债利率。

从图 3.2 可以简单观察政策节点对不同信用评级的城投债利差是否带来了冲击。图 3.2 显示的是不同信用评级的城投债各期利差差分的数据。具体而言是用 AA+、AA、AA-三个评级每日利差均值减去 AAA 评级每日利差均值，以 20 期（日）为一组，所绘制的时间趋势图形。可见在政策颁布到实施时点

（第163~246期）数据显示出明显折点，在折点前后，利差差分均基本维持水平，且折点后的利差差分的水平趋势明显降低。

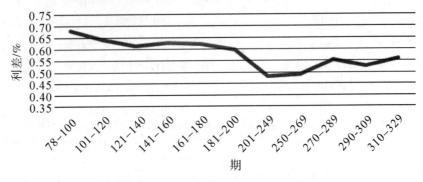

图 3.2　不同信用评级债券利差差分

　　同时，从表3.8的描述性统计可见，在2014年8月31日（2014年版《预算法》颁布时点，下文简称"时点1"）前后，城投债平均利差下降了0.441个百分点，公司债平均利差下降了0.505个百分点；在2015年1月1日（2014年版《预算法》实施时点，下文简称"时点2"）前后，城投债平均利差下降了0.288个百分点，公司债平均利差下降了0.358个百分点。可见，时点1前后的变化均大于时点2前后的变化，这意味着2014年版《预算法》的约束作用对城投债信用风险产生的影响很有可能在政策颁布之时就被市场捕捉到了，进而体现在了利差变化中。而城投债和公司债的同向变化则意味着城投债和公司债之间可能存在风险溢出。

表 3.8　城投债、公司债利差及在2014年版《预算法》发布和实施前后对比

单位：%

变量	时点	均值	标准差	最小值	最大值
	完整数据选取段	2.643	0.71	−7.255	5.324
	发布前	2.885	0.682	−0.013	5.324
城投债利差	发布后	2.444	0.67	−7.255	5.283
	实施前	2.737	0.717	−3.701	5.324
	实施后	2.449	0.653	−7.255	5.283

表3.8(续)

变量	时点	均值	标准差	最小值	最大值
	完整数据选取段	2.718	1.862	-43.322	25.46
	发布前	2.973	1.94	-3.157	13.146
公司债利差	发布后	2.468	1.746	-43.322	25.46
	实施前	2.817	1.82	-9.99	25.46
	实施后	2.459	1.944	-43.322	22.819

数据来源：Wind 数据库。

3.2.4 回归结果分析

3.2.4.1 城投债模型

本节首先检验了假说1，通过对式（3.3）的回归分别考察2014年版《预算法》颁布与实施这两个时点对城投债利差的影响。回归结果如表3.9所示。表3.9的列（1）、列（2）的回归是以2014年8月31日（政策颁布时点）为时间节点，其中列（1）未控制个体固定效应，列（2）加入了个体固定效应，两类交互项的系数与显著性程度都没有明显变化，主要解释变量的符号方向与显著性都变化不大，简洁起见，重点分析列（2）的回归结果。从列（2）可见，交互项的系数 α_3 显著为负。即在2014年版《预算法》颁布以后，债项评级较高的城投债的利差变化比信用评级较低的城投债的利差变化多0.094个百分点，符合假说1a。同时，债券评级越高，城投债利差越小。且时间虚拟变量系数显著为负，说明2014年版《预算法》颁布以后，投资者对城投债市场的健康发展更为认可，整体风险降低。其他控制变量的符号也基本符合前述预期。假说1a得以验证。

表3.9的列（3）、列（4）的数据是以2015年1月1日（政策实施时点）为时间节点，列（3）未加入个体固定效应，两列结果仍然基本一致，仍然重点分析列（4）的回归结果。列（4）的结果显示，在2014年版《预算法》正式实施后，债项评级高的城投债的利差变化较评级低的城投债的利差变化在1%的显著性水平上多0.078个百分点，符合假说1b。其他解释变量的结果也基本符合预期。比较列（4）与列（2）交互项的回归系数，可见2014年版《预算法》实施所带来的影响大于颁布所带来的影响，原因可能是市场由于预期提前做出反应，导致正式实施的冲击反而相对更小。综上可见，在样本期

内，2014 年版《预算法》有效改变了城投债的市场环境，导致城投债利差出现分化。由此，下文可以讨论假说 2，即政策引致的城投债利差变化会否对公司债利差产生溢出效应。

表 3.9　城投债模型回归结果

变量	城投债利差			
	（1）	（2）	（3）	（4）
时点 1（颁布前后）	−0.536***	−0.594***		
	(0.034)	(0.035)		
时点 2（实施前后）			−0.548***	−0.418***
			(0.034)	(0.035)
城投债评级	0.439***	0.441***	0.413***	0.416***
	(0.049)	(0.048)	(0.049)	(0.050)
时点 1×城投债评级	−0.092***	−0.094***		
	(0.005)	(0.005)		
时点 2×城投债评级			−0.073***	−0.078***
			(0.006)	(0.006)
政府债务率	1.722***		1.733***	
	(0.366)		(0.366)	
城市等级	0.260***		0.262***	
	(0.038)		(0.038)	
人均 GDP	0.386***	2.577***	0.394***	2.619***
	(0.105)	(0.213)	(0.105)	(0.214)
公司评级	0.093	0.092	0.100*	0.099
	(0.060)	(0.060)	(0.060)	(0.060)
常数项	−0.505	−9.752***	−0.537	−9.959***
	(0.584)	(1.021)	(0.584)	(1.023)
时间固定效应	是	是	是	是
个体固定效应	否	是	否	是
观测数量	114 296	114 296	114 296	114 296
R^2	0.322	0.322	0.322	0.322

注：***、**和*分别表示 1%、5% 和 10% 的显著性水平，括号中是使用异方差稳健标准误计算的估计参数的 t 统计量或 z 统计量。

3.2.4.2 城投债到公司债的传导模型

下面检验假说2，基本的回归模型式（3.4），回归结果如表3.10所示。与前面类似，表3.10的列（1）、列（2）的数据是以2014年8月31日（政策颁布时点）为时间节点，列（1）未纳入个体固定效应，核心解释变量的结果变化不大。由列（2）的回归结果可见，城投债利差每上升1%，公司债利差在1%的显著性水平上升0.094个百分点，即城投债利差对公司债利差存在风险溢出效应；由交互项的系数可见，在加入个体固定效应前后均显著为正值，说明新预算法的公布导致城投债对公司债的风险溢出效应增加。其他控制变量的结果基本符合预期，在此不做过多讨论。表3.10的列（3）、列（4）的数据是以2015年1月1日（实施时点）为时间节点，仍然主要观察加入个体固定效应以后的结果。列（4）的结果显示，城投债利差每上升1%，公司债利差在1%的显著性水平上上升0.0542个百分点；且双重交叉项的系数显著为正值，说明新预算法的正式实施同样会导致城投债对公司债的信用风险溢出效应增强。以上回归结果验证了假说2。

表 3.10 城投债到公司债传导模型回归结果

变量	公司债利差			
	（1）	（2）	（3）	（4）
时点1（颁布前后）	−0.211	−0.193		
	（0.516）	（0.338）		
时点2（实施前后）			−1.381***	−1.321***
			（0.527）	（0.344）
城投债平均利差	0.714***	0.0935***	0.679***	0.0542***
	（0.0236）	（0.0189）	（0.0206）	（0.0180）
时点1×城投债平均利差	0.121***	0.0690***		
	（0.0381）	（0.0211）		
时点2×城投债平均利差			0.0622	0.166***
			（0.0478）	（0.0265）
期限	0.0808***		0.0802***	
	（0.00555）		（0.00555）	
资产收益率	−0.138***	0.0575***	−0.138***	0.0587***
	（0.00173）	（0.00178）	（0.00173）	（0.00179）

表3.10(续)

变量	公司债利差			
	(1)	(2)	(3)	(4)
资产负债率	−0.015 3 ***	0.009 03 ***	−0.015 3 ***	0.009 29 ***
	(0.000 700)	(0.001 76)	(0.000 700)	(0.001 76)
流动比率	0.027 2 ***	0.001 25	0.027 2 ***	0.001 06
	(0.007 20)	(0.009 61)	(0.007 20)	(0.009 60)
常数项	2.598 ***	2.143 ***	2.678 ***	2.213 ***
	(0.192)	(0.150)	(0.191)	(0.149)
时间固定效应	是	是	是	是
个体固定效应	否	是	否	是
观测数量	38 476	38 476	38 476	38 476
R^2	0.240	0.226	0.224	0.226

注：***、** 和 * 分别表示 1%、5% 和 10% 的显著性水平，括号中是使用异方差稳健标准误计算的估计参数的 t 统计量或 z 统计量。

3.2.5　异质性分析

为进一步考察城投债对不同特性的公司债风险溢出的差异，本部分对城投债到公司债传导的式（3.4）进行了拓展，进一步加入了代表公司债不同特性的虚拟变量指标（C_{ij}），及相应的交互项，设定公式如下：

$$
\begin{aligned}
companybond_{ijt} = {} & \alpha_0 + \alpha_1 time + \alpha_2 citybond_{jt} + \alpha_3 time * citybond_{jt} + \\
& \alpha_4 time * C_{ij} + \alpha_5 citybond_{jt} * C_{ij} + \alpha_6 time * citybond_{jt} * C_{ij} + \\
& \alpha_7 year + \alpha_8 ROA + \alpha_9 debtassetratio + \alpha_{10} currentratio + \\
& A_i + B_t + \varepsilon_{it}
\end{aligned}
\tag{3.5}
$$

在式（3.5）中，最重要的核心系数是三重交互项的系数 α_6。通过对式（3.5）的回归，笔者拟研究以下不同类型的公司债特性分类。首先，检验地方国有企业和中央国有企业是否比其他所有制类型的企业的信用风险变化更大；其次，分别检验发行时债项评级和发行公司债的评级高的公司是否比低的公司信用风险变化更大；最后，考虑新兴行业与传统行业企业信用风险之间的差异。

3.2.5.1　国企与民营企业

如果公司债的信用风险受到所有制性质的影响，那么，在所有制性质上与城投债发行主体类似的，与政府关联更大的地方国有企业和中央国有企业受到的影响是否与非国有制企业存在差异？为了检验这一点，本节根据公司债发行公司的所有制性质进行区分，此时 C_{ij} 代表所有制性质，以 0 表示地方国有企业和中央国有企业，1 表示民营企业、中外合资企业等其他类型的企业。在表3.11 中报告的列（1）至列（4）结果表明，三重交乘项的系数都在 1% 的水平上显著，即无论是在 2014 年版《预算法》公布的冲击下，还是在 2014 年版《预算法》正式实施的冲击下，城投债信用风险变化对国有制和其他所有制的公司的影响之间存在 1% 水平的统计学意义的差异。列（2）三重交乘项系数的大小表明，在 2014 年版《预算法》公布的冲击下，城投债信用风险增加1%，其他所有制企业的企业信用风险比国有制企业的企业信用风险增加0.281%；列（4）三重交乘项系数表明，在 2014 年版《预算法》正式实施的冲击下，城投债信用风险增加 1%，其他所有制企业的企业信用风险比国有制企业的企业信用风险增加 0.121%。这表明，虽然地方国有企业和中央国有企业和政府的关系更为紧密，但是国有性质公司发行的公司债受到城投债信用风险变化的影响显著地低于其他类型的公司债。不妨从一般国企与城投企业在获得国家扶助上的资源竞争关系予以解释。由于 2014 年版《预算法》对政府的举债行为和担保行为进行了约束，削弱了地方政府财力向城投企业的倾斜，非城投类国企可能获得更多的政府扶助，信用风险随之减小。从而显示为非国有性质的企业受城投债信用风险的正向影响更大，溢出效应更加明显。

表 3.11　企业性质异质性检验回归结果

变量	公司债利差			
	（1）	（2）	（3）	（4）
时点 1（颁布前后）	−0.155	−1.087***		
	（0.262）	（0.146）		
时点 2（实施前后）			−0.225	−0.467***
			（0.273）	（0.151）
城投债平均利差	0.475***	−0.029 3	0.458***	−0.131
	（0.023 4）	（0.024 8）	（0.020 3）	（0.129）
时点 1×城投债平均利差	0.212***	0.190***		
	（0.044 6）	（0.028 2）		
时点 2×城投债平均利差			0.138**	0.118***
			（0.058 1）	（0.034 7）

表3.11(续)

变量	公司债利差			
	（1）	（2）	（3）	（4）
时点 1×公司特性	1.525***	-0.850***		
	(0.120)	(0.092 5)		
时点 2×公司特性			1.308***	-0.471***
			(0.166)	(0.107)
城投债平均利差×公司特性	0.349***	0.168***	0.356***	0.317***
	(0.009 02)	(0.031 6)	(0.007 86)	(0.026 7)
时点 1×城投债平均利差×	-0.531***	0.281***		
公司特性	(0.053 9)	(0.038 5)		
时点 2×城投债平均利差×			-0.356***	0.121***
公司特性			(0.073 8)	(0.046 0)
期限	0.141***		0.141***	
	(0.005 40)		(0.005 40)	
资产收益率	-0.135***	0.061 1***	-0.137***	0.063 7***
	(0.001 65)	(0.001 79)	(0.001 65)	(0.001 82)
资产负债率	-0.013 1***	0.011 7***	-0.013 3***	0.012 5***
	(0.000 670)	(0.001 76)	(0.000 670)	(0.001 78)
流动比率	-0.019 1***	0.006 35	-0.017 2**	0.007 77
	(0.006 93)	(0.009 56)	(0.006 93)	(0.009 58)
常数项	2.227***	2.029***	2.270***	2.011***
	(0.184)	(0.149)	(0.182)	(0.149)
时间固定效应	是	是	是	是
个体固定效应	否	是	否	是
观测数量	38 476	38 476	38 476	38 476
R^2	0.293	0.233	0.292	0.233

注：***、**和*分别表示 1%、5%和 10%的显著性水平，括号中是使用异方差稳健标准误计算的估计参数的 t 统计量或 z 统计量。

3.2.5.2　公司债债项评级高低

既然前文显示城投债的不同评级受到的影响不一，那么公司债的评级会否影响风险溢出自然也值得考察。本节使用公司债的发行时债项评级来对公司债进行区分，此时 C_{ij} 代表公司债发行时的债项评级，AAA 级公司债的值设定为 1，AA+为 2，AA 为 3，AA-为 4，A+为 5，以此类推。在表 3.12 中报告的列 （1）至列（4）结果表明，三重交乘项的系数都在 1% 的水平上显著，且系数 均为负值；时间与城投债利差的交乘项系数都在 1% 的水平上显著，且系数均 为正值。即无论是在 2014 年版《预算法》颁布的冲击下，还是在 2014 年版 《预算法》正式实施的冲击下，城投债对评级高一级的公司债与评级低一级的 公司债信用风险的影响存在 1% 水平的统计学意义的差异。该系数的大小表 明，在 2014 年版《预算法》公布的冲击下，城投债信用风险增加 1%，债项 评级低一级的公司债比比其高一级的公司债信用风险减少 0.183%；在 2014 年 版《预算法》正式实施的冲击下，城投债信用风险增加 1%，债项评级低一级 的公司债比比其高一级的公司债信用风险减少 0.282%。这一结果与前面的基 础回归结果类似，也是债项评级较高的债券受冲击较大。这或许使得投资者对 评级较高的债券连带产生了信任危机。相对而言，那些评级不太好的公司债可 能被视为具有更为真实的评级，投资者对其更加乐于购买。从而评级不太好的 公司债的利差反而较评级更好的公司债的利差下降了。

表 3.12 公司债评级异质性检验回归结果

变量	公司债利差			
	（1）	（2）	（3）	（4）
时点（颁布前后）	-1.370***	0.112		
	(0.283)	(0.202)		
时点（实施前后）			-1.801***	-1.233***
			(0.314)	(0.208)
城投债平均利差	-0.661***	0.391***	-0.669***	-0.0494
	(0.027 4)	(0.055 7)	(0.023 7)	(0.047 7)
时点 1×城投债平均利差	0.823***	0.476***		
	(0.083 1)	(0.067 7)		
时点 2×城投债平均利差			0.886***	0.859***
			(0.104)	(0.073 1)
时点 1×公司特性	0.977***	0.147**		
	(0.067 0)	(0.061 3)		
时点 2×公司特性			1.209***	0.598***
			(0.088 2)	(0.064 3)

表3.12(续)

变量	公司债利差			
	（1）	（2）	（3）	（4）
城投债平均利差×公司特性	0.414 ***	−0.139 ***	0.410 ***	0.041 1 **
	(0.005 39)	(0.021 4)	(0.004 66)	(0.017 7)
时点 1×城投债平均利差×公司特性	−0.396 ***	−0.183 ***		
	(0.030 8)	(0.025 9)		
时点 2×城投债平均利差×公司特性			−0.452 ***	−0.282 ***
			(0.039 8)	(0.028 2)
期限	0.042 1 ***		0.039 6 ***	
	(0.004 88)		(0.004 87)	
资产收益率	−0.107 ***	0.059 2 ***	−0.108 ***	0.058 1 ***
	(0.001 54)	(0.001 78)	(0.001 54)	(0.001 80)
资产负债率	−0.016 3 ***	0.011 1 ***	−0.016 3 ***	0.008 71 ***
	(0.000 612)	(0.001 76)	(0.000 612)	(0.001 78)
流动比率	−0.093 2 ***	0.001 03	−0.089 8 ***	0.001 55
	(0.006 41)	(0.009 54)	(0.006 40)	(0.009 59)
常数项	3.719 ***	2.077 ***	3.773 ***	2.264 ***
	(0.169)	(0.149)	(0.167)	(0.149)
时间固定效应	是	是	是	是
个体固定效应	否	是	否	是
观测数量	38 476	38 476	38 476	38 476
R^2	0.406	0.236	0.406	0.228

注：*** 、** 和 * 分别表示1%、5%和10%的显著性水平，括号中是使用异方差稳健标准误计算的估计参数的 t 统计量或 z 统计量。

3.2.5.3 公司信用评级

进一步来看公司的信用评级，此时 C_{ij} 代表公司债发行主体的评级，与公司债债项评级类似，将 AAA 级公司的值设定为 1，AA+为 2，AA 为 3，AA−为 4，A+为 5，以此类推。表 3.13 中报告的列（1）至列（4）结果表明，只有政策实施时三重交乘项的系数在 1%的水平上显著，且系数为负值；政策时点与城投债利差的交乘项系数都在 1%的水平上显著，且系数均为正值。即只有在 2014 年版《预算法》正式实施的冲击下，城投债对评级高一级的公司发行的公司债与评级低一级的公司发行的公司债信用风险的影响才存在 1%水平的统计学意义的差异。该系数的大小表明，在 2014 年版《预算法》正式实施的影响下，城投债信用风险增加 1%，公司评级低一级的公司发行的公司债比评级高一级的公司发行的公司债信用风险减少 0.098 1%。原因可能与前面对债项评级的分析类似，也是出于对高评级债券的信任危机。

表 3.13　公司信用评级异质性检验回归结果

变量	公司债利差			
	（1）	（2）	（3）	（4）
时点（公布前后）	-0.498*	0.753***		
	(0.283)	(0.194)		
时点（实施前后）			-0.627**	-0.458**
			(0.313)	(0.200)
城投债平均利差	-0.358***	0.262***	-0.371***	-0.096 2**
	(0.027 2)	(0.051 5)	(0.023 3)	(0.044 2)
时点 1×城投债平均利差	0.387***	0.051 8		
	(0.079 7)	(0.062 3)		
时点 2×城投债平均利差			0.278***	0.399***
			(0.100)	(0.068 1)
时点 1×公司特性	0.588***	-0.068 0		
	(0.058 0)	(0.050 7)		
时点 2×公司特性			0.689***	0.279***
			(0.078 5)	(0.054 8)
城投债平均利差×公司特性	0.284***	-0.072 7***	0.284***	0.055 7***
	(0.004 47)	(0.017 4)	(0.003 86)	(0.014 3)
时点 1×城投债平均利差×公司特性	-0.181***	-0.026 6		
	(0.026 5)	(0.021 3)		
时点 2×城投债平均利差×公司特性			-0.167***	-0.098 1***
			(0.035 1)	(0.023 9)
期限	0.065 2***		0.061 8***	
	(0.004 99)		(0.004 98)	
资产收益率	-0.106***	0.058 9***	-0.107***	0.057 6***
	(0.001 58)	(0.001 78)	(0.001 58)	(0.001 80)

表3.13(续)

变量	公司债利差			
	(1)	(2)	(3)	(4)
资产负债率	−0.012 5 ***	0.010 6 ***	−0.012 5 ***	0.007 56 ***
	(0.000 628)	(0.001 77)	(0.000 627)	(0.001 78)
流动比率	−0.067 6 ***	−0.001 82	−0.063 9 ***	0.003 20
	(0.006 55)	(0.009 59)	(0.006 53)	(0.009 61)
常数项	3.119 ***	2.102 ***	3.163 ***	2.320 ***
	(0.173)	(0.150)	(0.171)	(0.150)
时间固定效应	是	是	是	是
个体固定效应	否	是	否	是
观测数量	38 476	38 476	38 476	38 476
R^2	0.376	0.229	0.379	0.227

注:***、**和*分别表示1%、5%和10%的显著性水平,括号中是使用异方差稳健标准误计算的估计参数的t统计量或z统计量。

3.2.5.4 新兴行业与传统行业

近年来,中国不断推进经济结构改革,国家战略新兴行业规划确定了七个新兴行业领域,被认为是振兴经济的重大举措,政府对这些行业进行了大规模投入和多方面的支持。与之相联的一个问题是新兴与传统行业的差异会否导致城投债的风险溢出效应不一。为了考察这一点,本节以 C_{ij} 代表不同行业类型,将公司所属的证监会行业与七大新兴行业即节能环保、新兴信息产业、生物产业、新能源、新能源汽车、高端装备制造业和新材料有关的公司债记为1,其他传统行业记为0。表3.14中报告的列(1)至列(4)结果表明,对政策颁布时点,三重交乘项的系数在1%的水平上显著,列(2)系数为正值;对于政策实施时点,三重交乘项的系数为正值,列(4)在10%的水平上显著,即在2014年版《预算法》公布的影响下,城投债对新兴行业的公司发行的公司债与传统行业的公司债的影响存在1%水平的统计学意义的差异;在2014年版《预算法》正式实施的影响下,城投债对新兴行业的公司发行的公司债与传统行业的公司债的影响存在10%水平的统计学意义的差异。该系数的大小表明,在2014年版《预算法》颁布的冲击下,城投债信用风险增加1%,新兴行业的公司发行的公司债的信用风险比传统行业的公司发行的公司债的信用风险增加0.183%;在2014年版《预算法》正式实施的冲击下,城投债信用风险增加

1%，新兴行业的公司发行的公司债的信用风险比传统行业的公司发行的公司债的信用风险增加0.131%。原因可能是国家政策、资金更为支持，与政府关系更为紧密的新兴行业公司发行的公司债的信用风险，更容易受到国家政策变化以及与政府有关的债务信用风险变化的影响。

表 3.14　行业性质异质性检验回归结果

变量	公司债利差			
	（1）	（2）	（3）	（4）
时点（颁布前后）	0.950***	0.825***		
	(0.267)	(0.141)		
时点（实施前后）			0.935***	0.356**
			(0.272)	(0.144)
城投债平均利差	0.722***	0.129***	0.690***	0.062 9***
	(0.023 5)	(0.020 9)	(0.020 4)	(0.019 3)
时点1×城投债平均利差	-0.076 8*	-0.119***		
	(0.039 2)	(0.022 8)		
时点2×城投债平均利差			-0.060 5	0.123***
			(0.049 2)	(0.027 9)
时点1×公司特性	0.545***	-0.611***		
	(0.187)	(0.126)		
时点2×公司特性			-0.423	-0.540***
			(0.271)	(0.157)
城投债平均利差×公司特性	0.248***	-0.043 2	0.245***	0.056 2
	(0.014 5)	(0.040 9)	(0.012 6)	(0.037 2)
时点1×城投债平均利差×公司特性	-0.262***	0.183***		
	(0.088 9)	(0.056 4)		
时点2×城投债平均利差×公司特性			0.188	0.131*
			(0.127)	(0.072 3)
期限	0.077 3***		0.077 8***	
	(0.005 53)		(0.005 52)	
资产收益率	-0.143***	0.058 1***	-0.142***	0.060 0***
	(0.001 73)	(0.001 79)	(0.001 73)	(0.001 79)

表3. 14(续)

变量	公司债利差			
	（1）	（2）	（3）	（4）
资产负债率	-0.016 0***	0.009 13***	-0.015 9***	0.009 36***
	(0.000 697)	(0.001 76)	(0.000 697)	(0.001 76)
流动比率	0.006 22	0.001 05	0.007 74	0.000 421
	(0.007 22)	(0.009 60)	(0.007 22)	(0.009 60)
常数项	2.632***	2.066***	2.691***	2.168***
	(0.191)	(0.150)	(0.189)	(0.149)
时间固定效应	是	是	是	是
个体固定效应	否	是	否	是
观测数量	38 476	38 476	38 476	38 476
R^2	0.234	0.227	0.234	0.228

注: ***、** 和 * 分别表示1%、5%和10%的显著性水平，括号中是使用异方差稳健标准误计算的估计参数的 t 统计量或 z 统计量。

3.2.6 稳健性与内生性检验

3.2.6.1 安慰剂检验法

本节对假说1的检验方法可以视为一种广义的双重差分法。平行趋势是双重差分法有效的前提条件，即假设实验组和对照组在事件发生前存在平行趋势，在事件发生后实验组受到事件影响而偏离与对照组的平行轨迹，由此测算出事件对实验组产生的影响的方向和程度。前文的图 3.2 可以视为是对这一趋势的检验，结果也基本符合这一前提。然而，内生性问题仍然是实证研究中无法回避的问题，在本节的计量模型中，尽可能地控制了可能会影响城投债利差的相关变量，同时也控制了个体和时间固定效应，但不可避免地遗漏了一些与所研究的 2014 年版《预算法》政策颁布节点相关的未知变量，这些变量可能直接影响城投债利差，从而导致对关键解释变量系数的估计出现偏差。因此，笔者进一步采用另一种被文献广泛使用的"安慰剂检验法"（Cantoni et al., 2017；方明月，孙鲲鹏，2019）再次验证结果的稳健性。其检验原理如下：在待检验政策发生之前随机设置一个虚拟发生时点，并采用相同模型检验虚拟时点的事件发生效果，若模型内的交乘项仍然显著，则说明在待检验政策发生之前就存在其他未观测的因素导致被解释变量产生了显著变化，待检验政策效果不是被解释变量变化的原因；若该交乘项不显著，则说明在待检验政策发生之前，没有其他因素导致被解释变量的显著变化，也就是说被解释变量的显著变化的确由待检验政策导致，其他未观测的因素并不影响实证结果。

对本节而言，2014 年版《预算法》颁布时点是真实政策发生的初始时点，被解释变量是城投债利差，交乘项是城投债评级×政策节点虚拟变量。因此，笔者改变政策节点虚拟变量的时间点进行了检验，表 3.15 为检验结果，4 个虚拟的新时点分别为 103、111、127、135 期，分别对应 2014 年 6 月 6 日、2014 年 6 月 18 日、2014 年 7 月 10 日和 2014 年 7 月 22 日，均在实际颁布的 163 期（2014 年 8 月 31 日）之前，即分别假设 $t \geq 103$、111、127、135 时，$Dt = 1$，观察是否在这些时点前后城投债利差就已经发生了显著变化。回归结果如表 3.15 所示。虽然城投债评级的系数仍然显著，但时点虚拟变量的系数，以及它与城投债评级的交乘项，也就是本节所关注的主要解释变量的系数不再显著。这在一定程度上证实了本节结果的稳健性。

表 3.15　稳健性和内生性检验结果 1

变量	（1） 虚拟颁布在 2014/6/6	（2） 虚拟颁布在 2014/6/18	（3） 虚拟颁布在 2014/7/10	（4） 虚拟颁布在 2014/7/22
时点	−0.573	−0.379	−0.571	−0.385
	(0.727)	(0.274)	(0.377)	(0.387)
时点×城投债评级	−0.096 4	−0.089 8	−0.082 8	−0.079 0
	(0.058 6)	(0.057 7)	(0.056 2)	(0.055 8)
城投债评级	0.098 3 ***	0.098 0 ***	0.098 7 ***	0.098 4 ***
	(0.009 00)	(0.008 99)	(0.009 01)	(0.009 00)
常数项	1.921 ***	1.921 ***	1.924 ***	1.925 ***
	(0.629)	(0.629)	(0.629)	(0.629)
控制变量	已控制	已控制	已控制	已控制
时间固定效应	是	是	是	是
个体固定效应	是	是	是	是
观测数量	114 296	114 296	114 296	114 296
R^2	0.322	0.322	0.321	0.321

注：***、** 和 * 分别表示 1%、5% 和 10% 的显著性水平，括号中是使用异方差稳健标准误计算的估计参数的 t 统计量或 z 统计量。

3.2.6.2　工具变量检验法

在本节对假说 2 的检验中，公司债利差与城投债利差之间可能存在双向因果关系，为了尽可能解决这一问题，笔者尝试使用了工具变量。在式（3.4）中，可能出现双向因果关系的自变量是城投债的平均利差。工具变量需要满足的条件是，其应与城投债的平均利差高度相关但是要与随机误差项不相关。因此，本节选取了城投债发行公司在 2012 年和 2013 年的资产负债率平均值作为工具变量。首先，城投债发行公司的经营状况和盈利能力会影响市场对城投债的看法，而资产负债率是反映城投公司偿债能力的指标，也能反映债权人借款给城投公司的安全程度；其次，城投债发行公司的财务数据与同城市的公司债的相关性较低，各城市都会存在财务状况良好和较差的城投公司，对其他公司的影响较小。使用资产负债率数据作为城投债每日平均利差的工具变量能够有效地避免城投债利差和公司债利差之间的双向因果关系。

表 3.16 是面板数据的内生性检验结果，其中列（2）和列（4）表示原有的 OLS 估计结果，列（1）、列（3）表示分别利用城投债发行公司 2012 年和 2013 年的平均资产负债率作为城投债利差的工具变量，处理内生性之后的估计结果。通过比较模型（1）和模型（2）、模型（3）和模型（4）的结果可以发现，使用工具变量的估计结果与基础模型的估计结果基本一致，说明原估计结果的可信度较高。

表 3.16　稳健性和内生性检验结果 2

变量	（1）	（2）	（3）	（4）
	政策颁布时点		政策实施时点	
	iv	ols	iv	ols
时点×城投债利差	0.261 *	0.121 ***	0.927 ***	0.062 2
	（0.134）	（0.038 1）	（0.272）	（0.047 8）
城投债利差	1.188 ***	0.714 ***	0.639 ***	0.679 ***
	（0.060 4）	（0.023 6）	（0.019 6）	（0.020 6）
时点	−1.501	−0.211	−0.062 2	−1.381 ***
	（1.366）	（0.516）	（0.047 8）	（0.527）
常数项	1.400 ***	2.598 ***	2.678 ***	1.458 ***
	（0.237）	（0.192）	（0.191）	（0.237）
控制变量	已控制	已控制	已控制	已控制
时间固定效应	是	是	是	是

表3.16(续)

变量	(1)	(2)	(3)	(4)
	政策颁布时点		政策实施时点	
	iv	ols	iv	ols
观测数量	38 476	38 476	38 476	38 476
R^2	0.213	0.224	0.224	0.212

注: ***、**和*分别表示1%、5%和10%的显著性水平,括号中是使用异方差稳健标准误计算的估计参数的t统计量或z统计量。

3.2.7 结论性述评

债券市场有效的定价机制能够提高市场效率,优化资源配置。中央对地方债务的兜底极易扭曲债券市场的合理定价,也难以持续。地方政府债务风险一旦暴露,就极易造成向一般企业信用债券风险的溢出,从而降低了经济运行的效率。为了探究地方政府债务风险的溢出效应,本节借2014年版《预算法》对地方政府负债行为的规范要求,对政策前后的城投债和公司债信用风险进行了实证分析。结果显示,2014年版《预算法》的公布与实施,一定程度上导致城投债信用风险暴露与不同信用评级债券的利差分化。同时,城投债的风险暴露对于公司债存在溢出效应,2014年版《预算法》颁布与正式实施都导致城投债风险向公司债风险的更大溢出。在此基础上,本节分析了这种溢出效应的异质性,结果发现,这种溢出效应对于民营企业、债项和主体评级较高的债券、以及新兴行业债券更为明显。

综上所述,本节考察了2014年版《预算法》约束地方政府举债行为的政策效果,观测到了城投债对公司债的信用风险溢出,对研究中国债券市场的有效定价机制,完善中国债券市场建设,以及健全政府与市场的关系都具有一定的参考价值。首先,上述实证结果意味着2014年版《预算法》作为强有力的硬性法律约束,在一定程度上降低了城投债的信用风险,也由此可见市场对于城投债背后政府隐性担保的敏感,证明了政府隐性担保的存在确实扭曲了市场关于城投债的信用风险定价。其次,2014年版《预算法》的政策作用被观测到显著影响了公司债的总体信用风险,说明地方政府的债务行为对当地企业信用风险存在较强的溢出效应,维护金融市场的稳定不能忽视中国地方政府债务因素。规范政府的举债行为对提高债券市场的市场化程度、建立健康有效的金融市场至关重要。

3.3 地方官员变更与债券市场违约

3.3.1 问题提出

近年来，中国债券市场取得了长足发展，已成为企业直接融资的最大市场，在金融助力经济高质量发展中发挥着支柱作用。截至 2020 年 12 月底，中国债券市场债券余额达 114 万亿元，其中公司信用类债券余额超过 28 万亿元，是全球第二大企业信用债市场。中国债券净融资规模占社会融资总规模的比重近年来亦不断攀升，当前占比已超过 36%。与此同时，信用债市场风险及其影响因素也备受关注。中国债券市场在相当长的时期内，呈现"零违约"的现象。即使在 2014 年首例债券违约事件出现，信用债违约逐渐常态化以来，中国债券市场的整体违约率仍然不高。2014—2019 年中国信用类债券违约债券余额占信用债存量的比例最高未超过 0.5%，与国际债券市场总体在 1.12% ~ 2.15% 的年违约比例相比，明显偏低。导致中国债券市场违约率偏低的可能性很多，不乏中国信用债的发行门槛较高，债券发行人资质相对较好等因素（姚红宇，施展，2018）；但也有一种解释是中国地方政府行为的作用。

政府兜底行为长期被视为中国金融体系扭曲变异和沉疴积瘤的根本原因（纪志宏，曹媛媛，2017）。在财政分权与"政治锦标赛"下，地方政府与辖内企业存在密切互动和高度结合。中国债券市场的发债企业多为地区中大型企业，关系着地方经济命脉。为维持地方经济平稳向好发展与就业率稳定，地方政府有动机通过各种协调来延缓或转移本地企业的违约风险，无形之中形成刚性兑付。然而一旦地方政府信用与辖区企业相捆绑，则极易导致违约事件发生时信用风险在同辖区企业间的横向传导，加大区域风险生成的隐患。此外，需要注意的是地方政府的实际行为人是地方官员，这使得地方政府（官员）对地方企业的融资便利与政策支持或具有个体化因素。官员变更可能引致"新官不理旧账"，带来政府行为的非连续性和不可预测性，加速违约风险暴露并溢出。同时，债券市场上主要投资者是商业银行，非市场化、突发性的大面积债券违约将进一步增大实体经济与金融市场的风险板结与风险共振，倒逼中央政府最终兜底构成对国家信用的滥用，为中国经济社会稳定与高质量发展带来隐患。上述种种体现了地方政府行为性因素对债券市场信用风险暴露的影响至关重要，而主政官员变更意味着当地政府和市场关系的重塑过程中的诸多不确定性，必须认真体察。

因此，本节以 2011—2019 年中国信用债市场为样本，探讨了官员变更所带来的政府行为变化对企业债券违约的影响，试图一窥地方政府对于债券违约的作用渠道与效率后果。研究发现，官员变更将通过暂时打破政企关系所导致的"空窗期"，显著升高辖区内债券市场违约率。这间接证明了地方政府对发债企业长期存在基于政企关系的资源与政策倾斜行为。同时，官员变更所带来的信用风险暴露主要发生在离任官员任期较长的地区以及非国有企业。显然，官员任期越长越易形成紧密的政企关系，且相比国有企业与政府间的天然联系，非国有企业对于政企关系的变化会更敏感，更易受官员变更的影响。此外，在政府透明度较低和营商环境较差的地方因为更易受到政企关系的影响，官员变更对违约率的影响也更明显。进一步的讨论发现，城投债作为政府调控的财力资源，有助于缓解本地企业债券市场的债务风险。但地方政府的资源倾斜使一些财务指标较差，本应被市场淘汰的发债企业留在了债券市场，损害了金融资源配置效率。必须指出，现有结果不能否定地方政府在市场中的积极作用。若简单武断地一刀斩断地方政府对市场的介入，容易导致违约风险的系统性暴露。治理之道在于对政府行为进行有序与有效约束，降低基于政企关系的人治化因素，防范政府行为的非连贯性与不当干预对市场纪律的伤害。

本节的边际贡献在于：第一，丰富了债券市场违约及其影响因素的研究。现有对债券市场违约风险的研究集中在城投债信用利差上（钟辉勇 等，2016；罗荣华，刘劲劲，2016）。然而，信用债市场品种多元，城投债并不全具代表性。近期文献开始关注信用债风险，但多是针对金融周期、承销商评级等周期性、市场性因素（罗朝阳，李雪松，2020；林晚发 等，2019）的剖析，基本未触及地方政府行为。本节的研究为正确认识信用债风险提供了具有中国特质的微观解释与实证证据，为更好地防范系统性风险与精准化提供了有益参考。第二，本节丰富了官员变更的研究文献，关于官员变更与企业兴衰的文献并不乏见（刘海洋 等，2017；罗党论 等，2016），但多基于官员变更所导致的企业财务指标变化或风险估计值进行分析。本节与其的最大区别是将官员变更与金融市场实际风险暴露相联结，有助于更清晰地认识金融资源配置扭曲与财政金融风险隐匿的微观症结。

本节余下的内容如下：第二部分为文献回顾与研究假设；第三部分为研究设计；第四部分为基础回归；第五部分为进一步讨论；第六部分为稳健性检

验；第七部分为结论与政策性建议。

3.3.2 文献回顾与研究假设

债券违约风险及其影响因素的研究很多。一般认为，企业与债券的微观信息，及外部宏观经济环境都会对债券违约风险产生重要影响。具体而言，企业的财务指标、治理结构、债券的发行规模、期限与评级等都会导致企业违约风险变化。宏观经济冲击、政治、法律环境改变也均会增加或减弱债券违约风险。这些因素在基于西方市场的实证中得以充分证明（Zhang et al.，2020；Ballester et al.，2020），但在中国债券市场的经验证据上却呈现出一些不同特征，如钟辉勇等（2016）考察了地方政府隐性担保对城投债评级与发行利差的影响，发现政府隐性担保会影响债券评级，但不会影响发行利差，反映出投资者对地方政府的兜底行为并不确定。罗荣华和刘劲劲（2016）则发现城投债的担保状况与城投公司的盈利能力都不会对其发行利差产生显著影响，表明市场认为城投债背后普遍存在地方政府隐性担保。姚红宇和施展（2018）利用信用债样本，构建了包含财务指标、地方经济环境与政企关系的违约风险预测模型，发现财务指标的解释力不足，而地方经济环境与政企关系可以显著提高模型的解释力。

可见，有别于一般性的债券违约问题，中国债券市场上或存在地方政府的作用，对中国债券违约现象的研究无法脱离这一现实背景。地方政府行为是中国经济学领域一个重要的研究方向，主流文献认为中国地方政府对于企业更多扮演的是"帮助之手"的角色（周黎安，2020）。而这一角色在中国债券市场上可能更为明显，原因有两方面：第一，在中国经济分权与地方官员的基于经济增长的"晋升锦标赛"下，地区中大型企业是推动地区经济发展的支柱性力量。发债企业违约容易对辖内企业融资产生负面效应，为区域经济增长带来不利影响。如当2016年东北特钢债券违约时，发改委与银监会暂停了辽宁省辖内所有企业融资，并倡议金融机构全面停止购买该区域债券。因此，地方官员有更充分的激励提供辖内发债企业需要的资源与便利，维持地区经济稳定（刘海洋 等，2017；亓寿伟 等，2020）。第二，中国金融市场起步较晚，债券违约处置机制与相关法律法规等制度建设并不完善。中国投资者风险意识也相对薄弱，当发生信用风险时，容易诉诸群体性事件。地方政府惯常在尊重市场规律与维稳诉求间平衡。

上述文献说明从地方政府的视角探讨债券市场违约十分有必要，推动了对中国债券市场信用风险基本特质的思考，但仍有一些待拓展之处：第一，文献主要集中在对城投债的分析上。虽然城投公司是中国信用债市场上重要的发行主体，但仍有大量的债券发行主体为一般国有企业与民营企业。地方政府对于城投企业与一般企业所提供的资源倾斜与政策支持存在差异（王永钦 等，2016），对城投债违约风险的剖析不能直接套用于信用债市场。第二，早期研究多使用信用利差或模型估算的违约概率来代表债券违约风险，但两者都不等同实质性违约。近年来，随着实质性违约事件的增多，研究者开始使用实质性违约数据来研究信用债违约的影响因素及信用风险的传染效应（罗朝阳，李雪松，2020；张春强 等，2019），但多局限在针对金融周期、全要素生产率等的剖析，基于地方政府行为展开的实证仍显不足。

前述文献为本节从地方政府视角切入探讨债券违约率变化，提供了思考维度。进一步讲，在中国"财政分权"与"行政分包制"下（周黎安，2014），地方政府（官员）被赋予属地责任，拥有较大的自由裁量权与政策空间，与企业的结合程度远高于西方社会。即尽管地方政府（官员）有予以辖内发债企业资源与便利，维持地区经济稳定的动机，但资源毕竟有限，发债企业必然也会倾向于与地方官员建立联系以实现资源与政策倾斜（周黎安，2017），这导致政企关系对政府行为具有决定性作用。当官员发生变更时，上述政企关系的稳定性会受到冲击（徐业坤 等，2013；朱丽娜 等，2018），最终影响债券市场信用风险暴露。由此，地方官员变更成为本节研究的具体取径。

官员变更对债券违约率有两种影响途径：一是打破原有政企关系所形成的"空窗期"效应。官员换任期间，往往是政府工作的"低效期"（曹春方，2013）。新任官员需要时间熟悉工作与确定施政风格，企业也需要一定时间才能与新任官员建立新的政企关系，存在政企关系的"断档期"与政策不确定期（刘海洋 等，2017），对企业存续产生不利影响。二是主政官员"因人而异"的政策调整效应。不同个体特征（年龄、个人经历等）的官员具有异质的行为偏好（郭峰 等，2017），可能会使企业面临的经济与政策环境发生突变，发债企业原来享有的税收优惠、产业扶持与隐性补贴等不再延续，对企业偿债能力产生负面影响。可见，两者均会导致辖区发债企业的违约率上升。本节据此提出假说1：

假说1：当地方官员变更时，辖内债券市场违约率将显著上升。

上述两种效应是否存在主次之分？本节尝试通过官员变更的可预期程度予以回答。一般而言，地级市的党代会、人代会（简称"两会"）是地方官员集中换届的时间，其召开通常在全国"两会"之后，举行的时间间隔与会期基本固定，有规律可循。因此相较于非"两会"时期，"两会"时期的官员变更更易被预期和策略性应对。就"空窗期"效应而言，其更多体现为一种短期流动性风险，企业可以通过预防性储备行为，如增加现金持有（余靖雯 等，2019）与增加金融资产持有（聂辉华 等，2020）等举措予以缓冲。而就"因人而异"的政府行为变化，企业则较难在短期内应对。原因在于企业无法事前预期新任官员的具体人选及其偏好的政策方向，且企业的主营业务有其固有模式，即使企业想通过创新或改变固定资产投资方向来适应新政策，也需要付出较高的调整成本，经过多期方能完成（刘贯春 等，2020）。因此，如果官员变更对违约率的影响主要借助"空窗期"效应，那么在"两会"期间的换届，会因企业的策略性应对而显得冲击不大，影响不再显著。反之，如果主要依赖"因人而异"的行为变化，则即使是"两会"期间的换届，企业在短时间内也很难适应，原有影响仍然显著。据此，提出如下两个待检验的假说：

假说 2a：地级市"两会"时期的官员变更对辖区债券市场的影响不再显著。

假说 2b：地级市"两会"时期的官员变更对辖区债券市场的影响仍然显著。

无论上述何种效应，官员变更的作用核心都是对原有政企关系的冲击。沿着这一基本逻辑，本节提出了如下补充假说，予以进一步验证。

第一，在官员任期长的地区发生官员变更，会对债券市场违约带来更显著的影响。在地方政府与企业建立政治联系的过程中，主政官员的在任时间起着重要作用。政企关系的建立不止于官员的口头承诺，往往需要经由一些政策（如补贴、税收、规制）等来实现（朱丽娜 等，2018）；此外，地方官员还可能通过提拔下属等，形成多层次人际关系网。可见，政企间实质性关系的建立需要一定时间（于文超，2019）。在任期较长的地区，官员拥有更多的时间窗口进行政治寻租，企业也更有可能与官员构建"政治生态环境"，形成错综复杂的"关系链"（徐业坤，马光源，2019；寇恩惠 等，2019）。因此，由于政企联系建立更加紧密且实质化，在官员任期较长的地区发生官员变更可能给企业的债券偿付带来更大的冲击。

第二，对于非国有企业，官员变更对辖区债券违约的影响将更显著。一方面，就国有企业而言，从所有权和控制权意义上说，国有企业与地方政府间存在天然的、制度化的所有制联系。这也使得个人意义的政企关系变化对国有企业的影响相对更弱（周黎安，2017；姚红宇，施展，2018）。另一方面，非国有企业与地方政府间不存在行政隶属和所有制关系，而地方政府却控制着地方经济中关键性的政策资源与隐性权力（如土地、项目审批、政府补贴、税收优惠、监管执法等），非国有企业的发展空间极大程度上依赖于地方政府的支持，这也就使得非国有企业对于政企关系的变化会更为敏感而脆弱（钱先航，徐业坤，2014）。因此在官员变更时，相较于国有企业，非国有企业的偿付能力可能受到更大冲击，显著提高其违约可能。基于此，本节提出研究假说：

假说3：在离任官员任期较长的地区，官员变更对债券违约率上升的影响更显著。

假说4：对辖区非国有企业，官员变更对债券违约率上升的影响更显著。

在前面的讨论中，本节没有考虑地区的差异。下面本节将在地方官员变更可能打破政企联系从而提高债券市场违约率的逻辑框架下，考虑地区的异质性。本节认为，由于政企关系是广义的"营商环境"的一部分（聂辉华，2020），而地区之间的营商环境存在系统的差异（周黎安，2017）。据世界银行对于中国城市营商环境的研究报告（World Bank，2008），企业每年平均与政府打交道的天数在东南地区是52天，而在东北、西南和西北地区都超过了60天，报告指出东南部地区的营商环境优于其他地区。可见，当企业所在地区的营商环境更落后时，企业的经营可能更依赖于与地方政府关系的打造，当官员发生变更时，在营商环境较差的地区，企业受到的冲击更大，对违约率的影响可能更高。此外，良好的营商环境有赖于外部监督的制约，这使得政府透明度也可能成为影响异质性的一个考察维度。理论上，政府透明度越高，外部制约力量会更强，营商环境也会更为良好。即在政府透明度更高的地区，企业的违约率对于官员变更的敏感度应该更小。基于此，本节提出研究假说：

假说5：在营商环境较差和政府透明度较低的地区，官员变更对债券违约的影响更显著。

3.3.3 研究设计

3.3.3.1 样本选择和数据来源

本节选择的研究对象为2011—2019年的一般地级市样本。地方官员数据是在中国经济网"地方党政领导人物库"、人民网和各地市政府官方网站等权威媒体公开信息上，经手工整理得到。所使用的信用类债券特征、企业财务特征和地区经济特征均来源于Wind数据库。参照黄小琳等（2017）的债券市场数据的处理方式，本节对数据进行以下处理：①剔除数据信息不全的样本，并对所有连续变量进行 5% 和 95% 的缩尾处理；②剔除行业属于金融、保险类的样本；③剔除省份属于新疆、西藏的样本。将地方官员、信用类债券、企业及城市特征数据匹配后，最终得到 2011—2019 年共 16 719 个观测值。

3.3.3.2　模型设定

本节建立如下的实证模型：

$$Default_{i, k, t} = \beta_0 + \beta_1 Mchange_{i, t} + \beta_3 \sum X_{i, k, t-1} + \theta_i + \sigma_t + \varepsilon_{i, k, t} \quad (3.6)$$

式（3.6）中，i、k、t 分别表示城市、债券、年份。被解释变量 $Default_{i, k, t}$ 为 i 城市 k 债券在 t 年是否违约的虚拟变量，$Mchange_{i, t}$ 是本节的核心解释变量，代表 i 城市在 t 年是否发生市长变更。除此之外，参考张春强等（2019）和黄小琳等（2017）等文献，笔者控制了一组滞后一期的债券特征、企业财务特征和地方经济特征的变量 $\sum X_{i, k, t-1}$。本节采用双向固定效应 OLS 模型进行估计，θ_i 表示城市固定效应，σ_t 表示年份固定效应，$\varepsilon_{i, k, t}$ 表示随机误差项。

3.3.3.3　变量说明

本节的被解释变量选取债券是否违约这一虚拟变量，若该债券在当年发生违约则记为 1，若未违约则记为 0。本节的核心解释变量是地方主政官员变更，理论上，地方主政官员包括了市长与市委书记。考虑到市委书记虽为"一把手"，但是主要管理党政事务，而地方经济等行政事务由市长管理（钱先航等，2014）。笔者以市长变更作为地方官员变更的主要衡量指标[1]。考虑到市长变更后，对企业的影响反映到债券违约上需要一定时间，本节参考戴亦一等（2014）对官员变更数据的处理方法，对于市长变更发生在 1—6 月的，则记当年为变更年份，而若市长变更发生在 7—12 月，则记下一年为变更年份。当该城市在当年发生市长变更，则将 $Mchange$ 赋值为 1，否则为 0。

根据已有文献，本节选取以下控制变量：债券期限，用信用债的发行期限表示；发行规模：用信用债发行规模的对数值表示；票面利率，用信用债发行时的票面利率来表示；公司规模，用企业总资产的对数值来表示；股权集中度，用排名第 1 的大股东持股比例来表示；资本结构，用权益乘数来度量；盈利能力，用资产报酬率来表示；偿债能力，用已获利息倍数来衡量；地区经济发展水平，用地区人均国内生产总值来表示。

---

① 笔者也以市委书记变更作为核心解释变量，进行了回归，结果并不显著。

3.3.3.4 描述性统计

表 3.17 为主要变量的描述性统计。由表 3.17 可以发现，2011—2019 年违约债券支数占所有发行并到期的信用债支数的比例为 0.40%，说明中国债券市场虽然近年来"暴雷"愈发频繁，但是整体违约率仍然较低。城市发生市长变更的均值为 31.6%，说明虽然中国地级市官员以五年为任期周期，但是实际上平均三年就会发生官员变更，非正常换届现象比较常见。在债券特征中，债券期限均值约为 2.66 年，票面利率均值为 5.75%，发行总额对数值的均值为 20.31。企业的财务特征及地区经济特征在样本间也存在一定的差异。

表 3.17 各变量描述性统计

变量	均值	标准差	最小值	最大值
违约	0.004	0.061	0	1
官员变更	0.316	0.465	0	1
债券期限/年	2.660	1.993	0.493	7
票面利率/%	5.751	1.356	3.030	8
发行额/亿元	8.056	5.297	2	20
资产回报率/%	4.440	3.062	0.555	10.92
大股东持股比例/%	70.88	29.44	21.54	100
权益乘数/倍	2.936	1.090	1.649	6.226
利息保障倍数/倍	5.055	5.359	0.579	20.54
总资产规模/亿元	507.366	554.949	39.563	2 139.98
人均 GDP/万元	4.907	2.675	1.423	10.01

3.3.4 基础回归

3.3.4.1 基准模型回归结果

表 3.18 是对假说 1 的检验结果。列（1）、列（2）为双固定 OLS 回归结果，列（1）中仅放入市长变更，发现市长变更将显著升高辖内信用债市场的违约率，列（2）中进一步控制债券特征、财务特征和地区经济特征后，发现市长变更仍然在 1% 的显著程度上正向影响辖区信用债市场违约率，并且市长变更的回归系数为 0.004 4，说明市长变更将显著增加辖区信用债券 0.44 个百分点的违约率，与假说 1 结果一致。

前文提到，地方主政官员之一是市委书记，为了考察市委书记的影响。列（3）中使用市委书记变更作为地方官员变更的代理变量，发现市委书记变更对债券市场的违约率影响不显著，这意味着地级市官员变更对债券市场违约的影响或主要由主管经济事务的市长变更导致。列（4）以 probit 模型进行回归，结果显示各变量系数符号和显著性未发生变化，说明本节结论不受到模型选择的影响。

在控制变量方面，票面利率会显著增大债券违约概率，说明信用债发行时的票面定价合理反映了企业的偿债风险。在企业财务指标的控制变量中，大股东持股比例、资产规模与已获利息倍数都与企业违约概率显著负相关，符合相关理论。大股东持股比例较高的企业，股权分散程度相对越低，因而能够有效提高企业内部管理的稳定性。资产规模会显著降低企业债券违约概率，这既可能是由于大企业自身良好的管理水平及财务质量，也可能与企业"大而不倒"效应有关。此外，当企业拥有较好的偿债能力时，企业未来偿还债券的能力也得到了良好的保障，因而利息保障倍数越高的企业未来发生违约的概率也会越低。

表 3.18　基础回归结果

变量	（1）	（2）	（3）	（4）
	OLS	OLS	OLS	probit
市长变更	0.004 4***	0.004 4***		0.380 7**
	(3.41)	(3.25)		(2.27)
市委变更			0.001 8	
			(1.47)	
发行额		0.000 6	0.001 3	0.103 1
		(0.53)	(1.20)	(0.68)
债券期限		0.000 3	0.000 5	0.020 7
		(1.00)	(1.57)	(0.50)
票面利率		0.002 3***	0.001 8***	0.419 4***
		(5.17)	(4.12)	(6.18)
资产回报率		−0.000 9***	−0.001 0***	−0.052 0
		(−3.45)	(−3.74)	(−1.31)
资产规模		−0.002 5***	−0.003 0***	−0.390 1***
		(−2.72)	(−2.89)	(−3.24)

表3.18(续)

变量	（1）	（2）	（3）	（4）
	OLS	OLS	OLS	probit
权益乘数		0.002 8***	0.002 5***	0.410 0***
		(3.64)	(2.95)	(4.55)
大股东持股比例		−0.000 1***	−0.000 1***	−0.014 5***
		(−4.28)	(−4.32)	(−4.04)
利息保障倍数		−0.000 2*	−0.000 2**	−0.077 2
		(−1.86)	(−2.25)	(−1.35)
人均 GDP		0.001 7**	−0.000 4	0.016 7
		(2.54)	(−0.53)	(0.09)
常数项	−0.004 7***	0.021 0	0.031 1	4.166 5
	(−2.80)	(1.02)	(1.41)	(1.13)
年份固定效应	是	是	是	是
城市固定效应	是	是	是	是
观测值	16 719	16 719	14 629	3 408
R^2	0.049	0.057	0.046	

注：***、** 和 * 分别表示 1%、5% 和 10% 的显著性水平，括号中是使用异方差稳健标准误计算的估计参数的 t 统计量或 z 统计量。

3.3.4.2 基于是否属于"两会"期间的讨论

前文已经验证了假说 1，接下来，本节将进一步探析在市长变更对债券市场违约的两条影响途径中，何者占主导作用。本节以样本是否在地级市"两会"召开期间为分组标准，进行了分组检验，结果如表 3.19 的列（1）、列（2）所示。由回归结果发现，市长变更对债券市场违约率的影响在"两会"期间不再显著，排除了假说 2b，验证了假说 2a 的成立。说明变更的影响主要取决于可以通过预防性储备行为来处理的"空窗期"效应，而不是难以应对的"因人而异"的政策环境变化。此外，由于"因人而异"的政府行为变化可能存在滞后性，而"空窗期"应更多反映为当期影响，为了进一步验证是"空窗期"效应在占主导作用，本节在模型中加入上期市长变更这一变量，回归结果如表 3.19 的列（3）所示，上期市长变更的系数并不显著，假说 2a 进一步得到验证。

表 3.19　基于是否属于"两会"期间及变更时滞性的讨论

变量	是否属于"两会"期间变更		全样本
	是	否	
	(1)	(2)	(3)
市长变更	0.003 4	0.006 9***	0.002 6**
	(0.97)	(3.93)	(2.09)
上期市长变更			0.002 2
			(1.56)
发行额	0.002 4	0.000 3	0.000 5
	(1.21)	(0.21)	(0.45)
债券期限	0.000 8	0.000 2	0.000 4
	(1.21)	(0.58)	(1.14)
票面利率	0.002 4***	0.002 1***	0.002 2***
	(2.84)	(4.26)	(4.57)
资产回报率	−0.000 3	−0.001 0***	−0.000 7***
	(−0.60)	(−3.60)	(−2.82)
公司规模	0.001 0	−0.003 0**	−0.002 2**
	(−0.61)	(−2.81)	(−2.35)
权益乘数	0.002 5**	0.002 7***	0.002 3***
	(2.16)	(3.04)	(2.80)
大股东持股比例	−0.000 2**	−0.000 1***	−0.000 1***
	(−2.47)	(−3.51)	(−3.54)
利息保障倍数	−0.000 0	−0.000 2***	−0.000 2**
	(0.20)	(−2.88)	(−2.34)
人均 GDP	−0.000 1	0.003 1***	−0.000 2
	(−0.14)	(2.94)	(−0.36)
常数项	−0.050 7*	0.038 6*	0.027 9
	(−0.99)	(1.92)	(1.30)
年份固定效应	是	是	是
城市固定效应	是	是	是
观测值	4 277	12 442	14 753
R^2	0.127	0.058	0.047

注：***、**和*分别表示1%、5%和10%的显著性水平，括号中是使用异方差稳健标准误计算的估计参数的 t 统计量。

3.3.4.3　基于国有企业性质与离任官员任期的检验

为验证假说 3,本节使用市长任期的中位数作为分组标准进行分组检验,回归结果如表 3.20 中列(1)、列(2)所示。由回归结果发现,市长变更带来的信用债违约上升的现象主要体现在市长任期较长的地区,而在市长任期较短的地区官员变更对信用债违约的影响符号虽然为正,但并不显著。上述经验证据符合假说 3,即官员任期较长时,政治联系更为紧密,一旦发生官员变更,给企业带来的冲击也会越大。可见,打破政企联系是本节最重要的作用机制。在已有关于官员微观特征的文献中,任期与年龄是两个最常见的指标。因此,本节尝试引入年龄做进一步的验证。前文提到,政企关系与中国地方官员的"晋升锦标赛"相关。为提高经济绩效,"晋升激励"越大的官员或有更强的动机去为企业提供"帮助之手"。如果打破政企关系这一机制存在,那么,辖区企业受到官员离任的冲击可能越大。由于一般认为 55 岁是官员"晋升激励"强弱的"分水岭"(纪志宏 等,2014;吴敏,周黎安,2018;田文佳 等,2019),故本节以离任官员年龄是否超过 55 岁作为分组标准进行分组检验,结果如表 3.20 列(3)、列(4)所示。结果显示,离任官员年龄小于 55 岁时,官员变更对辖区债券违约率的影响更显著,进一步验证了打破政企联系这一作用机制。

接下来,本节根据企业的所有制性质进行分组来检验假说 4,回归结果如表 3.20 中列(5)、列(6)所示。由回归结果发现,市长变更对政企关系稳定性的影响主要体现在非国有企业中,在其他控制变量保持不变的情况下,市长变更时,辖区非国有企业发行的信用债的违约率将上升 1.36%,与假说 4 的结论一致,进一步证明了官员变更会通过削弱个体意义上的政企联系作用于违约率。

表 3.20　基于国有企业性质与离任官员任期的检验

变量	离任官员任期		离任官员年龄		是否国有企业	
	长	短	>55	≤55	是	否
	(1)	(2)	(3)	(4)	(5)	(6)
市长变更	0.003 2**	0.003 0	0.005 0	0.003 8**	-0.001 2	0.013 6***
	(2.25)	(1.25)	(1.37)	(2.49)	(-0.25)	(3.29)
发行额	0.000 8	-0.000 7	0.000 2	0.000 4	-0.003 0	0.002 0
	(0.45)	(-0.45)	(0.24)	(0.92)	(-0.84)	(0.54)
债券期限	0.000 8	-0.000 7	0.002 0**	0.002 2***	-0.007 5	0.002 8**
	(1.35)	(-1.60)	(2.32)	(4.47)	(-1.02)	(2.28)

表3.20(续)

变量	离任官员任期		离任官员年龄		是否国有企业	
	长	短	>55	≤55	是	否
	(1)	(2)	(3)	(4)	(5)	(6)
票面利率	0.001 4**	0.004 1***	0.004 4***	-0.001 6	0.008 0	0.002 4**
	(2.42)	(4.40)	(2.62)	(-1.13)	(1.00)	(2.26)
资产回报率	-0.001 1***	-0.001 1**	-0.000 5	-0.001 0***	-0.004 4	-0.003 1***
	(-3.31)	(-2.43)	(-0.94)	(-3.48)	(-1.00)	(-3.97)
公司规模	-0.004 1**	-0.001 5	-0.003 1*	-0.001 8*	-0.004 0	-0.005 9**
	(-2.38)	(-1.17)	(-1.75)	(-1.73)	(-0.87)	(-2.23)
权益乘数	0.002 2*	0.002 1*	0.002 6	0.002 5***	0.000 1	0.007 1***
	(1.77)	(1.90)	(1.62)	(3.21)	(0.97)	(2.89)
大股东持股比例	-0.000 1**	-0.000 1***	-0.000 3***	-0.000 1	-0.000 1	-0.000 1
	(-2.27)	(-3.05)	(-2.91)	(-0.67)	(-0.95)	(-0.94)
利息保障倍数	-0.000 4***	0.000 2	-0.000 2***	-0.000 1**	0.000 6	0.000 1
	(-3.15)	(1.23)	(-3.52)	(-2.37)	(0.99)	(0.19)
人均GDP	-0.001 7	0.003 4***	0.000 3	0.002 5***	-0.000 3	0.006 2***
	(-0.69)	(3.17)	(0.11)	(2.84)	(-0.70)	(2.82)
常数项	0.078 3**	0.015 4	-0.044 5	0.050 4**	0.001 2	0.042 2
	(2.22)	(0.58)	(-1.05)	(2.28)	(0.96)	(0.66)
年份固定效应	是	是	是	是	是	是
城市固定效应	是	是	是	是	是	是
观测值	6 483	6 737	5 787	10 932	11 201	5 518
R^2	0.078	0.161	0.068	0.090	0.038	0.123

注：***、**和*分别表示1%、5%和10%的显著性水平，括号中是使用异方差稳健标准误计算的估计参数的 t 统计量。

3.3.4.4 基于政府透明度和营商环境的再检验

本节选取地方政府透明度和营商环境排名作为分组依据，对假说5进行检验。地区政府透明度数据来源于清华大学 2013—2018 年《中国市级政府财政透明度研究报告》①，营商环境指标来自世界银行组织发布的《中国营商环境

————————

① 该透明度指标涵盖了地区预算与预算执行情况、三公经费、产业投资基金等维度。需要说明的是，因为每年统计总分不同，本节将市级总透明度指标取百分制后，再以平均数作为分组依据。

报告》（2008）①。由表 3.21 中列（1）至列（4）的回归结果发现，市长变更对债券违约的影响，存在区域异质性。与假说 5 一致，在政府透明度较低、营商环境较差的地方，市长变更对债券市场违约的影响更显著。政府透明度的提高和营商环境的改善有利于地区信用债市场的健康稳定发展，同时也影响着政企关系的建立。在政府透明度较高的地方，由于财政信息、三公经费等信息更透明化，官员的一举一动更易受到公众的监督，企业也更能通过有效的信息披露做出相应的调整和判断（邓淑莲，朱颖，2017）。在营商环境较好的地方，企业可以通过正规渠道更快地进行工商注册、信贷获取等手续，而不一定需要通过与官员达成联系获取，因此政府透明度的提高与营商环境的改善都将降低政企关系形成的可能性和必要性。

表 3.21　基于透明度和营商环境的检验

变量	政府透明度		营商环境	
	高	低	优	劣
	(1)	(2)	(3)	(4)
市长变更	0.000 3	0.003 1*	0.002 1	0.013 6***
	(0.11)	(1.82)	(1.51)	(3.47)
发行额	0.000 6	0.001 2	0.001 2	−0.003 1
	(0.29)	(0.97)	(0.96)	(−1.26)
债券期限	0.000 5	−0.000 0	0.000 6*	−0.000 9
	(0.79)	(−0.07)	(1.69)	(−1.04)
票面利率	0.002 5***	0.001 8***	0.002 0***	0.004 2***
	(3.17)	(2.93)	(4.08)	(3.44)
资产回报率	−0.001 6***	−0.000 7	−0.000 8***	−0.001 9**
	(−2.88)	(−1.55)	(−3.03)	(−2.07)
公司规模	−0.004 8***	−0.001 2	−0.002 4**	−0.003 7
	(−2.77)	(−1.01)	(−2.41)	(−1.30)
权益乘数	0.003 6**	0.002 9**	0.002 6***	0.005 9***
	(2.33)	(2.42)	(2.71)	(3.12)
大股东持股比例	−0.000 1**	−0.000 2***	−0.000 1***	−0.000 2***
	(−1.97)	(−3.58)	(−3.46)	(−2.62)

---

① 《中国营商环境报告》对中国各省会城市合约执行效率、创业办理效率、产权注册效率和信贷获取效率进行了统计和排名，本节选取四项排名的平均值作为营商环境好坏的总指标，并选取这一总指标的平均数作为分组依据。

表3.21(续)

变量	政府透明度		营商环境	
	高	低	优	劣
	(1)	(2)	(3)	(4)
利息保障倍数	-0.000 4***	0.000 0	-0.000 3***	0.001 1*
	(-3.25)	(0.10)	(-3.99)	(1.94)
人均GDP	0.001 1**	-0.007 0**	0.000 8**	0.002 4
	(2.10)	(-2.11)	(2.08)	(0.78)
常数项	0.083 3**	0.030 8	0.011 3	0.107 6
	(2.36)	(0.67)	(0.53)	(1.38)
年份固定效应	是	是	是	是
城市固定效应	是	是	是	是
观测值	7 027	6 917	13 419	3 300
R^2	0.276	0.086	0.042	0.072

注：***、**和*分别表示1%、5%和10%的显著性水平，括号中是使用异方差稳健标准误计算的估计参数的t统计量。

3.3.5 进一步讨论

3.3.5.1 基于地方政府可协调资源的讨论

前文已经验证了官员变更会通过影响政企关系的稳定性从而影响到信用债的偿付。与之关联的一个问题是，当信用债面临偿付困难时，地方政府将如何协调避免违约风险的暴露？按媒体报道，地方政府参与协调防范违约风险的形式十分多样，不仅存在协助实质违约企业私下解决本息展期、要求撤销回售以避免公开违约的现象，甚至会协调辖区内国有企业资金对实际违约企业债券予以偿付①。可见，地方政府可动用的财力资源，特别是隐性的财力资源可能是地方政府抵御企业违约风险的重要保障。如果地方政府使用一些隐性的财力资

---

① 例如，四川省煤炭产业集团有限责任公司"15川煤炭CP001"偿付资金的来源，即是在当地政府和交易商协会的协调下，由当地另一家国有企业发放的委托贷款。媒体报道指出："贷款人决定发放委托贷款，并非基于其对于发行人偿债能力的判断，而是由于其余主体的协调"（参见2017年5月26日《经济参考报》：《川煤集团深陷债务违约泥潭》）；再如，2020年11月，在永煤控股等AAA地方国有企业违约，煤炭类企业信用债出现暴跌下，由山西省政府全资持股的山西省国有资本运营有限公司发函指出将："提前介入风险处置干预""调动省属国有企业形成合力，形成强大资金池""确保到期债券不会出现一笔违约"（参见2020年11月14日《21世纪经济报道》：《山西：确保省属企业到期债券不会出现一笔违约》）。

源兜底辖区企业债券，极易形成风险捆绑，存在风险隐患。由此，本节将视角转向了饱受争议的城投债。大量文献表明，即使在 2014 年版《预算法》实施后，城投债作为"准市政债"的性质仍然没有完全改变。地方政府在城投债定价、发行和偿债过程中都有一定的参与，这也使得地方政府对城投债的使用具有一定的操作空间（胡悦，吴文锋，2018；张路，2020）。刘柳和屈小娥（2019）在研究城投债扩张动因时发现，地方政府有动机通过发行调动城投债来抵御外在冲击对经济增长的负向影响。那么，如果城投债可以被视为地方政府在预算约束外的一种重要融资方式，是否有助于缓解地方信用债违约风险的暴露呢？

为验证这个问题，本节引入城投债规模来进行回归，同时用财政收入规模这一政府预算收入作为对照，回归结果如表 3.22 所示。由列（1）的回归结果发现，城投债规模越大，地方官员变更所导致的违约率上升会得以缓解，部分说明了城投债可能是政府用于协调违约的资源。按照这一逻辑，在营商环境更差的地区，政府行为所受到的市场化、法治化约束会更小，这一影响应该更为显著。因此，本节进一步使用营商环境排名的平均数作为分组标准进行了分组检验，由列（2）和列（3）的回归结果发现，在营商环境较差的地方，官员变更对债券违约的影响仍然受到城投债规模的作用。而在营商环境较为良好的地区，城投债规模及其交互项的影响都不再显著，佐证了前述结论。列（4）至列（6）显示了财政收入规模的结果，可见无论是财政收入规模，还是财政收入规模与官员变更交互项的系数在总样本中均不显著，仅在营商环境较差的地区呈显著负向影响。表 3.22 的回归结果说明，比起正式的财政收入，地方政府更有可能利用更为灵活的资源对辖内企业违约进行协调。并且在营商环境较差的地区，市场化程度更弱，对政府的约束更为软化，动用各类资源对企业进行扶助的可能性也就更大。需要指出的是，上述结果说明了在欠发达地区，地方官员具有更大的自由度去协调违约的发生，但这也增加了信用债市场的不稳定因素。因为对于这些营商环境较差的欠发达地区而言，主政官员的变更也意味着政府行为的较大改变，市场需重新评估新任官员上任后的地方政府行为，从而为信用风险的定价带来极大的不确定性。

表 3.22　基于城投债规模和财政收入规模的检验

变量	全样本 (1)	营商环境差 (2)	营商环境好 (3)	全样本 (4)	营商环境差 (5)	营商环境好 (6)
市长变更	0.008 7***	0.022 3***	0.004 5*	0.007 7***	0.023 7***	0.000 2
	(3.93)	(3.85)	(1.86)	(2.67)	(2.99)	(0.11)
城投债规模	0.007 5	-0.132 6***	0.014 8			
	(0.88)	(-3.13)	(1.56)			
城投债规模×变更	-0.007 7***	-0.021 6*	-0.002 4			
	(-2.75)	(-1.91)	(-0.84)			
财政收入规模				-0.047 6	-0.928 2***	0.095 6
				(-0.75)	(-2.63)	(1.61)
财政收入规模×变更				-0.036 2	-0.115 7*	0.017 6
				(-1.22)	(-1.74)	(0.66)
发行额	0.002 0	-0.001 7	0.002 8*	0.001 1	0.002 2	0.001 5
	(1.43)	(-0.48)	(1.91)	(1.21)	(-0.76)	(1.62)
债券期限	0.000 2	0.001 2	0.000 4	0.000 1	-0.001 3	0.000 2
	(0.39)	(-0.97)	(0.93)	(0.25)	(-1.14)	(0.78)
票面利率	0.002 1***	0.005 4***	0.001 5***	0.002 1***	0.004 9***	0.001 8***
	(4.04)	(3.15)	(2.71)	(4.75)	(3.38)	(3.70)
资产回报率	-0.000 6*	-0.002 7*	0.000 3	-0.000 6**	-0.002 2*	-0.000 5**
	(-1.68)	(-1.85)	(-0.99)	(-2.49)	(-1.90)	(-1.97)
公司规模	-0.002 9**	-0.010 0**	-0.002 0*	-0.002 6***	-0.004 9	-0.002 3***
	(-2.55)	(-2.26)	(-1.79)	(-3.09)	(-1.34)	(-2.67)
权益乘数	0.004 4***	0.011 7***	0.003 3**	0.002 4***	0.007 6***	0.001 8**
	(3.97)	(3.61)	(2.57)	(3.02)	(3.19)	(1.97)
股权集中度	-0.000 2***	-0.000 3**	-0.000 1***	-0.000 1***	-0.000 3**	-0.000 1***
	(-3.95)	(-2.31)	(-3.08)	(-4.23)	(-2.48)	(-3.36)
利息保障倍数	-0.000 1	0.001 6*	-0.000 2**	-0.000 1	0.001 4**	-0.000 2***
	(-0.61)	(1.73)	(-2.12)	(-0.91)	(2.08)	(-3.17)
人均GDP	0.003 0***	0.007 7	0.001 1**	0.001 7**	0.003 6***	0.000 5
	(2.78)	(1.27)	(2.22)	(2.47)	(1.08)	(1.38)
常数项	-0.000 7	0.185 0	-0.028 4	0.016 3	0.216 0**	-0.000 2
	(-0.02)	(1.47)	(-0.93)	(0.77)	(1.96)	(-0.01)

表3.22(续)

变量	全样本	营商环境差	营商环境好	全样本	营商环境差	营商环境好
	（1）	（2）	（3）	（4）	（5）	（6）
年份固定效应	是	是	是	是	是	是
城市固定效应	是	是	是	是	是	是
观测值	10 024	2 319	7 705	15 652	2 596	13 056
R^2	0.089	0.160	0.066	0.058	0.138	0.040

注：***、** 和 * 分别表示1%、5%和10%的显著性水平，括号中是使用异方差稳健标准误计算的估计参数的t统计量；城投债规模使用该城市上期城投债/上期GDP来衡量，财政收入规模使用该城市上期财政收入/上期GDP来衡量。

3.3.5.2 官员变更与违约企业的财务状况

前文的经验证据，从侧面说明了地方政府对发债企业存在一定程度的联系与扶助。进一步地，一个更值得关心的问题是政府的扶助行为是否影响了金融市场效率？一般来说，在一个有效的市场中，财务指标是判断企业质量的指针。因此，可以通过政府扶助行为是否影响到市场对企业财务状况的有效识别，来尝试回答这一问题[①]。理论上，如果主政官员给予了企业资源倾斜与隐性担保，那么即使一些企业财务指标较差，也可能因政府的支持与协调在债券市场上存续，即在政企关系稳定的官员非变更年度，发生实质性违约的债券，应是那些财务指标极差，以至于政府资源倾斜也难以维系的发债企业。而在官员变更年度，政企关系的打破，使企业都失去了原有的资源支持。原有因地方政府资源倾斜得以在债券市场上存续的财务指标较差的企业也会发生违约。那么，一个可能出现的现象是：在违约债券样本中，官员变更年份的企业财务指标会比未发生官员变更年份的企业财务指标更好。同时，如果出现这一现象，一定程度说明了政府扶助行为实质上降低了债券的"生存"门槛，使得一些主体财务状况较差的债券仍然可以留在市场上，削弱了市场效率。

下面，本节尝试通过变更对违约企业关键财务指标的影响来考察这一现象是否成立。考虑到偿债能力与盈利能力是决定企业未来生存发展的关键，本节选用流动资产占比、经营性现金流（OCF）占短期负债的比重、人力投入回报率三大指标；针对上市公司，进一步选取了每股收益（EPS）和每股息税折旧摊销前利润（EBITDA）对企业的盈利能力进行度量，并仅保留了违约债券的

---

① 这一思路参考了Hopenhayn（1992）对于企业退出风险的研究。

样本观测值进行检验①。回归结果如表 3.23 所示。可见，在违约企业样本中，市长变更年份的财务指标优于未变更年份的财务指标，侧面印证了政府扶助行为对优胜劣汰的市场化机制存在一定程度的扭曲。

表 3.23　对违约债券样本财务状况的检验

变量	短期偿债能力指标		盈利能力指标		
	流动资产比	OCF/短期负债	EPS	人力投入回报率	每股 EBITDA
	(1)	(2)	(3)	(4)	(5)
市长变更	3.052 6***	0.086 9***	0.128 9*	3.831 2**	0.115 2*
	(3.36)	(3.82)	(1.94)	(2.16)	(1.78)
资产回报率	−0.356 6	0.015 8**	0.052 2***	−1.039 0*	0.044 0**
	(−1.02)	(2.02)	(3.59)	(−1.74)	(2.55)
公司规模	6.309 7***	−0.056 0	−0.015 2	−9.024 9**	0.117 5
	(3.65)	(−1.45)	(−0.08)	(−2.58)	(0.55)
权益乘数	0.097 2	0.095 5***	0.151 4***	4.508 7	0.111 7**
	(0.12)	(5.65)	(2.83)	(1.37)	(2.26)
股权集中度	0.032 7	−0.003 5	−0.002 4	0.659 8***	0.000 9
	(0.32)	(−1.45)	(−0.99)	(3.94)	(0.29)
成长性	0.618 3***	−0.006 7	0.023 6**	1.154 6***	0.008 1
	(2.71)	(−1.44)	(2.37)	(3.27)	(0.62)
公司年限	−0.094 8***	0.000 6	−0.001 3	−0.042 9	−0.003 5***
	(−5.67)	(1.47)	(−1.29)	(−1.14)	(−3.50)
人均 GDP	6.594 8***	−0.077 0	−0.032 0	21.571 4***	−0.042 2
	(3.90)	(−1.60)	(−1.20)	(5.67)	(−1.56)
第二产业占比	−2.983 1***	−0.046 8**	0.042 5	5.991 7	0.127 6
	(−2.65)	(−2.27)	(0.32)	(1.63)	(0.89)
常数项	−0.120 6	0.001 8	−0.000 0	0.369 1***	0.004 8
	(−1.56)	(1.53)	(−0.00)	(3.22)	(0.96)
年份固定效应	是	是	是	是	是
城市固定效应	是	是	是	是	是
观测值	186	186	110	186	110

注：***、**和*分别表示 1%、5% 和 10% 的显著性水平，括号中是使用异方差稳健标准误计算的估计参数的 t 统计量。

① 本节对未违约的债券样本也做了同样检验，发现在未违约样本中，官员变更对这些关键财务指标的影响并不显著或负向显著，进一步证明了这种门槛效应。

3.3.6　稳健性检验

3.3.6.1　引入工具变量

本节使用的官员变更可能并不满足严格的外生性。本节使用上期省长变更的虚拟变量作为工具变量进行两阶段最小二乘法回归加以检验。使用上期省长变更的原因在于，在中国垂直化管理体系下，省级政府对地市级官员的任命有一定的人事建议权。当省长发生变更，新任省长或有提拔与自己有关联的地市级官员的诉求，因此下一年市长变更的概率也相应提升。工具变量的第一阶段结果显示，上期省长变更对当期市长的变更确有显著的正向影响[①]；同时，非省会的地级市企业一般很难直接与省级官员产生联系，从而不易因省级官员变更受到直接影响，即上期省长变更这一变量有较好的外生性。第二阶段回归结果如表 3.24 中列（1）所示，显示市长变更仍然对信用债违约率起着显著正向作用。此外，为了进一步说明官员变更与债券市场违约率间的反向因果较小。本节以市长任期的平均数作为分组标准进行了 t 检验，结果显示市长任期较长的组和任期较短的组之间的辖区企业平均违约率并无显著差异，间接说明地区违约率较高，也不会导致官员任期缩短、变更频繁。限于篇幅，具体结果未在此展示。

3.3.6.2　控制行业影响

近年来，中国供给侧结构性改革与中美贸易战等内外部冲击不断，对不同行业的影响存在差异，进而可能导致债券市场违约率受到行业因素的制约。为了避免遗漏变量，本节加入行业—年份固定效应做进一步回归，结果如表 3.24 中列（2）所示。在控制行业—年份固定效应后，市长变更仍然高度显著地提高辖区信用债的违约率。

3.3.6.3　控制企业固定效应

在前文的回归中，本节控制的是城市层面的固定效应，而没有控制债券和发债企业的固定效应。其原因在于，在本节的样本中，近一半的债券和发债企业的出现频率都不超过两次，同时部分债券和发债企业层面的控制变量的波动幅度不大。如果使用债券和发债企业的固定效应很可能会产生多重共线性问题。但为了表明本节结论的稳健性，在表 3.24 的列（3）中本节进一步控制了

[①]　上期省长变更对当期市长变更的估计系数为 0.105 0，t 值为 10.85，第一阶段估计的 F 值为 117.82。限于篇幅，表 3.24 未列示第一阶段完整回归结果。

发债企业的固定效应，原有结果的统计显著性与系数符号方向保持不变。

3.3.6.4 更换被解释变量的度量方式

前文中，本节使用单只债券当年是否违约来度量债券市场违约这一变量，接下来，本节将从地区的角度进一步验证。本节将被解释变量的度量方式更换为：i 城市在 t 年内违约债券只数占 i 城市在 t 年内在市债券只数的比例，回归结果如表 3.24 中列（4）所示，在其他控制变量不变的基础之上，若地区发生市长变更，则当地信用债违约率将显著上升 0.34 个百分点，与前述结论一致，且其他解释变量的系数和显著性均未发生明显变化。

表 3.24　稳健性检验

变量	是否违约			地区违约率
	（1）	（2）	（3）	（4）
市长变更	0.032 9***	0.003 8***	0.004 5***	0.003 4***
	(2.80)	(3.02)	(3.57)	(4.20)
发行额	0.000 7	0.000 3	-0.001 6	0.000 6
	(0.62)	(0.24)	(-1.09)	(1.02)
债券期限	0.000 4	0.000 3	0.001 1**	0.000 1
	(1.17)	(0.96)	(2.25)	(0.84)
票面利率	0.002 2***	0.002 0***	0.000 3	0.000 5**
	(4.86)	(4.78)	(0.62)	(2.23)
资产回报率	-0.001 0***	-0.001 1***	-0.004 2***	-0.000 2**
	(-3.73)	(-3.85)	(-4.98)	(-2.00)
公司规模	-0.002 5**	-0.002 4***	0.003 7	-0.000 4
	(-2.55)	(-2.68)	(0.87)	(-0.93)
权益乘数	0.002 6***	0.002 8***	0.009 0***	-0.000 1
	(3.20)	(3.73)	(4.65)	(-0.34)
股权集中度	-0.000 1***	-0.000 1***	0.005 7	-0.000 0***
	(-4.42)	(-4.04)	(1.06)	(-2.80)
利息保障倍数	-0.000 2**	-0.000 1	0.000 2	-0.000 1*
	(-2.20)	(-1.21)	(0.94)	(-1.82)
人均 GDP	0.002 4***	0.001 1*	0.000 9	0.001 6***
	(3.25)	(1.88)	(1.29)	(3.44)

变量	是否违约			地区违约率
	（1）	（2）	（3）	（4）
常数项	0.002 6	0.029 9	−0.476 7	−0.014 6
	（0.12）	（1.41）	（−1.20）	（−1.59）
年份固定效应	是	是	是	是
城市固定效应	是	是	是	是
行业-年份固定效应	否	是	是	否
企业固定效应	否	否	是	否
LM 统计量	115.535 ***			
Cragg-Donald 统计量	137.524 ***			
观测值	15 601	16 322	16 201	16 719
R^2	0.027	0.078	0.224 5	0.030

注：***、** 和 * 分别表示 1%、5% 和 10% 的显著性水平，括号中是使用异方差稳健标准误计算的估计参数的 t 统计量。

3.3.7 结论性述评

本节在 2011—2019 年中国公司信用类债券的基础上，结合地级市市长的微观数据，考察了地方官员变更对债券违约率的影响，从地方政府行为的视角探讨中国债券市场违约率偏低的人治化因素。研究发现：官员变更将通过短暂地打破政企关系显著升高辖区内企业的债券违约率，这种影响主要体现在非"两会"期间，以及非国有企业和官员任期较长的地区。显然，主政官员任期越长越容易与企业形成紧密的关系网，非国有企业也可能更倾向于建立与主政官员个体的联系。这种基于个人的政企关系越密切的地方，在官员变更时恰恰更为脆弱。本节还发现，地方官员变更对违约率的影响存在异质性，在透明度较低与营商环境较差的地区，政企关系对企业发展的作用更为重要，因而官员变更对违约率的影响也更明显。进一步的讨论显示，城投债作为政府可调控的财力资源，或有助于缓解辖内企业债券市场风险的暴露。同时，地方政府的资源倾斜可能使一些财务指标较差、本应被市场淘汰的发债企业留在了债券市场，这意味着金融资源配置效率的降低。

4 系统性金融风险的触发：地方政府债务风险与银行风险的联动

近几年，中国地方政府债务的迅速扩张及其引起的风险受到了国内外的广泛关注（姜子叶，胡育蓉，2016）。政府性债务的大量累积，不仅会影响到地方公共财政的可持续性与经济增长（Ghosh et al., 2013；Kumar & Woo, 2010），也容易因其与金融市场的密切关联性，引发经济金融危机。长期以来，党中央始终强调防控金融风险的重要性，其中，地方政府债务治理是防控财政金融风险的关键节点。

如前所述，尽管随着 2014 年版《预算法》的实施和《国务院关于加强地方政府性债务管理的意见》（国发〔2014〕43 号）等一系列规范性措施的出台，地方政府举债机制逐步成形。例如，地方政府性债务存量由政府债券予以替换，实现了政府对地方债的隐性担保，向债务公开、透明转变。地方政府用低息的债券替换高息债务，减少了利息支出；银行获得安全性和流动性更高的政府债券，提高了其资产质量，这一变化似乎有利于降低系统性风险和全社会融资的风险溢价。然而，地方政府债务仍然存在着扩张的趋势：一方面，地方政府与地方融资平台的链条并未被彻底斩断，导致地方政府借助融资平台、PPP 等项目过度投资的现象仍然可能持续；另一方面，银行预期地方政府对融资平台等公司存在隐性担保，便可能低估地方政府债务的风险溢价，从而导致银行过度持有地方债务，进一步加强了地方政府债务扩张与银行风险的关联程度，极易引致系统性金融风险（Oet et al., 2013）。

因此，本章主要关注地方政府债务风险是如何向银行风险传导的，以及两者之间的联动怎样触发系统性金融风险。本章内容如下：第 1 节基于地方政府

债务风险与银行风险的紧密联系进行文献综述；第 2 节旨在阐述我国地方政府
债务风险的现状；第 3 节详细说明地方政府分别通过融资平台公司、PPP 项目
和地方政府债券三条路径与银行体系紧密相连，并基于该路径实现了地方政府
债务风险向银行风险的外溢，债务风险与银行风险的联动将触发系统性金融
风险。

4.1　文献综述

　　长期以来，地方政府债务风险与银行风险的联动一直是决策层和学术界关
注的重要内容。针对政府债务风险向金融风险传导的研究也日渐增多。总体上
看，地方政府债务风险向银行风险的传导主要是来源于对流动性的影响，即银
行作为地方政府债务的主要持有人，政府债务与银行债权的期限错配以及债务
违约带来的坏账呆账加剧了银行资产负债表的脆弱性（曾繁华，王飞，2014；
熊琛，金昊，2018）。当银行无法满足流动性需要时，将最终触发银行体系流
动性风险的发生。对于中国这样的银行主导型国家，银行危机就是狭义的金融
危机，银行流动性风险的加大，加之各个渠道风险的叠加和相互作用，对整个
银行系统有着很大的冲击，对金融的稳定运行状态造成负面影响，甚至有可能
引致系统性金融风险（董青马，卢满生，2010）。

　　大量研究考察了地方政府债务风险向金融风险的传导渠道，可以归纳为以
下几个方面：一是地方政府融资平台，在 2015 年之前地方政府主要通过融资
平台公司进行举债（毛捷，徐军伟，2019），并因此积累了大量债务，融资平
台一端连接地方政府一端连接金融机构，一旦平台债务急剧增长，风险就会经
由地方政府和金融机构向外传递带来财政风险和金融风险（巴曙松，2010）。
并且，融资平台主要以土地等实物作为抵押从银行获得贷款资金，融资平台依
赖土地财政现象严重。地方政府可以通过控制土地的储备量等来提高房地产价
格，以获取商业银行的更多融资（王雅龄，王力结，2015）；地方政府把从银
行获得的融资投资到期限较长的基础设施建设项目，导致资产错配和流动性风
险的积累，使商业银行资产质量下降，脆弱性有所提升（高然，龚六堂，2017）。
此外，除了常规信贷外，地方政府债务规模还会通过影子银行进行扩张，这进
一步增加了地方政府债务风险与商业银行风险的关联（马树才 等，2020）。二
是 PPP 模式，PPP 模式的推广一方面解决了政府的财政支出压力，但另一方

面也可能成为地方政府的变相举债工具，加重地方政府或有债务负担（贾康，2018）。其违约同样会波及银行等金融机构，甚至更具备风险的隐蔽性（马万里，张敏，2020）。三是地方政府债券的发行，在地方政府发债合法化之后，地方政府债券也成为政府举债的重要方式之一，而商业银行是地方债最主要的投资者。毛锐等（2018）通过构建 DSGE 模型，将地方政府债务、商业银行流动性约束以及私人信贷投资纳入模型中，发现商业银行大量持有地方政府债务的行为会使得地方政府债务风险向金融风险传递，地方政府债务风险通过商业银行得以扩张，并且地方政府债务的持续扩张会引起系统性金融风险的发生。

综上，已有文献分别从融资平台公司、PPP 项目、地方政府债券持有等角度阐释了地方政府债务的扩张及其风险的外溢，为笔者构建债券风险与银行风险的传导与联动机制提供了分析维度。因此，在本章中，笔者系统、全面地归纳了地方政府债务风险向金融风险传导的具体路径以及两者的联动如何触发系统性金融风险。

4.2 地方政府债务风险现状

4.2.1 地方政府债务的定义

政府债务是公共债务的组成部分，指各级政府在国内外发行的债券，或是向外国或银行借款形成的债务，包括中央政府债务，省、州或地区政府债务和地方政府债务。国际上通行的对于政府债务的界定以 IMF 为准。IMF 在《政府财政统计手册（GFSM）》中，从资产负债表角度对于政府直接债务进行了界定，指在未来要求政府还本付息的负债性项目，包括货币或存款、非股票证券、贷款、股票和其他权益等形式；资产负债表之外还存在政府或有负债，包括显性的一次性担保、法定索偿权、补偿金等，以及非来源于法律或合同约束的隐性债务。

通常，政府债务可以从显性或者隐性予以认识。这种界定来源于 Hana Polackova（1998）提出的"财政风险矩阵"，该模型将政府债务划分为显性直接债务、显性或有债务、隐性直接债务以及隐性或有债务四种类型。显性的直接负债包括外国和国内主权借款、预算法规定的支出、具有法律约束力的长期预算支出，如公务员工资和养老金等；显性的或有债务包括以法律合同为基础的政府担保项目、政策性银行的不良资产、政策性担保公司不良资产和政府各部门为引资而担保的其他债务等。隐性的直接负债包括农村保障资金缺口、社会保障资金缺口、未来医疗卫生融资，以及未来再次进行公共投资的成本等；隐性的或有负债包括次国家级政府以及公共或私营实体对非担保债务和其他负债的违约、对金融机构支付危机的救助、国有企业未弥补亏损以及灾害救济、军事拨款等。

地方政府债务是政府债务的重要组成部分，指地方政府作为债务人承担的债务。地方政府债务问题一直是当局和学术界关注的重点，但在我国，地方政府债务在法律上还没有明确定义，统计口径也尚未有统一标准。当前，对地方政府债务进行统计的部门主要有政府部门、学术界和相关实务部门（证券公司和评级机构等）三类[①]，它们对于地方政府债务的定义有所差异，但总体来看，分有狭义和广义两种。狭义的为地方政府显性负债，是地方政府为了履行职能、满足地方经济发展需要，根据信用原则，以归还本金和（或）支付利息为前提，建立在某一法律或合同基础之上的负债，列入地方政府预算；与显性负债的概念相对应，广义的地方政府债务是在狭义基础上加上政府担保的或道义上负有救助责任的隐性负债，如社会保障资金缺口、城投债、融资平台公司的非标准化债务、PPP项目的融资款项和地方国有企业的债务等。

4.2.2 中国地方政府债务的发展历程

4.2.2.1 地方政府债务发展概述

由于我国特殊的体制和国情，中国的地方政府债务有其特殊内涵。中国的地方政府债务概念首次于20世纪70年代出现，1979—1993年是地方政府债务初步生发的阶段。党的十一届三中全会后，中国开始向社会主义市场经济体制转变，中央政府和地方政府的财政收支范围被分割开来，施行"划分收支，分级包干"的财政管理机制，虽然中央政府不再向地方政府无偿拨放建设资金，但地方政府的财权得到了扩大，可支配财力增多。营商环境的改善激发了各地的投资需求。为了防范通货膨胀风险，国务院不允许地方政府自行发行债券，并禁止地方政府以各种方式变相发行政府债券。因此，地方政府只能通过政府间拆借或是商业性借款等方式举债，依赖于中央严格的管控，以及良好的

[①] 参见毛捷、徐军伟《中国地方政府债务问题研究的现实基础——制度变迁、统计方法与重要事实》，《财政研究》，2019年第1期。

经济发展建设，该阶段地方政府的债务规模虽然显著膨胀，但是总量很小，涉及省（自治区、直辖市）也不多，地方政府债务问题并不突出。该阶段的地方政府债务主要以政府间往来拆借、商业性借款、协议借款等形式存在。

1994 年进行分税制改革后，地方政府财政自主权被大大削弱，优质税源被中央政府吸纳，地方政府收入严重依赖于土地财政。同时，事权被中央政府下放给地方政府，权责不对等使致地方政府压力陡增，地方债务规模开始快速扩张和积累。由于 1994 年颁布的《预算法》从法律角度明确禁止了地方政府发行地方政府债券，在政治竞争和经济建设的压力下，地方政府开始追寻更加隐蔽的方式进行举债。1992 年第一只城投债在上海的成功发行给其他地方政府提供了先例。1994 年后，在发债受限的情况下，其他地方政府纷纷效仿这种举债形式，以缓解各地财政匮乏的困境。虽然城投公司不是政府部门，但其业务与地方政府紧密关联，收入也基本来自地方政府，变相承担了地方政府融资职能，所以政府也要承担偿付责任。2008 年全球金融危机爆发之后，国家"四万亿"计划的出台更加刺激了地方政府债务规模的扩大。为了顺应经济复苏的需要，为中央政府的经济刺激政策配给资金，地方政府迅速做大地方融资平台，造成融资平台规模和数量的扩张。该阶段的地方政府债务主要以城投债和地方融资平台公司非标准化债务的形式存在。

虽然地方政府融资平台在金融危机后经济下行的情况下为中国的经济建设提供了重大助力，但同时也涌现了很多非标准化的违规融资，积累了信用风险，地方政府举债行为的规范迫在眉睫。2014 年版《预算法》明确赋予了省级政府发行债券的权利，而《国务院关于加强地方政府性债务管理的意见》（国发〔2014〕43 号）剥夺了地方融资平台的政府融资职能，即为地方政府"开前门，堵后门"。至此，中国的地方政府债务进入规范发展的阶段。与此同时，2014—2016 年，除了审计署在中央的指示下对地方政府债务进行了存量统计、确认了资金来源和去向，地方政府的监管政策也在不断地出台，意在厘清现存地方政府债务的债务主体。地方政府债务置换等事项也在积极推进，逐步将之前多种形式的债务存量转化为地方政府债券。但此期间，由于"保增长"的经济增长要求实现难度逐渐加大，非政府债券融资仍然大量存在，以 PPP 项目融资等形式为主。在该阶段，地方政府债务以地方政府债券和多种变相融资并存的形式存在。

从上述中国地方政府债务的发展和规范化的历程来看，可以将地方政府债务分为严格纳入政府预算管理、风险隐患较小的显性债务和还未纳入政府预算管理、存在较大风险隐患的隐性债务两部分。显性债务以审计署在《全国地方政府性债务审计结果》中提出的"地方政府性债务"概念为准，包括 2014 年年底经甄别后属于地方政府存量的债务以及 2015 年以来地方政府自发自还的债券①；隐性债务包括：在 2014 年年底，经过识别后不属于地方政府存量债务，但仍需要由地方政府负担或救助的债务，以及 2015 年以来新成立事业单位、非市场化、违法违规的融资平台公司债务②。

为了更好地识别我国地方政府显性债务和隐性债务的来源，以及 2014 年版《预算法》实施前后我国地方政府债务种类的变化，本节将从地方政府融资渠道这一角度分析我国地方政府债务的发展及变化。

4.2.2.2 2014 年版《预算法》实施前的地方政府融资渠道

根据封北麟（2017）对地方政府获得资金来源的划分，本书将 2014 年版《预算法》实施前的融资渠道划分为通过政府配置、行政调节的内源筹资渠道和以市场配置为基础、强调市场约束的外源融资渠道。

内源筹资的渠道主要有政府预算安排、财政周转金与财政贷款、地方政府申请国外贷款和国债转贷地方等。从实践经验来看，地方政府内源筹资方式更多的是发挥财政引导与兜底担保作用，基本不能满足地方政府的资金需要。特别是 1994 年分税制改革以来，在规范中央政府和地方政府之间的收入分配，削弱地方政府的投资冲动的同时，也造成了中央与地方政府财权事权的不匹配，地方收支缺口逐步扩大。在财政分权与前述政治激励的双重压力下，地方政府迫切地需要通过外溢融资渠道获得大规模融资。在这一阶段，地方政府主要的外源融资形式包括了地方政府债券试点与地方政府融资平台债务。

（1）地方政府债券试点

如前所述，为了防范经济金融风险，1995 年 1 月实施的《预算法》暂停了地方政府的发债行为。直到 2009 年，为应对全球金融危机，破解地方政府融资难题，经国务院批准同意，方施行地方政府债券发行试点。在这一阶段，地方政府债券先后采取了"代发代还""自发代还"和"自发自还"三种试点模式。对比情况见表 4.1。在"代发代还"模式（2009—2011 年）下，各年经过审批的地方政府债券额度均为 2 000 亿元；2011—2013 年"自发代还"，

<hr>

① 参见毛捷、徐军伟《中国地方政府债务问题研究的现实基础——制度变迁、统计方法与重要事实》，《财政研究》，2019 年第 1 期。

② 参见李升、陆琛怡《地方政府债务风险的形成机理研究：基于显性债务和隐性债务的异质性分析》，《中央财经大学学报》，2020 年第 7 期。

其额度则分别为 2 000 亿元、2 500 亿元和 3 500 亿元，规模日益扩大；到 2014 年，财政部印发《地方政府债券自发自还试点办法》，当年地方政府债券的发行总额为 4 000 亿元（其中，财政部代发地方政府债券 2 908 亿元、地方政府自行发债 1 092 亿元）。截至 2014 年年底，中国累计发行的地方政府债券规模已达 16 000 亿元。

表 4.1　地方政府债券三种试点模式对比

	代发代还	自发代还	自发自还
政策文件	《2009 年地方政府债券预算管理办法》（财预〔2009〕21 号）	《2011 年地方政府自行发债试点办法》（财库〔2011〕141 号）	《2014 年地方政府债券自发自还试点办法》（财库〔2014〕57 号）
发行主体	省、自治区、直辖市地方政府（含计划单列市）	上海、广东、浙江和深圳，2013 年起增加江苏和山东成为试点省（自治区、直辖市）	上海、广东、浙江、深圳、江苏、山东、北京、青岛、江西和宁夏 10 个试点省（自治区、直辖市）
发行期限	3 年和 5 年	3 年和 5 年，2013 年期限延长至 7 年期品种	5 年、7 年、10 年，随后增加了 1 年和 3 年期品种
债券评级	否	否	试点地区需按照规定开展债券信用评级
发行事宜组织	财政部代理办发	6 个试点省（自治区、直辖市）自行组织	10 个试点省（自治区、直辖市）自行组织
还本付息主体	财政部代办还本付息	财政部代办还本付息	10 个试点省（自治区、直辖市）自行还本付息

（2）地方政府融资平台公司

在地方政府城市化和工业化迅速发展并远远超过地方政府财力增长速度的情况下，许多地方政府绕过《预算法》《中华人民共和国担保法》的约束，组建城市建设投资、城建开发、城建资产经营公司等不同类型的企事业单位作为融资平台。由于融资平台筹集的资金大多用于无法直接产生现金流或现金流不足以偿还贷款的公共服务项目，因此需要地方政府提供"承诺函"或"安慰函""照付不议"、财政补贴和政府偿债基金等形式的担保。融资平台通过土地资本化（划拨土地等实物）、政府支出资本化（财政资金）和特许权资本化（无形资产）三种方式实现融资，并将筹集到的资金用于基础设施建设。以融资平台为载体的融资方式主要包括：①银行贷款，融资平台将政府注入的土地、土地出让金等资产抵押给银行以申请贷款，这是地方政府最主要的外源融资方式。在地方政府向银行出具相应的承诺函之后，银行根据估算出的抵质押资产的价值，按照一定的比例向融资平台公司提供相应的抵质押贷款①。《中国银监会关于加强 2012 年地方政府融资平台贷款风险监管的指导意见》（银监发〔2012〕12 号）要求"各银行原则上不得新增融资平台贷款规模"，融资平台银行贷款渠道被显著收紧。②城投债，其发行主体为符合条件的地方融资平台，筹集的资金多用于地方基础设施建设和公益性项目，又被称为"准市政债"。2008 年，发改财金〔2008〕7 号文②的发布，使得融资平台发行企业债的空间在政策上得到很大拓展，城投债的规模迎来了爆发式增长。③通过信托计划融资。包括了信托公司以信托资金向地方政府融资平台或其子公司发放信托贷款，投资地方政府融资平台项目公司股权，受让地方政府融资平台某个特定资产的收益权，以及和地方政府融资平台指定的机构一起成立有限合伙企业等多种形式。

4.2.2.3　2014 年版《预算法》实施后的地方政府融资渠道

相比 1994 年版《预算法》，2014 年版《预算法》实施后的地方政府的内源筹资的渠道并无较大不同，在外源融资渠道方面，除原有的融资平台债务外，地方政府债券、PPP 模式以及各类政府出资的投资引导基金也被广泛使用。

（1）地方政府债券

2014 年版《预算法》允许省、自治区、直辖市在国务院规定的限额内，通过发行地方政府债券的方式筹集预算中必要的建设投资的部分资金。2014 年版《预算法》放开了地方政府的举债权，为地方政府融资开辟了合法渠道。发行类型主要分为一般债券③和专项债券④，其对比情况见表 4.2。

---

① 参见封北麟《地方政府投融资平台与地方政府债务研究》，《中国财政》，2009 年第 18 期。

② 参见 2008 年国家发改委发布的《国家发展改革委关于推进企业债市场发展、简化发行核准程序有关事项的通知》。

③ 参见《财政部关于印发〈地方政府一般债券发行管理暂行办法〉的通知》第二条，一般债券为没有收益的公益性项目发行的、约定一定期限内主要以一般公共预算收入还本付息的政府债券。

④ 参见《财政部关于印发〈地方政府专项债券发行管理暂行办法〉的通知》第二条，专项债券为有一定收益的公益性项目发行的、约定一定期限内以公益性项目对应的政府性基金或专项收入还本付息的政府债券。

表 4.2　地方政府一般债券与专项债券对比情况

	地方政府一般债券	地方政府专项债券	
		普通专项债券	项目收益专项债券
资金用途	用于公益性资本支出	用于公益性资本支出	专项用于对应项目
偿债来源	一般公共预算收入、发行一般债券	对应的政府性基金收入、专项收入、发行专项债券等	项目对应的政府性基金或专项收入
期限	1、2、3、5、7、10、15、20 年	1、2、3、5、7、10、15、20 年	无明确规定，合理确定债券期限
周转条款	无	无	有

地方政府专项债可细分为项目收益专项债和普通专项债，项目收益专项债券直接对应项目的资产和收益，实现项目的收益融资自平衡①。地方政府专项债券品类对比情况见表 4.3。财预〔2017〕62 号、财预〔2017〕97 号、财预〔2017〕28 号等文件，丰富了专项债券品类，明确定义了专项债券的发行管理、额度控制、执行监督等诸多方面的具体要求，使专项债得到了长足的发展。

表 4.3　地方政府专项债券品类对比情况

类型	土地储备专项债券	收费公路专项债券	棚改专项债
文号	财预〔2017〕62 号	财预〔2017〕97 号	财预〔2018〕28 号
发文日期	2017 年 5 月	2017 年 6 月	2018 年 3 月
资金用途	为土地储备使用、偿还债务	为收费公路建设举债	为棚改区改造使用、规范棚户区改造融资行为
期限	不超过 5 年	不超过 15 年	原则上不超过 15 年
偿还	可以根据土地出让情况提前偿还	可以根据收入情况提前或延迟偿还本金	可以约定提前偿还本金条款

此外，政府债务置换始于 2015 年，财政部已明确对于 2015 年以前城市投融资平台公司的存量债务，由省级财政部门在限额内安排发行地方政府债券置换：属于一类债务（政府存量债务）中的城投债置换为一般债务和专项债务。2015 年之后的城投债不再归入地方政府融资债务，城投公司正逐步面临着由

---

① 参见财政部《关于试点发展项目收益与融资自求平衡的地方政府专项债券品种的通知》（财预〔2017〕89 号文）。

政府融资职能向企业融资职能的过渡。但事实上，虽然受到国发〔2014〕43号文件要求打破隐性担保和债务置换的冲击，城投债在 2014—2019 年的新增规模仍然超过了 2 万亿元，没有纳入置换的城投债的隐性担保依然存在，城投债与地方政府间的紧密联系没有彻底消失，部分文献还是把城投债看作典型的地方政府隐性债务。

（2）政府与社会资本合作

PPP 是一种公共基础设施项目的运作模式，鼓励民营企业和民间资本与政府合作参与公共基础设施建设。政府公共部门和私营部门之间签署了一项长期合作协议，在合作过程中，利用非公有资源提供公共产品和服务，使各方单独行动，接受社会监督，是一种更加市场化的运作模式。中国 PPP 模式的发展可以追溯到 20 世纪 80 年代中期，政府尝试通过 BOT 模式为基础设施领域注入外资。之后 PPP 模式在中国的发展大致可分为 1995—2003 年"摸着石头过河"阶段、2004—2013 年"黑猫白猫"阶段和 2014 年至今规范化阶段三个阶段①。前两个阶段对中国式 PPP 的本土化、专业化和规范化做了很有益的尝试，也为第三个阶段的发展奠定了良好的基础。

在北京奥运会期间，中国 PPP 融资模式进入快速扩张期，奥运场馆的建设成为 PPP 运用最为集中的案例。但 2008 年后，为应对金融危机，融资重点转为依赖融资平台，社会上对 PPP 融资模式的作用与认识仍然存在较多疑虑。直到 2013 年年底，PPP 在全国财政工作会议后迎来了再次发展。2014 年 9 月，国务院下发前述国发〔2014〕43 号文件，财政部随后下发 6 个政策指导文件，形成了 PPP 运作模式的管理体系，旨在推进 PPP 项目更好地落实，PPP 模式得以蓬勃发展。2015 年 3 月，李克强总理提出要在基础设施等领域积极推广PPP 模式；发改投资〔2015〕445 号文②要求灵活运用各类金融工具，如基金投资、银行贷款、发行债券等，并促进建立一个多元化和可持续的 PPP 项目资金保障机制；《基础设施和公用事业特许经营管理办法》鼓励和引导社会资本参与基础设施和公用事业建设和运营，提高公共服务质量和效率，和对特许经营者合法权益的保护。推广运用 PPP 模式，是推动经济转型升级、支持新型城镇化建设的必然要求；是加快转变政府职能、提高国家治理能力的制度改革；是深化财税体制改革、构建现代财政体制的重要组成部分。

---

① 参见王天义等《PPP 从理论到实践》，中信出版社，2018 年。

② 2015 年 3 月 17 日，国家发展和改革委员会和中国国家开发银行联合发布了《关于推进开发性金融支持政府和社会资本合作有关工作的通知》。

根据财政部政府与社会资本合作中心报告,截至 2020 年 8 月末,2020 年
新入库项目 684 个、投资额 12 504 亿元;净入库项目 306 个、投资额 7 246 亿
元。2014 年以来,累计入库项目 9 746 个、投资额 15.1 万亿元;累计签约落
地项目 6 708 个、投资额 10.6 万亿元,落地率 68.8%;累计开工建设项目
4 032 个、投资额 6.1 万亿元,开工率 60.1%。2014—2019 年中国全口径 PPP
项目成交数量及规模整体均呈先增后降态势,在 2017 年达到最高值,2018—
2019 年整体均呈下降态势。2016—2020 年 PPP 整体情况见图 4.1。

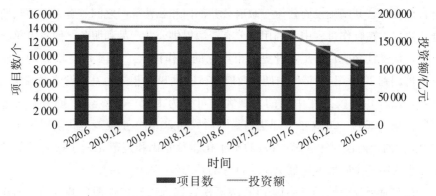

图 4.1　2016—2020 年 PPP 项目数及投资额

(数据来源:Wind 数据库)

(3) 政府投资引导基金

政府出资的投资引导基金类型主要有创业投资引导基金、产业投资引导基
金和其他类基金,其他类基金目前主要是指 PPP 基金。PPP 基金是指专门成
立服务于 PPP 项目的基金,常见的 PPP 基金由省政府出资成立引导基金,再
以此吸引金融机构资金合作成立 PPP 产业基金母基金,一般为省级地方政府
与大型金融机构合作。

2014 年版《预算法》实施伊始,政府投资引导基金遂呈爆发之势,到
2016 年年底,我国已设立政府引导基金 1 190 只,基金规模达 56 647.5 亿元。
从 2017 年开始,受到中央降杠杆与各项监管政策落地的持续影响,政府引导
基金设立通道受限加重了其募资难问题,政府引导基金的数量和总规模增速持
续下滑,但总规模仍在上升。截至 2019 年年底,国内已设立了 1 311 支政府引
导基金,政府引导基金自身总体规模达 19 694 亿元、母子基金群总体规模达
82 271 亿元。到 2020 年 8 月,中国 PPP 基金累计已决策项目 156 个,涉及项

目总投资超 13 000 亿元，覆盖了 28 个省（自治区、直辖市）的 100 多个地市①。

4.2.3 中国地方政府债务现状

4.2.3.1 中国地方政府显性债务现状

中国地方政府的显性债务包括 2015 年以前的存量政府债务，后续新增政府债券等直接债务，以及对下级政府（部门）债务的担保（如债转贷）等或有债务。其中，地方政府债券是目前中国地方政府显性债务的主要组成部分。

2015 年以后发行的地方政府债券被区分为一般债券和专项债券，两者都存在限额管理。2015—2019 年地方政府债券的发行规模如图 4.2 所示。从图 4.2 可以看出，2015—2018 年，一般债券的发行量都大于专项债券，2019 年这种数量关系有了反转，专项债券对地方经济增长的贡献越来越大，成为稳增长的重要抓手。

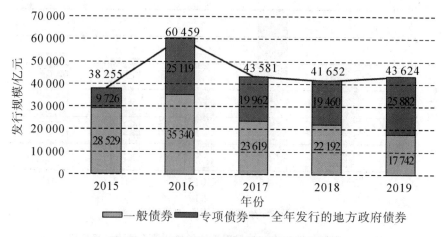

图 4.2 2015—2019 年地方政府债券发行规模

（数据来源：财政部）

单纯从区分一般债券和专项债券的角度无法对地方政府债券有一个完整全面的认识，还必须注意地方政府债券的另一种分类，新增债券和置换债券的区别。2015 年以后，为了将 2014 年年底甄别出的以非债券形式存在的政府债务规范管理，地方政府发行了大量的置换债券，这种债券只会置换 2014 年以前

---

① 数据来源：中国 PPP 基金。

存量债务,对地方政府债务余额不会有数量上的影响。除此以外,2018年,由于在2015年发行的3年期债券大量到期,给地方财政带来很大的压力,所以一种本质与置换债券类似的再融资债券开始发行,用于置换2015年后发行的新增债券,协助部分到期债务的展期。

2015—2019年新增债券和置换债券的发行规模如图4.3所示。可以看出,置换债券虽然在2017年前发行规模较大,但是总体上的发行量是在逐步减少的,到2019年,置换债券的发行量仅占全部地方政府债券发行量的3.62%,可以说地方政府债务置换工作基本完成;新增债券的发行量逐年稳步增长,在2018年发行量超过了置换债券,成为地方政府债券的发行主流;再融资债券开始发行的时间比较晚,但是发行增长幅度很大,2019年的发行量就达到2018年的1.68倍,这种借新还旧的手段如果持续使用或规模剧增,会威胁到地方政府债务的可持续性,其风险应得到重视和防范。

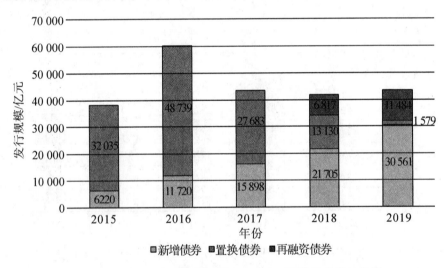

图4.3　2015—2019年地方政府新增债券和置换债券发行规模

(数据来源:财政部)

4.2.3.2　中国地方政府隐性债务现状

针对国内关于地方政府隐性债务的界定,学术界认为中国地方政府隐性债务普遍包括地方政府融资平台债务、政府和社会资本合作项目债务、棚改债务、重要性金融机构或有负债、国有企业债务、养老金隐性债务、政府投资项目的未来支出责任、经常性支出等(刘尚希 等,2012;张旭,成睿,2019;李丽珍,安秀梅,2019;温来成,李婷,2019;王涛,高珂,2019)。

2018 年 8 月，国务院下发《中共中央 国务院关于防范化解地方政府隐性债务风险的意见》，同时，为了规范对地方政府隐性债务的核查，财政部制定了《地方全口径债务清查统计填报说明》。这些文件首次对地方政府隐性债务做了权威界定："政府隐性债务是指政府在法定政府债务限额之外直接或者承诺以财政资金偿还以及违法提供担保等方式举借的债务，主要包括：国有企事业单位等替政府举借，由政府提供担保或财政资金支持偿还的债务；政府在设立政府投资基金、开展 PPP、政府购买服务等过程中，通过约定回购投资本金、承诺保底收益等形成的政府中长期支出事项债务、承担政府未来支付义务的棚改政府购买方服务等。"

尽管中央政府颁布了一系列界定地方债隐性债务的文件，但其定义仍有一些较为模糊的地带。因此地方政府隐性负债在学术、政策上仍有较大争议，中国并没有在法律意义上给出统一的隐性负债统计口径，尚未对其数据进行定期公布和分类管理，也未曾建立有效、统一的监管体制，使得各机构、学者测算隐性债务的口径和准确度都有着较大差异；且地方政府隐性负债种类繁多，牵涉到多方金融机构，涉及各种杠杆的运用，结构复杂多变，造成隐性债务隐蔽性强、识别困难的特点，加大了隐性债务统计的困难。

从表 4.4 中不同机构对地方政府隐性债务余额的估算可以看到，IMF 估计中国 2016 年年末的隐性债务余额为 19.1 万亿元；对于 2017 年的测算结果最多，国际清算银行（IBS）的测算结果较小，为 8.9 万亿元，惠誉的测算结果为 35 万亿元，国内学者的估算结果集中在 20 万亿~50 万亿元；对于 2018 年的地方政府隐性债务余额，IMF 的测算结果升至 30.9 万亿元，标普估算在 30 万亿~40 万亿元。综合各年情况，从 2016—2018 年，IMF 测算的隐性债务余额上升了 11.8 万亿元，增速很快；而据姜宏等（2018）的测算，中国隐性债务年均增量约为 8 万亿元。

表 4.4　不同机构估算的地方政府隐性债务余额　　单位：万亿元

机构名称	年份		
	2016	2017	2018
国际清算银行（IBS）	—	8.9	—
国际货币基金组织（IMF）	19.1	—	30.9
惠誉国际评级机构	—	35	—
标准普尔	—	—	30~40

表4.4(续)

机构名称	年份		
	2016	2017	2018
长江产业经济研究院	—	30.27	—
社科院国家与金融发展实验室	—	30	—
清华大学财税研究所	—	47	—
社科院世界经济与政治研究所	—	23.57	—
海通证券（融资渠道估算）	—	32.9	—
海通证券（从举债主体测算）	—	30.6	—

虽然不同的测算口径和方法结果相差较大，但在总体上不难看出地方政府隐性债务规模的巨大，给政府带来的压力甚至超过显性政府债务，潜藏着巨大的债务风险：存量甚巨的地方政府隐性债务有可能加剧经济波动，滋生信用风险与商业银行流动性风险，提高了触发系统性金融风险的可能性，存在较大的风险隐患。

4.2.4 地方政府债务的特点及其风险

4.2.4.1 与国有资产紧密捆绑

地方政府债务和国有资产之间联系紧密，特别是依赖土地财政。2015—2019年地方政府土地出让收入情况见表4.5。具体体现在筹资和偿债两方面。在筹资方面，具体形式有两种：一是在2014年之前，地方政府可以用国有资产（如道路、土地等）为融资平台注资，或者是将基础设施建设和棚户区改造打包给融资平台，以增加平台的规模和融资资质，再加上政府信用的背书，平台就可以顺利发行债券或者获得银行贷款；二是政府可以直接将土地出让获得土地出让金，增加政府自有资金比例，以此撬动更大的杠杠，获得银行的信贷资金。

表4.5 地方政府土地出让收入

年份	土地使用权出让收入/亿元	同比增长率/%
2015	32 547	−21.4
2016	37 457	15.1

表4.5(续)

年份	土地使用权出让收入/亿元	同比增长率/%
2017	52 059	40.7
2018	65 096	25.0
2019	72 517	11.4

数据来源：财政部国库司。

在偿债方面，尽管国家已经禁止地方政府承诺用土地出让收入作为偿债资金，但由表 4.5 中 2015—2019 年全国地方政府土地使用权出让收入和图 4.4 中 2018 年中国省级土地出让收入占地方可支配财力的比重可见，土地出让收入在连年攀升，是地方可支配财力的重要组成部分，各省（自治区、直辖市）平均达到 25.8%。

综上所述，地方可支配财力是地方政府偿还债款的主要来源，而其中有约 1/4 的比重受到土地市场的价格波动的影响，因此土地出让收入的稳定性至关重要，一旦土地出让收入下降，必然导致地方政府还款能力下降、债务违约率上升。同时，地价与房价紧密关联，这使得地方政府可支配收入与房地产业的发展捆绑，即如果未来房价大幅下跌，容易引致土地出让价格的下降进而触发政府债务危机。可见，地方政府以土地出让金为主的偿债结构会导致更多的问题和更大的风险，威胁金融系统的稳定性。

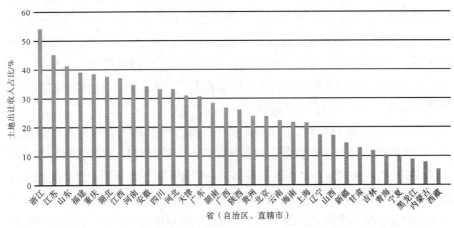

图 4.4　2018 年中国省级土地出让收入占地方可支配财力的比重

（数据来源：财政部与各地财政厅）

4.2.4.2 与银行系统紧密关联

当前地方政府的融资来源主要有地方政府债券、PPP 项目及融资平台等，一般认为，地方政府外源融资渠道主要是金融机构，而从金融机构总体来看，商业银行在持有地方政府债券和为 PPP 等项目贷款方面，都占据着重要的地位。

从显性债务来看，根据中债登公布的数据，截至 2018 年 12 月，所有地方政府债券的投资者中，最大的持有机构为商业银行，合计持有 15.33 万亿地方政府债券，占比 84.82%。同时，中央政府也一直不断地规范地方政府债券的发展，通过鼓励证券公司、外资银行和个人投资者投资地方政府债券，从而使地方债投资主体得以丰富。但从目前来看，商业银行还是承担着巨大的投资压力，其他投资主体投资占比仍然较小。一直以来，商业银行作为地方政府债券的最大买方和分销渠道，如果持有较多的该类资产有可能出现资金体内循环的问题，财富在资金回流过程中被消耗在市场运转的成本当中，产生大量泡沫，形成一个扭曲的市场。此外，在债券置换之前，地方政府债券由财政部代为发行，中央政府直接分配额度，在一定程度上掩盖了地方财政等信息，无法有效衡量地方债的信用风险；而在 2015 年开始的地方政府债券置换中，各地仍然有在采用定向承销的方式，银行被动的将之前持有的收益率较高的地方政府贷款置换成收益率较低的地方政府债券。在地方政府债券定向承销的方式下，商业银行具有的自主权较少，一定程度上有行政摊派的性质。

从隐性债务来看，2014 年以前，地方政府以融资平台为主要融资方式，而地方融资平台的债务主要由银行系统消化；2014 年以后，PPP 模式得到大力推广，但在 PPP 项目中，社会资本金基本只占 30% 左右，且很大程度上要依靠银行杠杆来撬动，其他 70% 左右的资金则基本全部由银行贷款提供。此外，不论是影子银行中的银信合作、银证合作、银保合作，还是国企的高负债运营，都离不开银行提供的大量债款。

总体而言，地方政府为了当地经济的发展和建设需要获得更多的金融资源。而银行之所以愿意将信贷资源提供给部分企业和部门，除了受到地方政府干预或指令性政策的影响，也是出于其对政府兜底的乐观预期。为了实现自身的经济利益，银行本身就有体制性偏好。在不断攀升的地方政府债数量下，一旦地方政府出现债务危机，银行的资产负债表将首先受到冲击。而中国的银行系统规模较大，各类机构又通过银行理财、信托等"类金融产品"有了直接或间接的联系。因此，如果银行体系受到冲击，可能产生严重的风险传染效应，对整个金融体系的负面影响是巨大的。

4.3　地方政府债务风险与银行风险的联动路径分析

从前面的分析可以看出，地方政府在进行举债的过程中与金融机构存在必然联系，一方面地方政府被限制直接借债，另一方面，地方政府借助其资源垄断权和自由裁量权影响到金融市场，银行等金融机构成为地方经济建设资金的重要来源，为地方政府扮演着"钱袋子"的角色（马万里，2020）。也正因为地方政府和银行等金融机构之间这种必然的联系，为风险在两者之间的传导创造了可能性。在4.2节中，本书详细阐述了地方政府的融资渠道，可以看出，当前中国地方政府依靠地方政府债券、融资平台、政府与社会资本合作这三类主要的方式筹措资金。因此下文将从融资平台、PPP项目、债券市场这三个角度来探究债务风险在地方政府及商业银行之间传导的路径和渠道。

4.3.1　地方政府—融资平台—银行体系

4.3.1.1　地方政府—融资平台

如前所述，地方政府在基础设施建设项目所需的资金压力和预算法的限制下，不得不成立大量的融资平台公司，经由融资平台筹集资金发展建设。在这种模式下，地方政府在融资平台的发展过程中起着重要的推动作用。

首先，地方政府作为融资平台的发起人和出资人，通过实物资产如土地、道路、桥梁等，无形资产如股权等或政府的财政拨款甚至国债等形式进行注资。这使得在融资平台的股权结构中，地方政府占有绝对的控股地位。这样一来，地方政府可以直接任命融资平台及其子公司董事会、监事会成员，或提名公司的总经理层人员和财务总监；且地方政府的财政部门、发展改革委、地方金融监管部门等都可以对融资平台及其下属公司实行监督，使得融资平台很多行为严重依赖于地方政府，在很多程序上都受到地方政府的干预和控制。

其次，融资平台具有独立的法人地位，其独立经济实体的身份使得地方政府可以通过对融资平台提供担保的方式来实现政府的政策意图。因此，地方政府不需要自行发行债券，只需要通过融资平台发债来筹措建设所用的资金即可；或者，由融资平台出面向银行申请贷款。由于融资平台有强烈的地方政府背景和强有力的政府信用背书，金融机构已经将地方政府看作是融资平台或显或隐的债务担保人，银行时常会依据地方政府的财政收支状况来对融资平台的信誉进行评估。简言之，地方政府的作用使得融资平台在融资过程中比较容易获得银行贷款和发行城投债，融资平台债务实质上成为地方政府的隐性债务。

通过融资平台借入的银行贷款、所发行的企业债券和票据，是政府按照信用原则筹集和使用的资金，同时也需要遵循信用活动的一般准则来偿本付息。由于融资平台的资金重点投向不产生现金流或产生极少现金流的基础设施建设等领域，极易出现资不抵债的情况。在融资平台无力偿债时，地方政府用财政收入作为担保或者出具"安慰函"作为还款承诺，地方政府就成为融资平台债务的"兜底人"。此时，地方政府承担的隐性债务将显现化，地方政府将承担巨额的还款责任。

融资平台与地方政府之间的这种紧密联系，一方面，可以保证融资平台拥有政策优势和融资优势以及丰富的融资渠道，降低了其融资成本，从而鼓励资金投入到公益性和资本性的项目中去，一定程度上促进了地方经济社会的发展；另一方面，地方政府对融资平台的过度干预，使得融资平台不能高效地与资本市场对接，从而导致一定程度的效率损失，同时融资平台债务对地方政府的过度依赖也会产生两者之间风险分担不清的现象出现，甚至损害地方财政能力。

4.3.1.2 融资平台—银行体系

地方政府投融资平台作为独立法人绕开了不允许地方政府举债的法律约束，加之其背后有地方政府的担保，使融资平台具有较为宽广的融资渠道和较强的融资能力。其主要融资渠道包括：银行贷款、城投债和影子银行。

（1）银行贷款

2008年以后，各地融资平台规模激增，在宽松的货币政策下，银行贷款是融资平台获取资金最主要也最直接的方式。与其他融资方式相比，银行贷款具有规模大、门槛低、手续简便等特点，融资平台更倾向于选择该方式进行融资；从银行的角度看，背靠地方政府的融资平台具有更高的信用，相比于其他企业贷款的管理成本也更低，同时还能与地方政府建立良好的合作关系。

据统计，在2009年中国新增的9.59万亿元信贷中，融资平台的贷款规模占信贷总金额的四成，高达3.7万亿元；从存量来看，截至2009年年底，金融机构向地方政府投融资平台发放的贷款（不含票据）约7.2万亿元，占银行业贷款总额的 18%①。到 2013 年，根据审计署 2013 年年底公布的《全国政府性债务审计结果》，地方政府性债务余额为 10.89 万亿元，其中银行贷款为 5.53 万亿元，占比达 50.78%。

这期间，国发〔2010〕19 号文开始对地方融资平台的融资进行规范，要求银行禁止向名单外的融资平台公司发放贷款；银监发〔2012〕12 号文要求各银行原则不得新增融资平台贷款规模，融资平台银行贷款渠道明显收窄；2014 年国发 43 号文件将地方政府通过融资平台进行融资的功能与融资平台自身融资剥离开来；国办发〔2015〕40 号文肯定了融资平台的积极作用，强调要"依法合规积极支持融资平台公司在建项目后续融资，确保在建项目有序推进"。这些举措规范了融资平台的融资行为，为融资平台公司的后续发展指明了方向②。

（2）发行债券

如前所述，虽然在 1994 年《预算法》中禁止地方政府自行举债，但在 2008 年金融危机爆发后，地方政府大量通过融资平台的法人地位绕开预算法约束发行城投债。

2009 年 3 月 18 日，银监会下发银监发〔2009〕92 号文，提出"支持有条件的地方政府组建投融资平台，发行企业债、中期票据等融资工具，拓宽政府融资渠道"③。随后城投债的发行规模出现了井喷，由于银行是城投债的重要投资者，城投债规模的激增为银行风险的发生埋下了隐患。随着城投债规模的累积，2010 年以来中央开始关注城投债相关的地方债务问题，对融资平台的贷款约束加大，国务院于 2010 年接连发布两项通知规范融资平台公司债务管理，国发〔2014〕43 号文意在剥离融资平台的政府融资职能，融资平台被要求不得再举借政府性债务；财政部也明确表示，2015 年以后的城投债不再归入地方政府债务。融资平台公司逐渐剥离政府融资职能，实现向市场化主体的转变。但在 2015 年以后，城投债仍然是地方融资平台重要的融资来源，银行也仍然持有大量的城投债，以及置换后的政府债券。

---

① 参见马恩涛《中国地方政府融资平台转型与地方政府债务风险防范研究》，经济科学出版社，2017 年。

② 参见《财政部、中国人民银行、银监会〈关于妥善解决地方政府融资平台公司在建项目后续融资问题意见〉的通知》。

③ 参见《关于进一步加强信贷结构调整促进国民经济平稳较快发展的指导意见》（银发〔2009〕92 号）意见一。

3. 影子银行

2010 年，国发〔2010〕43 号文规定银行禁止向名单外的地方融资平台发放贷款，这使得融资平台不得再承担地方融资职能，地方政府也不得再以任何形式为融资平台的新增债务提供隐性担保，融资平台很难再次从银行筹集大量资金。作为应对，融资平台"另辟蹊径"，找到阻力更小的影子银行通道来规避信贷规模约束，进行隐性举债。影子银行在地方政府与商业银行的关系中发挥着关键作用，特别是在融资平台公司的融资行为中：影子银行是融资平台公司绕开监管进行融资的主要渠道。

商业银行通过发行理财产品，将资金从资产负债表上转移到表外，第一种是银信合作也是最基础的模式。银行委托信托公司成立信托计划，由信托募集资金发行银信理财产品，向融资平台公司发放一笔贷款，实现变相放贷。优点是信托投资方式灵活、监管成本低廉，是影子银行的典型操作。第二种是银行与证券业合作，是银信合作业务被银监会规范、列入表内后的主要渠道，是一种商业银行的监管套利行为。其中，较为典型的是银证信合作，银行以发行理财产品的方式筹集资金，并将理财资金委托给证券公司的集合资管计划或者定向资管计划，然后证券公司将资管计划投资于信托，最终由信托公司将资金输送到融资平台。第三种是银行与保险业合作。具体形式为银行作为保险公司的兼业代理人进行保险分销。但随着两者合作的深入，出现了一些非规范化的银行借道向融资平台融资的行为。这三种形式都被视为一种商业银行的影子银行业务，影子银行也因此成为地方政府的重要融资工具，导致地方政府债务迅速扩张，为隐性债务危机埋下隐患。

综上，融资平台通过发行城投债，借助银行贷款和影子银行等渠道实现了资金的筹集和债务的扩张，在融资过程中，以商业银行为主的金融机构起到至关重要的作用，为融资平台融资的顺利进行提供了有力支持。

4.3.1.3 融资平台债务风险生成

由前可见，地方政府、金融机构（商业银行）通过融资平台建立了风险联结。下面本书将讨论融资平台的风险生成与风险传导。金融危机以来，融资平台以及地方政府债务风险问题就被广泛讨论。在 2008 年年初，中国融资平台累积债务约 1.7 万亿元，仅在 2008—2009 年这两年，融资平台的债务增长了近 6 万亿元，到 2011 年，融资平台债务总额较 2008 年年初增长了 5 倍多。根据审计署的审计结果，截至 2013 年 6 月，全国地方政府性债务为 17.89 万亿元，其中融资平台债务近 7 万亿元。在 2014 年版《预算法》规范城投债融资后，城投债规模仍然持续稳步上升，截至 2020 年年末，城投债总存量超过 10 万亿元。从目前的情况看，融资平台公司在中国经济的稳定增长中发挥了积极作用。但由于发展前期规模上升迅速，造成管理不善、经营不规范等问题，仍然存在一些风险隐患。关于融资平台公司债务风险的生成情况见图 4.5。除前述的地方政府财权事权不对称等矛盾积累了融资平台的风险外，还有如下因素会加剧融资平台债务风险。

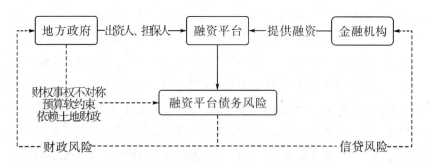

图 4.5　融资平台债务风险的生成及传导途径

首先，地方政府对融资平台存在着预算软约束。地方政府对融资平台的债务有一种隐性的担保，银行考虑到融资平台的政府背景，往往会因地方政府的隐性担保，放宽其本该作为一般金融贷款的审批要求，认为当融资平台的资金紧张而无法偿还贷款时，政府会替其纾困。这种隐性担保机制扩大了融资平台的债务积累也加强了两者的风险捆绑。

其次，融资平台过度依赖土地财政。地方政府仅依靠预算内的公共财政收入无法维护政府正常的开支、促进城市经济的建设，而不得不以出让土地使用权获取土地出让金，征收土地相关的税收和以土地资产作为抵押担保等方式来增加财政收支能力，这也是被诟病颇多的"土地财政"。但地方政府本身不能直接抵押土地获得贷款，因此地方政府会以土地的绝对所有权作为财政收入的保证，将土地划拨给地方融资平台，由其来直接抵押土地以获得银行的贷款；融资平台获得土地使用权后对土地进行开发建设，来偿还前期借款。融资平台在运作上与"土地财政"高度关联，地方政府已经形成"征地→土地收入→银行贷款→城市建设→征地"的循环开发过程。这种"土地财政"容易触发融资平台债务风险的爆发，原因在于土地出让收益作为地方财政收入和进行基础设施建设的主要资金来源，除了国家土地政策会导致土地收益发生变化外，土地收益本身也具有不确定性，土地市场和土地价格的波动也都会使地方财政收入出现明显的变化。在经济繁荣时期，房地产市场的火热发展使得土地成为地方政府财政收入的保证，地方政府出让土地的意愿也越来越强烈，刺激融资平台公司债务规模迅速膨胀；但是在经济下行时期，一旦房价下跌，土地出让价格也会随之下降。一方面，地方政府财政收入和担保能力会受到影响；另一方面，融资平台公司的多数资产是土地资产、基础设施资产等中长期资产，这些长期资产的流动性较差，其变现也会受到土地市场价格与市场流动性约束。当土地价格下降时，市场流动性随之减弱，融资平台的土地资产变现能力变差，土地资产抵押价值也随之下降，平台公司偿债能力降低。

最后，除了偿债能力外，地方政府的兜底意愿也是一个重要的影响因素。2016 年之后，中央政府明令禁止地方政府为融资平台提供任何形式的担保和兜底。事实上，融资平台迅速增长的融资规模和较低的投资回报率形成了巨大的资金缺口，一旦融资平台出现大规模偿债困难，超出地方政府的财力时，地方政府可能出于机会主义动机，放任不管让融资平台出现主动违约。融资平台违约会进一步影响其信用水平，削弱再融资能力，导致风险进一步增大。

4.3.1.4 融资平台债务风险触发系统性风险

融资平台不是作为一个独立个体存在，它与地方政府、金融机构通过各种经济活动和法律关系紧密联系在一起形成了一个利益共同体，"一荣俱荣，一损俱损"。若融资平台出现债务风险，风险便会传导和转嫁到地方政府财政体系和银行体系并通过它们向外传递，触发金融系统性风险。

（1）融资平台债务风险向地方政府传导

地方政府对融资平台有绝对的控股权和资金投向的决策权，并且是融资平台债务的最终担保人，融资平台债务本质上是地方政府的隐性债务。当融资平台通过自身经营产生的现金流或者通过土地增值获得的收益无法满足债务偿还时，这些隐性负债将显性化。并且，如前所述，存在中央政府给地方政府的隐性担保，以及政府破产制度的缺失，地方政府没有破产清算的先例，债务风险层层上移，最终中央政府将不可避免地为债务兜底。即平台债务的不断累积和传导有可能引发政府的债务风险或财政风险，进而威胁到国家财政体系的稳定和经济社会的健康发展。同时，融资平台债务是否会引发财政风险的关键在于其自身是否能够还本付息。融资平台公司主要的资金投向为基础设施建设和公益性项目等领域，这些项目通常具有初始投资大、建设周期长、投资回报低的特点，仅通过这些投资收益和营业收入来偿还本息有一定困难。另外，融资平台的收益依赖于土地价格的稳定增长，地价高速上升不利于居民生活，地价下降则增大融资平台的偿债风险。再加上融资平台管理的不规范和监管不到位，给地方政府造成非常大的压力。

综上，融资平台债务风险传导至各级政府的具体路径可以概括为：融资平台大量举债并投向城市基础设施建设项目，一旦还款困难不得不借新债还旧债，债务积累发生违约，导致地方政府筹措资金进行还款，而地方政府财力不足求助上级又会引致中央政府兜底，引发中央财政风险。而如果政府采取行政命令的方式免除债务或者变相"赖账"，则严重破坏了政府的形象，导致政府公信力下降，还可能面临再融资难的困境，不利于社会体系的稳定。

（2）融资平台债务风险向银行体系传导

以银行为代表的金融机构作为融资平台主要的债权人，一旦融资平台无力还债，将首当其冲成为风险承担者。银行等金融机构主要基于政府信用和财政担保，在对融资平台提供资金时要求相对放松；而且融资平台不必对外披露信息，在市场化监督不足的情况下，银行对融资平台的实际资产负债情况、偿债能力以及蕴含的潜在风险可能无法完全了解以进行有效的风险管理措施。此外，地方政府对融资平台债务的隐性担保并未得到法律的明文保障，地方政府对银行的偿还债务承诺不具有法律效力，即使地方政府违约，银行也没有办法上诉。当融资平台发生债务危机时，风险便传导给商业银行为主的金融机构，从而形成一条金融传导路径，引发金融风险。

具体而言，当融资平台债务风险发生时首先会影响到银行对融资平台的债权，引致银行坏账风险。通常融资平台将地方政府注入的土地等国有资产作为抵押，从银行获得贷款，地方政府也可能以财政收入为其做担保。从当前的融资平台运营方式来看，其债务偿还主要依赖于土地价格上升带来的收益和财政收入的稳定增长，一旦土地出让收入下降或者财政收入得不到保障经济出现下行趋势，融资平台和地方政府都无法及时筹集资金进行还款或者地方政府不愿意兜底该债务时，就容易造成银行资产质量下降，增加坏账风险。

此外，融资平台债务和银行债权的期限错配会引发银行体系的流动性风险。因为融资平台的融资大多用于基础设施建设，投资周期长、数额大，资金占用时间长，在项目的建设期，融资平台大多只需支付利息，偿债压力并不大；但当建设项目完成时，融资平台需要偿还本金，一旦资金短缺，潜伏多年的风险就会爆发，因此融资平台债务风险往往具有滞后性和隐蔽性的特点。虽然融资平台融资渠道有所扩展，但银行贷款仍是平台公司最主要的资金来源，融资平台的这种中长期贷款特性与商业银行存款的短期化特性便产生了期限错配的矛盾。商业银行在日常经营活动中，需要一定的银行准备金来满足其日常的资金需求，当融资平台无法偿还巨额债务，同时商业银行没有足够的流动性资金满足客户的取款和日常贷款等需求时就会引发流动性风险。尤其是一些中小型的银行不可避免地成为融资平台债务风险爆发的受害者。

综上所述，由于融资平台收入的不稳定性和不确定性，当其收入难以支付债务，且地方政府无力或不愿兜底时就会产生债务风险，导致银行信贷风险和流动性风险，并最终传导到整个银行业，乃至影响到公众对金融体系的信心，以及金融市场机制的发挥，最终可能产生宏观层面的金融危机。

4.3.2 地方政府—PPP—银行体系

PPP 模式是以提供高质量的产品和服务为出发点，充分发挥市场机制，达成特许经营协议，形成利益共享、风险共担的全程合作伙伴关系。在实现双赢或多赢的理念下，各方都能取得比个人行动更有利的结果。

4.3.2.1 地方政府—PPP

PPP 是英文"public private partnership"的缩写，指公共部门与私人部门建立的一种长期的合作伙伴关系，是以契约精神建立的利益共享、风险共担、全程合作的机制。根据中国财政部对 PPP 的定义，公共部门明确为政府部门，不包含其他非政府公共部门（如社会团体、行业协会、民办非企业单位等），因此中国的公私合作伙伴关系被翻译成"政府与社会资本合作"。PPP 模式虽然有私人部门的参与，但不同于私有化，公共部门也就是政府在其中扮演着重要的角色以保证公共利益的最终实现。

政府在合作关系中的分工是作为项目实施的法定控制者，负责服务质量监督，包括设定所需产品和服务的数量、质量和价格；社会资本主要负责提供长期优质的公共产品和服务，承担设计、建设、运营、维护基础设施等大部分工作。在传统的公共服务供给中，政府是单纯的提供者，政府相对于企业更为强势，金融资本的灵活流转和有效使用受到一定程度的制约。PPP 模式的应用就是为了试图解决这一问题，通过大力推进 PPP 的资金保障系统建设，以及各种金融工具的运用，扭转传统的"弱企业、强政府"局面，使得公共服务供给方式更加灵活化和人性化。政府在合作过程中为社会资本提供最初的财务支持、有保证的收益、辅助性设施保障以及提供增信和担保等。同时，政府还是服务的主要购买者，政府付费是社会资本资金回笼的主要方式之一。

4.3.2.2 PPP—银行体系

PPP模式中参与方一般有政府、社会资本方、金融机构、消费者等，涉及多种利益和法律关系。PPP模式有不同的运作形式，例如BOT、BOO等，但无论采取何种形式，都离不开金融机构各种形式的资金支持，金融机构的参与对项目的成功与否起着决定性的作用。金融机构参与PPP项目，可以作为社会资本方直接投资于PPP项目；也可以作为资金提供者参与项目，为社会资本方或主要负责运营的项目公司提供融资，间接参与PPP项目。同样，金融机构还可以为PPP项目提供咨询服务，如规划咨询、融资咨询、财务咨询和其他服务，并帮助地方政府做好融资方案设计、融资风险控制、社会资本引荐等工作，以提高PPP项目的运行效率。

在银行为PPP项目提供的融资方式中，项目贷款是一种最常见的融资方式。原因在于：首先，项目贷款期限长、金额大、成本低等特点，与PPP项目建设时期的融资需求相匹配；其次，PPP项目有政府的特许经营和监督且现金流相对稳定，以项目未来收入和资产作为质押使其通过银行信贷审核的难度不大。根据PPP项目的规模和融资需要，融资方可以是一至两家银行或机构，也可以是由多家银行或机构组成的银团。单一银行贷款一般针对的是规模不大的PPP项目贷款。而当PPP项目融资规模较大，单一银行出于规模、资本金、期限、风险等因素，完全承接存在难度；这时银行通常会组成银团进行贷款，从而分散风险。最后，银行还可以通过设立PPP项目基金、委托贷款、信托计划以及认购PPP项目专项债的方式向PPP项目提供资金。

4.3.2.3 PPP债务风险生成

理论上，推广PPP模式有助于缓解地方政府基础设施建设的投资压力，提高基础设施和公共服务供给的质量和效率，在完善政府作用的同时，发挥市场在资源配置中的决定性作用。推广PPP模式的初衷之一是降低地方政府债务风险，然而近年来，PPP模式在实施过程中也出现了很多问题，有观点认为PPP模式在一定程度上增加了政府债务风险（谭艳艳 等，2019；李升，2019）。本小节将从地方政府、地方官员动机以及地方政府与社会资本的关系三个维度对PPP的债务风险的生成进行分析。

首先，从地方政府的角度来看，PPP极易被异化为地方政府的变相融资工具。融资平台的政府融资职能被剥离了后，政府鼓励PPP模式的发展，在财政体制约束和对融资平台的监管趋严的压力下，PPP模式成了地方政府进一步举债融资的最优选择。在该模式下，地方政府可以通过由社会资本或项目公司承担债务的方式，将地方政府债务表外化，即将公共支出转移为企业或项目负债，从而在资产负债表上掩盖地方政府债务的真实额度。尽管鉴于对地方政府隐性债务风险的防范，中央政府也出台多项举措遏制不规范的举债行为，但相关法律法规不完善、立法后的监管不到位、制度建设和市场不完备等因素还是导致部分地方政府打着政府购买 PPP 项目的幌子，实际上进行保底承诺、名股实债、拉长版 BT 等变相融资行为。在强烈的投资冲动和资金需求下，地方政府将 PPP 异化为了新的表外融资形式，一定程度上造成 PPP 模式的滥用和债务风险的不断积累。

其次，从地方官员动机的角度来看，PPP 债务的长期性与地方官员任期的短期性产生了错配。为吸引社会资本投资，政府在很多时候通过合同约定、担保函、承诺函等方式对 PPP 项目进行担保。PPP 项目建设周期普遍较长、成本较高，在建设前期社会资本为其提供资金，政府支出责任后移。政府对 PPP 模式下隐性债务的还款规模和还款时间并不确定，PPP 债务期限与官员任期并不匹配，使该债务在权责上产生了分离，诱发了地方官员的卸责动机。同时，政府官员或许了解该项目的即时收益，但对政府承担的担保规模、风险和成本等方面很难充分了解，也缺乏对债务风险的管理能力。进一步讲，在官员晋升激励以及追求短期利益的条件下，即使官员知晓存在长期风险，也还是会倾向于选择 PPP 模式。并且，地方政府官员很可能为了个体的私利动机，与追逐利益最大化的企业产生公私合谋，加剧债务风险（李丹，王郅强，2019）。

最后，从地方政府与社会资本的关系的角度来看，PPP 模式的特点之一为风险共担，而政府和社会资本之间风险的分配不当也会造成 PPP 隐性债务风险。原因有如下几点：一是 PPP 项目的运营周期长、投资规模大，使得一些私人资本不愿意参与进来，尤其是在考虑到经济下行、市场法律保障尚不完善等方面的因素使社会私人部门对风险更加敏感。地方政府为了吸引社会资本的积极参与，推动 PPP 项目的落地，承担了很多市场本应承担的风险，例如为其提供担保和承担债务偿还责任。当政府替私人部门承担了这部分风险，私人部门几乎不承担风险，这会引发政府官员权力寻租与私人投资者的道德风险等问题，使得政府与社会资本间形成不完全契约，政府承担了超过合约的支出事项，容易诱发隐性债务风险。二是社会资本利用政府急于推进 PPP 项目实施的心理从而提出不合理的要求。由于 PPP 项目部分属于基础设施建设和公益类的项目，盈利性不强，为了尽快达成与社会资本的合作，政府可能被迫承担一些不合理的要求；同时社会资本出于对官员变更、政策变动等政府不确定因素的担忧，私下减少成本降低服务质量等行为均可能成为诱发隐性债务风险的原因。三是政府与社会资本之间的博弈地位不对等。PPP 项目的风险分配、产品服务价格、投资回报等都是政府与企业反复谈判和博弈的结果，相比于社会资本，政府的信息不充足、缺乏经验、风险感知能力较弱等特点，都使得政府在谈判时处于弱势地位，导致政府在合作中容易做出不当的决策；而私人部门拥有更多的信息和资源，在谈判和博弈中占据主导地位，容易将风险转嫁到给政府部门，导致政府承担的风险进一步增多，风险在公共部门体系内积累，加大地方政府隐性债务风险。

4.3.2.4 PPP 债务风险触发系统性风险

"伙伴关系、利益共享、风险共担"是 PPP 模式的三个重要特征。PPP 项目一头连接地方政府，一头连接银行体系，这就意味着地方政府、项目公司、社会资本及银行等金融机构之间构成了一种伙伴关系，这不仅意味着利益共享，同时也意味着风险共担。由于 PPP 模式涉及多方参与、项目时间跨越较长、组织结构复杂，所以实施中也伴随着复杂多变的风险。在实践中，政府作为 PPP 项目的监督人和担保人，承担政策变动风险、债务偿还风险；银行等金融机构作为 PPP 项目的融资方，直接面临资金回收风险。由于它们之间有着紧密的法律和利益关系，当某一方无法承担相应的风险时，风险也会波及其他的合作伙伴。

（1）PPP 债务风险向地方政府传导

如前所述，地方政府与 PPP 项目存在紧密联系，这使得 PPP 债务很容易成为地方政府的隐性债务，风险向地方政府传导。具体而言，风险传导的基本逻辑如下：首先，PPP 项目多适用于基础设施、公用事业、社会事业等领域，其自身的现金流和资金难以完成融资和偿付，加之项目本身生命周期长等特征，政府为了吸引社会资本参与，会对项目做出担保承诺。其次，在项目建设期间，不确定性因素较多，导致政府支出责任不明确、担保范围不清晰，加之市场的不确定性和风险分担机制的不合理，项目往往具有较大的风险。当发生项目投资失败、现金流断裂等现象时，易引发项目债务危机，并直接转化为政府的直接债务。

此外，前文提及，部分地方政府通过 PPP 项目变相举债，把负债从表内转移到表外，以达到缓解当年财政压力，但事实上这并没有很好地缓解地方政府债务也没有改变政府性债务的本质，只不过是拉长了还款期限，甚至还进一步提高了债务成本，为后期的还款带来更大的压力，事实上最终还是由地方政府成为债务的"兜底人"，加剧财政风险。

（2）PPP债务风险向银行体系传导

在PPP项目中银行扮演着提供融资、牵头搭桥的重要角色，银行参与PPP项目的方式非常丰富，包括传统项目贷款、产业基金、项目收益债、资产证券化、综合金融服务等模式。甚至在某些情况下，银行会代替私人投资者参与到PPP项目中去，这是由于PPP模式多用于基础设施建设、公益性等收益较低的项目，与民营资本追求高投资相矛盾。在民营企业参与积极性不高的情况下，部分项目以银行、保险等金融资金来取代民间资本参与PPP，异化了PPP项目的特质，进一步集聚了金融风险。

当PPP项目的债务迅速膨胀，增加了隐性债务风险时，银行作为PPP项目的融资方，其直接风险是资金回收风险，由于项目获得收益一般需要5到10年，期限跨度极大，容易出现项目现金流与偿还期限不匹配的情况；同时，资金回收的情况还会受到政府的政策、法律及社会资本经营风险等方面的影响，存在较大不确定性，危害到银行的资产质量。除此以外，项目建设延期、建设不合格、账目经营不善或管理纠纷、各种外生的金融冲击等均会导致项目不能按时完成、资金不能如约到位，无法按时还本付息等违约事件发生，造成PPP项目债务风险。进而在诸多不确定因素的影响下，加上风险的互动性与传染性，带动PPP项目中其他风险的连环爆发，出现银行债务系统性违约的可能，从而导致银行体系的不良资产快速上升，甚至会导致部分金融机构破产或者银行体系的危机。

4.3.3 地方政府债券-银行系统风险

如前所述，地方政府债务风险与金融部门风险紧密联系的重要表现是地方政府债务以各种形式存在于银行等金融部门的资产负债表中。如果说前述融资平台和PPP项目是以一种较为隐蔽的政府债务方式存在于银行财务报表，从而实现政府债务风险向金融风险的传导。那么，大量银行直接持有地方政府债券，无疑也形成了一种金融系统性风险的隐患。长期以来，商业银行都是地方政府债券的主要投资者。如表4.6所示，根据中国债券信息网数据，2017—2019年，中国商业银行持有地方政府债券比例基本稳定在85%左右，是持有中国地方政府债券最多者。

表 4.6　2017—2019 年地方政府债券持有者结构　　　　　单位:%

	2017 年占比	2018 年年占比	2019 年年占比
商业银行	86.53	84.82	86.18
信用社	0.64	0.60	0.59
证券公司	0.08	0.40	0.40
保险机构	0.04	0.20	0.64

数据来源:中国债券信息网。

　　有学者认为中国地方政府债券投资者结构失衡的原因在于,在经济形势下行、金融风险增加的背景下,由于地方债的违约风险相对于企业较低,银行会出于对政府信用的考虑增持地方政府债券(李玉龙,2019)。商业银行持有地方政府债券的份额的扩大,也意味着其他投资者对地方政府债券投资的不足,容易加大地方政府债务与银行风险的捆绑,也不利于发挥社会公众对地方财政的监督作用。

　　前面提到,地方政府债券分为一般债与专项债两类。从地方政府债券本身的风险来看,债券类型不同其偿债风险也表现各异。对于一般债,主要以一般公共预算收入还本付息,因此其能否偿付还要看政府是否具有偿还意愿,即地方政府信用。政府信用通常用债务总额与收入之比也就是负债率来衡量,负债率越高说明风险越大。相比政府信用,地方政府信用的衡量更为复杂,不仅要考虑到地区的经济发展水平、财政收支、治理水平、债务管理等因素,还要考虑中央或上级政府对地方政府的支持力度。目前中国中央政府已经明确表示对地方政府债务"不救助""不兜底",这使得地方政府债券风险会受到各地经济发展水平的影响。而各地经济发展水平并不一致,致使各地政府债券的信用风险存在着结构性差异。资质高的债券受市场认可度更高,融资成本相应较低;而资质较低的地方政府债券为了吸引投资者,或者不得不采用提高债息的方式,其发行成本和偿债压力也会加大,违约概率提升;一旦发生违约则信用可能进一步下降,形成恶性循环。通常,降低负债规模、扩大财政收入是降低地方政府债务风险最直接的两个手段,但分税制改革下中央政府"事权下移"和地方政府税收受限,地方政府投资压力大且资金严重不足,使这两个手段在实施上存在不小的困难。据统计,2019 年中国地方政府一般公共财政收入10.11 万亿元,同比增幅为 3.2%,而同期地方政府债务增幅 13.09%,地方政府偿债压力持续扩大。

对于地方政府专项债券，其偿债资金主要依赖于项目自身收益，但专项债券主要用于收费公路、棚改等公共建设项目，一般收益较低、周期较长，存在较多不确定性因素，项目亏损或失败的概率较高，但地方政府出于强烈的融资动机，却可能倾向于过高估计专项收入，在地方债发行机制不完善的情况下，就可能导致风险潜藏。同时，专项债资本还存在一些不规范使用的情况，如据云南省的审计部门披露，在 2018 年，云南省各市县共 9.48 亿元专项债券资金未按项目和规定使用。此外，在专项债规模不断扩大的同时，专项债发行期限也存在持续延长的趋势。发行期限的延长，虽然可以更好地匹配项目建设周期，但部分专项债项目期限有过长之嫌，存在人为将偿债责任后移的不良倾向。这意味着风险的后移与当期地方政府还债压力的减小，某种程度上会助长地方政府的当期举债动机。这些都给专项债的偿付带来了潜在风险。综上，地方政府债券风险不容忽视。商业银行作为地方政府债券的主要持有者，是首当其冲的风险承担者。当地方政府债券的偿债风险暴露时，极易引发银行流动性风险和坏账风险，甚至成为系统性金融风险的导火索。

地方政府债券除了因偿债风险直接触发系统性风险外，还存在其他风险引发系统性风险：一是市场流动性风险，即地方政府债券在二级市场上的贬值风险。当前中国地方政府债券的主要持有人是以商业银行为代表的金融机构，当商业银行存在流动性紧缺时，选择抛售债券回笼资金，市场上地方政府债券供给增加，债券价格受到供求关系的影响发生贬值，进而又会影响到银行的资本充足率及经营安全。二是通货膨胀风险，根据财库〔2015〕102 号文件①，中国地方政府债券已纳入 SLF、MLF、PSL 的抵（质）押品范围。商业银行可以将其持有的地方债向央行进行抵质押贴现、再贷款，央行也可能在二级市场主动购买地方债，以此增加货币投放量，向市场注入了更多的流动性。通过这些形式，地方政府债务实现货币化，加之商业银行授信的乘数效应，当货币投放规模达到一定程度后，通货膨胀的后果便会显现。三是挤压中小企业融资空间。相比于企业债，尽管政府债券债息较低，但政府信用的存在使得金融机构还是更愿意持有政府债券。特别是在经济下行压力之下，商业银行处于规避风险的需要，会更倾向于持有政府债券。当社会融资总量不变的情况下，地方政府债券融资规模的扩大，会挤占企业特别是中小微企业的融资份额，加剧其融

---

① 参见《财政部、中国人民银行、中国银行业监督管理委员会关于 2015 年采用定向承销方式发行地方政府债券有关事宜的通知》。

资困境，迫使中小微企业向非正规金融机构借贷，增加金融监管难度，进一步推升了金融风险防控压力。

4.4 结论与启示

地方融资平台和PPP项目在地方政府改善社会公共服务、不断推动城市建设的过程中发挥了巨大的作用，缓解了地方政府的融资压力。在这一过程中，地方政府信用出现了事实上的金融化倾向。而由于中央政府的托底，地方政府表现出一种"信用无限"的特征（聂辉华，2019），地方政府债务的扩张，为债务风险的触发埋下隐患。并且，中国地方债市场还处于起步阶段，相关制度不甚完善，债券发行的市场化水平仍待提高，部分地方政府债券的发行规模与地方政府偿债能力并不完全适应，债券发行期限与官员任期并不匹配，风险存在潜藏与后移的可能。而在中国以银行为主的金融结构下，无论是融资平台、PPP项目融资，地方政府债券，商业银行都是其重要的融资方，无形中形成了地方政府债务风险与银行风险的捆绑，并倒逼中央信用兜底，进一步加大各方债务扩张的冲动与潜在的风险。一旦地方政府债务风险暴露，债务风险易向银行体系传导，加剧金融体系的动荡。

因此，为了防范债务风险的外溢，首先应当从风险源头加强管理，例如加强地方融资平台的债务管理，规范融资平台的融资机制，实现融资平台债务规模清晰、风险可控、权责明确。另外，加强顶层设计，完善PPP制度建设，有效防止PPP项目成为地方政府变相融资渠道，使风险限制在可控范围之内。其次是要阻断地方政府债务风险向金融风险的传导。银行等金融机构作为地方政府债务的重要融资方，是风险向金融体系扩散的主要承担者，应当防范地方政府的不当干涉保障金融机构的经营自主权，以切断这一风险传导机制。银行业自身在持有地方政府债务时，应综合考虑风险、期限、自身资产负债状况等因素，建立和完善风险应对机制以及风险退出机制。金融监管部门也应加强对银行业的日常监管和事前监管，以便及时识别与防范风险。

5 结论与政策建议

在中国现有国情下，中央与地方政府目标偏差和管理边界模糊这一深层次的体制机制缺陷造成了诸多问题，如"财政分权"和"官员晋升激励"下地方政府对银行信贷资源抢夺现象、"预算软约束"下债券市场长期的刚性兑付预期。银行信贷市场与债券市场在中国经济发展与资源配置中扮演着重要地位，银行信贷市场与债券市场的双重扭曲所造成的资源错配不仅会导致经济效率的极大损失，还对中国系统性风险的累积和演化起着催化作用。为此，本书系统研究了中央与地方政府目标偏差视角下的银行体系和债券市场系统性风险的生成和传导机制问题，得出了如下结论与政策建议。

5.1 结论

中国经济自改革开放以来保持了四十余年的高速增长，实现了经济发展的历史性变革。随着中国经济由高速增长向高质量发展转变，防范金融系统性风险亦成为关系我国经济社会发展全局的基石与重点。我们需要审视中国金融系统性风险生成的要素，特别是中国经济社会的各种制度所包含的独特因素，这些因素创造了中国经济增长的奇迹，也隐藏与后移了巨大的风险。

本书正是理解中国背景下，中央政府与地方政府目标偏差这一因素作用的一种尝试。笔者认为，中央与地方政府目标偏差所导致的内生性体制机制缺陷是理解金融系统性风险的一个重要视角。其基本逻辑是，地方政府是中央政府政策目标的具体执行人，中央政府与地方政府存在信息不对称与激励不相容，中央政府的长期目标被异化为地方政府追求短期经济绩效的目标。在地方政府财政资源不足的约束下，地方政府有着强烈的干预金融资源配置的动机。加上地方政府的垄断性土地资源和自由裁量权，动机进一步成为现实，银行信贷市场与债券市场作为中国金融结构中最重要的部分，成为地方政府争夺金融资源的主战场，导致银行风险增大，地方政府显性、隐性债务扩张，内生金融系统性风险。总之，中国金融系统性风险，具有强烈的时代特征和中国印记。在中央与地方政府目标偏差的矛盾下，地方政府发展区域经济所导致的风险的外部性和滞后性，大量显现于银行体系与债券市场上，最终引发系统性风险的隐患。

从银行体系来看，地方政府对银行体系的干预在已有研究中讨论的很多，这种干预只是一种表象，更深层次的原因是中央政府与地方政府在利益目标与风险态度上的不一致。自20世纪90年代以来，出于限制和纠正地方政府金融干预行为的考虑，中国金融调控与银行监管体制就实行了垂直化的管理模式，但是地方政府仍然需要金融部门对本地经济发展做贡献，当中央的金融调控政策和银行监管措施与本地的局部利益相冲突时，地方政府仍然可能动用许多地方资源绕过正规的金融调控与监管来对商业银行信贷决策施加有效的压力。因此，一个值得探讨的问题是中央政府是否有效制衡了地方政府发展经济过程中向银行系统的风险外溢。

在第2章，本书便试图基于地级市城市商业银行样本来回答这一问题，主要考虑了两类中央金融调控与监管政策。第一类是货币政策，研究发现，地方政府干预会干扰到货币政策的有效性。当货币政策更为宽松时，银行风险承担随之上升，而受到地方政府干预较强的银行上升幅度更大；这一现象在不良加关注贷款率中表现得更为明显。进一步研究表明，地方政府对货币政策的干扰主要是通过影响商业银行的影子银行业务来实现的。出现这些现象的原因在于商业银行必须满足一些强制性的监管指标，在受到地方政府干预的压力之下，只能选择一些监管相对宽松的隐蔽性指标，如不良加关注贷款率与影子银行规模来进行操作。中央政府也意识到这点，自2016年起实行了一系列治理影子银行的金融监管政策，考虑中央政府的治理政策作用后发现，中央政府的制衡政策反而使地方官员的影响显性化了，商业银行的不良贷款率显著恶化。但笔者认为这一现象实际上体现了新旧动能的转换，说明中央政府对地方干预的制衡有效释放了旧有风险，有利于系统性风险化解与防范。

第二类是银行监管政策。地方官员为了追求政绩，会影响商业银行信贷资源配置，表现为地方官员的晋升压力越大，银行风险资产率越高。中央监管对地方政府干预有显著的抑制作用，但主要作用于不良贷款率与风险资产率这些被严格监管的指标，对于关注贷款率与影子银行等相对游离于监管之外的变量，监管政策的抑制效果并不理想。最后，除了围绕地区经济增长的晋升动机外，地方官员还可能出于谋取个人私利的动机进行金融干预，同样会生成金融风险。研究考察了地方主政官员腐败状况对城市商业银行信贷风险承担的影响，以及法治水平的制约作用。结果显示主政官员腐败会提高辖内商业银行的风险承担水平，但在法治环境较好的地区，商业银行风险上升的幅度更小，说明加强法治建设有助于抑制官员腐败所引致的银行风险。综上，本书从银行风险承担层面，为中央与地方政府的制衡提供了经验证据，有助于深刻理解中央与地方政府在银行风险生成上的激励不相容。

除了对银行信贷市场的干预外，地方政府还会通过在债券市场借债来突破预算。2008 年以来我国地方政府隐性债务的迅速累积正是由此形成。在 2008年金融危机爆发后，为应对金融危机对我国带来的经济下行压力，地方政府通过设定地方政府融资平台公司，在债券市场上发行城投债为政府投资融资，这直接导致了之后几年城投债规模的快速增长。但这类隐性债务杠杆，一端连着政府，一端连着债券市场。地方政府与中央政府的双重担保与救助预期容易使其风险定价偏低，吸引投资者过度买入。当市场资金大量用于购买地方政府债务时，可能挤出私人投资，不利于经济的长期发展。由于债券市场的投资者大多数为商业银行，这容易让地方政府与商业银行形成利益捆绑，进一步倒逼中央政府予以信用兜底，最终造成对国家信用的滥用，为系统性风险的安全埋下隐患。可见，从债券市场看，地方政府债务风险问题本质上是一种预算软约束现象，根源是政府兜底预期所形成的债券定价扭曲。如何打破中央与地方政府的双重兜底是化解当前中国地方政府债务风险问题的关键，这也成了第 3 章探讨的重点。

第 3 章回顾了中央政府的治理举措。为有效化解上述地方政府债务风险，中央政府早就意识到打破兜底硬化预算软约束的重要性。中央政府在 2014 年 8月颁布《预算法》，从制度上赋予了地方政府依法适度的举债融资权，要求其不得再以其他任何方式与城投债产生关联，并推广使用政府与社会资本合作的PPP 模式来进行基础设施建设，强调"地方政府对其举借的债务负有偿还责任，中央政府实行不救助原则"。这一法规的实施表明中央政府希望通过完善预算硬约束制度来减缓城投债过度增长的趋势，从根本上切断"中央—地方—融资平台"这条信用担保链条。那么，其政策效果如何？基于城投债利差与PPP 规模的微观数据的研究发现：①当中央"不救助"信号发出后，城投债的利差出现分化，利差开始显著受到地方财政收入的影响，表明中央政府的政策具有一定的公信力与约束力，2014年版《预算法》的实施一定程度上改善了地方政府的"预算软约束"现象。②PPP项目与融资平台债务都还与地方政府存在显性或隐性的连接，仍被市场认为是地方政府的隐性债务。③土地财政作为政府财源的重要渠道之一，大量的城镇建设用地成为城投企业的质押物。本书发现在2014年版《预算法》实施后，城投债利差对房地产价格变化更加敏感；同时评级机构在确定城投债发行评级时会考虑地方政府的财政状况，这些都说明了市场认为城投债、地方政府财政状况与房地产市场存在捆绑关系，也意味着彻底打破政府对城投债的托底有可能引发市场震荡，需要十分审慎。

由于2014年版《预算法》在一定程度上打破了中央政府对城投债风险的予以兜底的预期，会带来市场对城投债定价的重新调整。同时，城投债信用评级的市场化程度长期受到诟病，评级机构在进行债券评级或考量了中央政府最终兜底的因素，使得一些发行主体或地方政府偿债能力不佳的债券仍然能获得较高评级。这样一来，原有评级较高的债券可能受到政策的更大冲击，这就为识别政策效应提供了可能。正是因此，本书在第3章中将2014年版《预算法》作为一种会引发城投债风险暴露的外生冲击，来观察当地方政府隐性负债风险暴露时，对整个市场的风险溢出状况。研究发现，在2014年版《预算法》冲击下城投债利差出现明显分化，市场评级较高的债券，受到了政策的显著影响。同时，城投债的风险暴露对于公司债存在溢出效应，2014年版《预算法》颁布与正式实施都导致城投债风险向一般公司债风险的更大溢出。在此基础上，课题组从一般公司债的企业性质、债项与主体信用评级、行业属性三个方面观测到这种溢出效应的异质性，发现民营企业债券、债项和主体评级较高的债券以及受到国家政策扶持的新兴行业债券会受到更大冲击。

进一步，现有的治理措施既然并未完全打破地方政府与债券市场风险的联结，本书便试图捕捉地方政府"兜底"行为对债券市场风险的影响。在"财政激励"和"晋升激励"的背景下，地方政府（官员）与辖内企业有着高度联结关系，当本地企业存在违约风险时，地方政府（官员）可能基于经济发展等利益目标予以救助，无形之中形成刚性兑付。但这种行为也存在不确定性，可能受到官员变更引致的政府行为的非连贯性的影响。于是，本书利用中国信用债市场与地级市官员数据，实证研究了官员变更对辖内债券违约率的影响。结果发现，由于官员变更会打破原有的政企关系，带来地方政府兜底的不确定性，对企业偿债能力产生负面影响。也正是因此，在离任官员任期越长的地区，因为越容易形成实质性的政企关系，越容易受到影响。同时，对于非国有企业，以及在政府透明度较低，营商环境较差地区的企业，由于企业经营更依赖于政企关系，也就更多受到了官员变更的冲击。在此基础上，本书将城投债作为地方政府开拓财源的重要手段，考察了城投债规模对债券市场违约率的影响，发现城投债规模越大的地区，债券违约率越低，说明城投债可能拓展了地方政府的兜底能力。但也意味着城投债与一般企业债存在风险联结，可能积累与后滞更大风险。此外，本书试图探索地方政府兜底对债券市场效率的影响，研究发现，在违约债券样本中，官员变更年度的发债企业的短期偿债能力和盈利能力均高于未变更年度的相同指标，侧面印证了原有的政企关系或使一些财务质量不佳的企业留在了债券市场，对优胜劣汰的市场化机制造成一定程度的扭曲。

中央与地方政府目标偏差所引致的金融系统性风险问题，不仅显现于地方政府对于银行系统与债券市场的影响，更重要的是存在地方政府债务风险与银行风险的共振，加大了金融系统性风险生成的隐患。正是因此，第4章将视野拓展到地方政府债务风险与银行风险的联结，阐释了中国地方政府如何通过地方政府投融资平台、PPP模式以及发行地方政府债券积聚债务风险，并传导至金融体系，影响到金融体系的稳定。具体而言，首先，从地方政府融资平台渠道来说，土地财政与影子银行的存在，导致银行资金得以向融资平台倾斜，加剧了地方政府债务的扩张，造成地方政府财政风险提升并向金融体系溢出风险。其次，就PPP模式而言，PPP项目的本质是市政基础设施和公共服务的市场化，通过社会资本提高公共产品和服务的质量和效率，将政府负债转变为企业负债，实现收益与风险向企业的分摊。但在现有的PPP模式中，存在地方政府以PPP之名变相举债的现象，反而加深了地方政府与金融机构之间的联系。同时由于PPP项目主要为大型的基础设施与公益性项目，极易出现资产与负债期限错配，结构失衡的现象，加大银行体系的坏账风险和流动性风险。最后，从地方政府债券渠道看，以商业银行为代表的金融机构是地方政府债券的主要投资者，这会导致商业银行在债务风险发生时首当其冲，大大增加了银行体系的风险。若商业银行对地方政府债券存在过度配置，就会挤占商业银行在其他业务上的资金投入，如会减少对中小企业的贷款，不利于中小微企业的健康发展，同时在某种程度上对商业银行的盈利性也产生了一定影响。综上，地方政府债务风险会通过以上三条路径影响到银行风险，并且由于现实生活中金融加速器机制的存在，会使得金融风险和债务风险相互促进。也就是说，虽然地方政府的上述三种融资方式在短期内可以缓解地方政府资金不足的压力，但长期看会加大债务风险对金融体系和实体经济的冲击，如果风险集中爆发、各种风险交叉感染，则会迅速扩展为系统性金融风险。

5.2　政策建议

中国正处于从经济高速增长向高质量发展转变的新发展阶段，守住不发生系统性金融风险的底线对于保持经济的长期稳定发展至关重要。目前，中国金融体系风险总体可控，但依然存在一些地方政府的金融争夺与融资扩张行为，容易诱发金融系统性风险，埋下金融安全的隐患。地方政府的这些行为取向根源于现阶段地方政府与中央政府的目标偏差与激励不相容，地方政府金融权责模糊，过度重视经济增长而忽视了金融安全。结合前文的分析，本书认为要化解中央与地方政府目标偏差对金融系统性风险的影响，就要以"激励相容原理"为出发点，厘清中央政府和地方政府的职责所在，既要充分发挥中央政府的统摄、协调和监督作用，又要引导和调动地方政府的积极性，推动经济高质量发展，有效控制与防范金融系统性风险。具体思路和实现路径如下。

5.2.1　完善信息反馈与监督机制，推进政府治理与金融管理改革

前述金融风险问题的重要源头是在当前的政府治理模式与金融管理制度下，地方官员面临的激励性质与结构与中央政府防范系统性风险的目标不协同的问题。在中国以经济增长为中心的官员晋升激励，中央与地方政府间财权和事权分配不对等而金融管理边界模糊的特征制度背景下，地方政府存在强烈的抢夺金融资源的诉求和较大的自由裁量权，埋下了区域性金融风险演化为系统性风险隐患。中央也早已意识到这一问题的根源，近年来通过弱化经济增长激励、财税体制改革、规则约束与依法行政来不断强化中央对地方政府的控制力。但需要指出的是，从机制的设计角度，予以地方政府一定的自由裁量空间十分必要，原因在于地方政府在掌握当地信息方面具有优势，且不同地区的信息存在时空异质性，中央政府要及时、准确地甄别地区信息存在难度。因此，在对地方政府行为进行约束的同时，也需要降低中央政府收集信息的困难。

同时，从金融监管的角度来看，自 20 世纪 90 年代起，中国便实行了垂直

型的相对集权的金融监管制度，但从本书的观察而言，仍然存在一些问题。这其中固然有政府治理模式未能与金融管理体制相协调相适应的因素，也有金融监管当局进行有效监督和控制成本过高的原因。简而言之，重构中央与地方政府激励相容的政府治理模式与金融管理制度，需要权衡信息收集成本、监督成本与金融外部性的矛盾，其关键在于构建良好的信息反馈与监督机制，考虑到中央政府的信息劣势，在已有垂直监督模式下，应加大对来自媒体与公众的横向信息的利用，引入多重监督和制衡地方政府的力量，强化司法体系对地方政府及其主政官员的法治约束。在此基础上，中央政府的信息劣势与监督困难被大大缓解，中央与地方政府间的责任边界就更容易明晰，那些对于地方信息依赖大而外部负面性小的政策决策权便可以下放给地方政府，如赋予地方政府适度融资权限便十分必要；而外部负面性大的政策决策则仍然可以集中于中央。以此实现地方政府激励与约束的平衡，以及经济金融的稳定健康发展。

5.2.2 赋予地方政府适度融资权限，规范地方政府举债行为

赋予地方政府适度融资权限是当前改革的方向之一。中国地方政府长久以来为提供公共服务承担了较大的支出责任，资金需求量大，习惯性依赖土地财政来提高财政收入，但长时间的土地财政依赖会抑制民间投资，扭曲资源配置，加剧经济波动；同时，地方政府借助融资平台拓宽融资渠道，由于其对融资平台债务的隐性担保积累了政府的或有债务，易引发政府债务风险。近年来中央政府加大了对融资平台公司的管控和规范，导致地方政府通过融资平台进行隐形负债的难度加大；为了进一步缓解财政压力，部分地方政府借 PPP 项目的名义进行变相举债融资，利用其来隐藏财政赤字和高额债务，将 PPP 项目异化为新的"融资平台"，导致隐性债务量急速上升，为地方政府债务安全埋下巨大隐患。因此，适当赋予地方政府融资权限是非常必要的，但赋予地方政府融资权限的同时，必须对其举债行为予以规范。

因此，问题的关键仍然是赋权与监督的平衡。首先，适当提高地方政府在债务额度和结构配置上的话语权，适应地方区域经济发展与提供公共服务的资金需求；其次，强化程序控制与规范约束，充分利用信息技术完善中央监管。如，设立对外负债限额申报制，实施地方政府融资责任追究制；利用大数据等现代技术提高信息获取的精准性，解决债务限额管理中的信息不对称与风险管理问题。最后，优化政府融资结构，发挥多元化的融资手段的多重优势来监督与约束政府行为，如为了规范地方政府融资平台债务管理，助推地方政府融资

平台向现代化投融资公司转型，可以充分利用金融科技建立地方政府融资平台风险预警体系，对地方政府担保实施全面监管和动态监控；逐步打破地方政府隐形担保，使融资平台公司与 PPP 项目能实现真正的市场化融资功能，以市场化的融资成本来约束地方政府的负债意愿，使风险限制在可控范围之内。

5.2.3 健全金融系统性风险监管体系，加强中央与地方政府间金融监管协调机制建设

从第 3、4 章的研究可以看出，伴随着改革开放以来中国经济的转型与不断增长，金融工具和金融手段的发展提高了金融在现代经济生活中的地位，但金融体系的日益复杂，也使得系统性金融风险触发的可能性增加。在传统经济体制下，区域性的金融风险难以演变为系统性和全国性动荡，但随着经济金融一体化的发展，地方政府各类债务与金融市场、金融机构存在多层次和深入关联。如金融体系中杠杆率过高、不良资产等风险等有着地方政府作用的因素，这些都会成为引爆系统性金融风险的导火索，当小部分风险在点上集中爆发时，极有可能影响整个金融面的发展。简而言之，随着金融创新的持续推进，第 3、4 章所涉及的地方政府债务风险交叉传染的风险值得警惕，它反映了金融风险传染存在跨行业、跨市场的现象，这意味着当前的金融监管体系应该进一步向功能监管和行为监管的方式转变，形成机构监管、功能监管和行为监管有效融合的监管体系。对上述各类潜在"爆雷"风险要予以高度重视，切实采取各类有效跟踪监测措施，降低区域风险演化为系统性金融风险的可能性。

同时，金融监管职责在中央和地方之间的分配，是金融监管体制改革的重要内容。在坚持中央统辖金融管理事务的前提下，要明确中央和地方在金融监管中的履职边界，增强中央和地方金融监管协调的力度及有效性，即应在一些地方政府具有信息优势的领域，进一步将金融监管权下放，并通过完善一个以法律为基础、依法监管、有效监管的金融监管体系，来实现对地方政府的规则约束，避免出现"一刀切""运动式""反复性"的监管行为。同时，应完善一个以专业监管为核心、属地监管机构为辅的金融监管机制。在金融监管的协调框架中，不仅要包括央行和垂直型的专业监管机构，还要包括地方政府的金融监管机构；在机制设计中，要加强其信息共享，强化其对新兴金融业务的监管合作，促进其共同完善金融风险处置机制，从而减少重复监管，保障金融政策的落地见效，提升监管效率。

5.2.4 坚持引入市场化激励机制，形成政府作用与市场作用的有机统一

在传统的地方政府行政化的举债行为中，运用市场化手段较少；在地方政府债务中，对于政府事务的边界缺乏明确界定，导致政府承担了部分本该由市场负担的债务，损害了政府财政资金的使用效率。因此，应当坚持在政府部门引入市场化的激励机制，减少地方政府的市场化参与行为，打造一个有限、有效政府。就政府债务而言，继续完善 PPP 项目的投融资机制，通过市场化的改革途径健全公共服务价格机制，以形成符合市场化的公共服务收费制度以及合理的投资回报机制，推进 PPP 项目更好地实现"伙伴关系、利益共享、风险共担"原则，从而促进我国地方政府财政资金的合理使用和有效配置。对于债券市场风险，则需进一步推动政府债券发行的市场化和专业化，如，可以提高地方政府债券在二级市场的流动性，扩大投资者范围；并加快推进信息披露制度建设，明确地方政府债券披露信息的内容、原则等事项。

同时，要正确认识地方政府在促进地方经济增长中的重要作用。例如，在国际金融形势复杂和国内经济下行的背景下，合理增加地方政府债券的发行规模对经济增长有促进作用，以此为契机可以扩大居民就业机会，刺激社会消费，充分发挥债券市场服务于实体经济的功能。再如，就被诟病已久的金融市场刚性兑付现象而言，其处置方式也需十分谨慎。宜有序打破刚性兑付，防范风险的交叉传染。由前文分析可见，在银行大量持有信用债、一般企业债与城投企业债风险关联，预期共振的环境里，简单粗暴的打破刚兑很难避免形成市场的恐慌。因此，要在做好数据前瞻性预警和压力测试的基础上，稳步推进市场化改革，防患于未然。总之，推动有效市场与有为政府的有机结合是一个非常艰难的过程，但也是我们深化社会主义市场经济体制改革所必须坚持的方向。

参考文献

[1] 周黎安, 赵鹰妍, 李力雄. 资源错配与政治周期 [J]. 金融研究, 2013 (3): 15-29.

[2] 周黎安. 中国地方官员的晋升锦标赛模式研究 [J]. 经济研究, 2007 (7): 36-50.

[3] 周黎安. 晋升博弈中政府官员的激励与合作: 兼论我国地方保护主义和重复建设问题长期存在的原因 [J]. 经济研究, 2004 (6): 33-40.

[4] 张雪兰, 何德旭. 货币政策立场与银行风险承担: 基于中国银行业的实证研究 (2000—2010) [J]. 经济研究, 2012, 47 (5): 31-44.

[5] 江曙霞, 陈玉婵. 货币政策、银行资本与风险承担 [J]. 金融研究, 2012 (4): 1-16.

[6] 王擎, 潘李剑. 转轨时期的政府干预、银行行为及其经营绩效: 基于我国城市商业银行的分析 [J]. 金融监管研究, 2014 (6): 40-56.

[7] 祝继高, 饶品贵, 鲍明明. 股权结构、信贷行为与银行绩效: 基于我国城市商业银行数据的实证研究 [J]. 金融研究, 2012 (7): 31-47.

[8] 祝继高, 胡诗阳, 陆正飞. 商业银行从事影子银行业务的影响因素与经济后果: 基于影子银行体系资金融出方的实证研究 [J]. 金融研究, 2016 (1): 66-82.

[9] 钱先航, 徐业坤. 官员更替、政治身份与民营上市公司的风险承担 [J]. 经济学 (季刊), 2014, 13 (4): 1437-1460.

[10] 钱先航. 官员任期、政治关联与城市商业银行的贷款投放 [J]. 经济科学, 2012 (2): 89-101.

[11] 钱先航, 曹廷求, 李维安. 晋升压力、官员任期与城市商业银行的贷款行为 [J]. 经济研究, 2011 (12): 72-85.

[12] 王晓娆，王奎倩. 腐败对银行不良贷款的影响：基于中国省级动态面板数据 GMM 方法 [J]. 财经论丛（浙江财经大学学报），2016（8）：36-43.

[13] 王营，马莉. 地区法律环境与城市商业银行信贷行为 [J]. 金融论坛，2011（9）：21-29.

[14] 巴曙松. 应从金融结构演进角度客观评估影子银行 [J]. 经济纵横，2013（4）：27-30.

[15] 黄国平. 监管资本、经济资本及监管套利：妥协与对抗中演进的巴塞尔协议 [J]. 经济学（季刊），2014（3）：863-86.

[16] 黄益平，常健，杨灵修. 中国的影子银行会成为另一个次债？[J]. 国际经济评论，2012（2）：42-51，5.

[17] 纪志宏，周黎安，王鹏，等. 地方官员晋升激励与银行信贷：来自中国城市商业银行的经验证据 [J]. 金融研究，2014（1）：1-15.

[18] 李莉. 银行监管的原因、失灵及其改进 [J]. 世界经济文汇，2006（3）：56-80.

[19] 刘冲，郭峰. 官员任期、中央金融监管与地方银行信贷风险 [J]. 财贸经济，2017（4）：86-100.

[20] 刘江会，刘兴堂. 银行规模、俘获行为与监管者声誉关系研究 [J]. 江西财经大学学报，2011（5）：5-14.

[21] 陆晓明. 中美影子银行系统比较分析和启示 [J]. 国际金融研究，2014（1）：55-63.

[22] 潘敏，魏海瑞. 提升监管强度具有风险抑制效应吗？：来自中国银行业的经验证据 [J]. 金融研究，2015（12）：64-80.

[23] 谭劲松，简宇寅，陈颖. 政府干预与不良贷款：以某国有商业银行 1988~2005 年的数据为例 [J]. 管理世界，2012（7）：29-43，187.

[24] 谭之博，周黎安. 官员任期与信贷和投资周期 [J]. 金融研究，2015（6）：80-93.

[25] 王林. 巴塞尔协议 III 新内容及对我国商业银行的影响 [J]. 西南金融，2011（1）：8-10.

[26] 王守坤，任保平. 财政联邦还是委托代理：关于中国式分权性质的经验判断 [J]. 管理世界，2009（11）：29-40，187.

[27] 徐现祥，王贤彬. 晋升激励与经济增长：来自中国省级官员的证据

[J]. 世界经济, 2010 (2): 15-36.

[28] 徐现祥, 王贤彬, 舒元. 地方官员与经济增长: 来自中国省长、省委书记交流的证据 [J]. 经济研究, 2007 (9): 18-31.

[29] 杨其静, 聂辉华. 保护市场的联邦主义及其批判 [J]. 经济研究, 2008 (3): 99-114.

[30] 张朝洋. 货币政策与宏观审慎政策协调研究 [D]. 南昌: 江西财经大学, 2017.

[31] 张军. 中国经济发展: 为增长而竞争 [J]. 世界经济文汇, 2005 (Z1): 101-5.

[32] 张军, 高远. 官员任期、异地交流与经济增长: 来自省级经验的证据 [J]. 经济研究, 2007 (11): 91-103.

[33] 周子衡. 国有商业银行: 市场化还是体制化? [J]. 资本市场, 2005 (1): 33-35.

[34] 王永钦, 陈映辉, 杜巨澜. 软预算约束与中国地方政府债务的违约风险: 来自金融市场的证据 [J]. 经济研究, 2016 (11): 96-109.

[35] 张雪莹, 王玉琳. 地方政府债务治理与政府隐性担保效果: 基于债券市场数据的分析 [J]. 证券市场导报, 2019 (1): 28-36.

[36] 郭玉清, 何杨, 李龙. 救助预期, 公共池激励与地方政府举债融资的大国治理 [J]. 经济研究, 2016, 51 (3): 81-95.

[37] 姜子叶, 胡育蓉. 财政分权, 预算软约束与地方政府债务 [J]. 金融研究, 2016 (2): 198-206.

[38] 龚强, 王俊, 贾坤. 财政分权视角下的地方政府债务研究: 一个综述 [J]. 经济研究, 2011 (7): 144-156.

[39] 杨继东, 杨其静, 刘凯. 以地融资与债务增长: 基于地级市面板数据的经验研究 [J]. 财贸经济, 2018 (2): 52-68.

[40] 张莉, 魏鹤翀, 欧德赟. 以地融资、地方债务与杠杆: 地方融资平台的土地抵押分析 [J]. 金融研究, 2019 (3): 92-110.

[41] 张莉, 年永威, 刘京军. 土地市场波动与地方债: 以城投债为例 [J]. 经济学 (季刊), 2018 (3): 1103-1126.

[42] 罗荣华, 刘劲劲. 地方政府的隐性担保真的有效吗?: 基于城投债发行定价的检验 [J]. 金融研究, 2016 (4): 83-98.

[43] 潘俊, 吴修瑶. 可流动性资产对地方政府债务违约风险的影响: 来

自城投债的实证检验 [J]. 经济学家, 2017, 4 (4): 82-88.

[44] 李永友, 马孝红. 地方政府举债行为特征甄别: 基于偿债能力的研究 [J]. 财政研究 2018 (1): 65-77.

[45] 刘红忠, 茅灵杰, 许友传. 地方政府融资平台融资结构演变的多重博弈 [J]. 复旦学报 (社会科学版), 2019 (4): 125-136.

[46] 刘红忠, 许友传. 地方政府融资平台债务重构及其风险缓释 [J]. 复旦学报 (社会科学版), 2017 (6): 143-154.

[47] 姚东旻, 朱泳奕, 庄颖. PPP 是否推高了地方政府债务: 基于微观计量方法的系统评价 [J]. 国际金融研究, 2019, 386 (6): 26-36.

[48] 袁诚, 陆晓天, 杨骁. 地方自有财力对交通设施类 PPP 项目实施的影响 [J]. 财政研究, 2017 (6): 26-39.

[49] 陈硕颖, 杨扬. PPP 与当前中国经济社会管理体制的创新 [J]. 经济学家, 2017 (9): 55-62.

[50] 吴中兵. PPP 项目支出与政府债务问题研究 [J]. 宏观经济管理, 2018 (7): 66-72.

[51] 卜振兴. 城投公司监管逻辑解读 [J]. 银行家, 2019 (4): 83-85.

[52] 陈道富. 我国融资难融资贵的机制根源探究与应对 [J]. 金融研究, 2015 (2): 45-52.

[53] 陈菁, 李建发. 财政分权、晋升激励与地方政府债务融资行为: 基于城投债视角的省级面板经验证据 [J]. 会计研究, 2015 (1): 61-67, 97.

[54] 范剑勇, 莫家伟. 地方债务、土地市场与地区工业增长 [J]. 经济研究, 2014, 49 (1): 41-55.

[55] 方红星, 施继坤, 张广宝. 产权性质、信息质量与公司债定价: 来自中国资本市场的经验证据 [J]. 金融研究, 2013 (4): 170-182.

[56] 方明月, 孙鲲鹏. 国企混合所有制能治疗僵尸企业吗?: 一个混合所有制类啄序逻辑 [J]. 金融研究, 2019 (1): 91-110.

[57] 贾洪文, 胡琴. 中央代发地方政府债券的理论分析与实践探讨: 以 2009 年地方政府债券为例 [J]. 甘肃行政学院学报, 2009 (6): 95-100, 37, 128.

[58] 李腊生, 耿晓媛, 郑杰. 我国地方政府债务风险评价 [J]. 统计研究, 2013, 30 (10): 30-39.

[59] 刘继峰, 曹阳. 我国地方政府债务法律监管研究 [J]. 法学杂志,

2017, 38 (8)：76-85.

[60] 刘伟, 李连发. 地方政府融资平台举债的理论分析 [J]. 金融研究, 2013 (5)：126-139.

[61] 马雁. 基于内生性修正的中国入世政策效果实证研究 [J]. 现代财经 (天津财经大学学报), 2018, 38 (2)：54-62.

[62] 牛霖琳, 洪智武, 陈国进. 地方政府债务隐忧及其风险传导：基于国债收益率与城投债利差的分析 [J]. 经济研究, 2016, 51 (11)：83-95.

[63] 庞欣, 王克敏. 地方国有上市公司持股商业银行动机和效应研究 [J]. 经济理论与经济管理, 2020 (9)：88-101.

[64] 粟勤, 孟娜娜. 地方政府干预如何影响区域金融包容？：基于省际面板数据的空间计量分析 [J]. 国际金融研究, 2019 (8)：14-24.

[65] 汪莉, 陈诗一. 利率政策、影子银行与我国商业银行风险研究 [J]. 经济学 (季刊), 2019, 18 (1)：1-22.

[66] 沈红波, 华凌昊, 张金清. 城投债发行与地方融资平台主动债务置换：基于银行授信视角 [J]. 金融研究, 2018 (12)：91-104.

[67] 石华军, 楚尔鸣. 政策效果评估的双重差分方法 [J]. 统计与决策, 2017 (17)：80-83.

[68] 史贞. 我国各省城投债偿还能力测度研究：基于 AHP 的实证分析 [J]. 宏观经济研究, 2018 (1)：94-102.

[69] 汤亮. 公开信息与国债市场价格的发现过程：基于中国的经验实证分析 [J]. 南开经济研究, 2005 (5)：102-107.

[70] 陶雄华, 曹松威. 会计信息质量、政治关联与公司债融资成本：基于我国上市公司的证据 [J]. 中南财经政法大学学报, 2017 (3)：89-96, 160.

[71] 汪莉, 陈诗一. 政府隐性担保、债务违约与利率决定 [J]. 金融研究, 2015 (9)：66-81.

[72] 王博森, 吕元稹. 隐性还是显性？：地方政府在城投债定价中的角色研究 [J]. 会计与经济研究, 2016, 30 (4)：43-60.

[73] 魏晓云. 货币政策、企业债利率与利差期限结构关系的实证分析 [J]. 统计与决策, 2017 (22)：151-154.

[74] 翁若喜. 关于非金融企业债券融资工具对银行业风险收益的调研思考 [J]. 金融经济, 2018 (18)：155-156.

[75] 吴洵，俞乔. 地方政府债务风险溢价研究 [J]. 财政研究，2017 (1)：89-102，113.

[76] 肖吕. 省级政府财政透明度分类指标与城投债信用评级关系研究 [D]. 武汉：华中师范大学，2018.

[77] 肖作平，廖理. 大股东、债权人保护和公司债务期限结构选择：来自中国上市公司的经验证据 [J]. 管理世界，2007 (10)：99-113.

[78] 许友传，刘红忠. 政府对国有银行体系的风险容忍及其隐性救助压力 [J]. 经济评论，2019 (1)：46-60.

[79] 许友传. 中国地方政府债务的结构性风险 [J]. 统计研究，2018，35 (2)：14-28.

[80] 许友传. 中国式兜底预期与结构分化的债务估值体系 [J]. 财经研究，2018，44 (9)：41-51.

[81] 钟辉勇，钟宁桦，朱小能. 城投债的担保可信吗？：来自债券评级和发行定价的证据 [J]. 金融研究，2016 (4)：66-82.

[82] 朱莹，王健. 市场约束能够降低地方债风险溢价吗？：来自城投债市场的证据 [J]. 金融研究，2018 (6)：56-72.

[83] 竹志奇，高珂，王涛. 新预算法对地方债券市场化进程的影响 [J]. 税务与经济，2018 (5)：11-18.

[84] 聂辉华. 从政企合谋到政企合作：一个初步的动态政企关系分析框架 [J]. 学术月刊，2020，52 (6)：44-56.

[85] 张烨宇，邹谷阳，高峰，等. 地方官员更替、制度环境与股价崩盘风险 [J]. 投资研究，2020，39 (1)：105-122.

[86] 王叙果，沈红波，钟霖佳. 政府隐性担保、债券违约与国企信用债利差 [J]. 财贸经济，2019，40 (12)：65-78.

[87] 刘柳，屈小娥. 经济政策不确定性环境下地方政府债务扩张动因再检验：基于新口径城投债视角的实证分析 [J]. 财政研究，2019 (10)：32-46.

[88] 张华，唐珏. 官员变更与雾霾污染：来自地级市的证据 [J]. 上海财经大学学报，2019，21 (5)：110-125.

[89] 周彬，周彩. 土地财政、企业杠杆率与债务风险 [J]. 财贸经济，2019，40 (3)：19-36.

[90] 于文超. 政企关系重构如何影响企业创新？ [J]. 经济评论，2019 (1)：33-45.

[91] 张春强，鲍群，盛明泉. 公司债券违约的信用风险传染效应研究：来自同行业公司发债定价的经验证据 [J]. 经济管理，2019，41（1）：174-190.

[92] 朱丽娜，何轩，邵任薇，等. 官员更替会影响企业的财政补贴吗？：基于中国家族企业的经验性研究 [J]. 财经研究，2018，44（10）：138-152.

[93] 胡悦，吴文锋. 城投债中的地方政府信用：隐性担保还是隐性担忧 [J]. 投资研究，2018，37（9）：44-61.

[94] 姚红宇，施展. 公司个体特征、地方经济变量与信用债违约预测：基于离散时间风险模型 [J]. 投资研究，2018，37（6）：114-132.

[95] 陈德球，陈运森，董志勇. 政策不确定性、市场竞争与资本配置 [J]. 金融研究，2017（11）：65-80.

[96] 卢盛峰，陈思霞，杨子涵. "官出数字"：官员晋升激励下的 GDP 失真 [J]. 中国工业经济，2017（7）：118-136.

[97] 郭峰，石庆玲. 官员更替、合谋震慑与空气质量的临时性改善 [J]. 经济研究，2017，52（7）：155-168.

[98] 邓淑莲，朱颖. 财政透明度对企业产能过剩的影响研究：基于"主观"与"被动"投资偏误的视角 [J]. 财经研究，2017，43（5）：4-17.

[99] 黄小琳，朱松，陈关亭. 债券违约对涉事信用评级机构的影响：基于中国信用债市场违约事件的分析 [J]. 金融研究，2017（3）：130-144.

[100] 刘海洋，林令涛，黄顺武. 地方官员变更与企业兴衰：来自地级市层面的证据 [J]. 中国工业经济，2017（1）：62-80.

[101] 曹伟，杨德明，赵璨，等. 地方政治权力转移与企业社会资本投资周期：基于政企关系重构的动态研究 [J]. 财经研究，2017，43（1）：4-16.

[102] 钱爱民，张晨宇. 政策不确定性、会计信息质量与银行信贷合约：基于民营企业的经验证据 [J]. 中国软科学，2016（11）：121-136.

[103] 曹伟，程六兵，赵璨. 地方政府换届会影响企业纳税行为吗？：来自市委书记变更的证据 [J]. 世界经济文汇，2016（3）：91-110.

[104] 罗党论，廖俊平，王珏. 地方官员变更与企业风险：基于中国上市公司的经验证据 [J]. 经济研究，2016，51（5）：130-142.

[105] 干春晖，邹俊，王健. 地方官员任期、企业资源获取与产能过剩 [J]. 中国工业经济，2015（3）：44-56.

[106] 戴亦一，潘越，冯舒. 中国企业的慈善捐赠是一种"政治献金"

吗?：来自市委书记更替的证据 [J]. 经济研究，2014，49（2）：74-86.

[107] 曹春方. 政治权力转移与公司投资：中国的逻辑 [J]. 管理世界，2013（1）：143-155，157，156，188.

[108] 李维安，钱先航. 地方官员治理与城市商业银行的信贷投放 [J]. 经济学（季刊），2012，11（4）：1239-1260.

[109] 王贤彬，徐现祥. 地方官员来源、去向、任期与经济增长：来自中国省长省委书记的证据 [J]. 管理世界，2008（3）：16-26.

[110] 马万里，张敏. 中国地方债务缘何隐性扩张：基于隐性金融分权的视角 [J]. 当代财经，2020（7）：28-37.

[111] 马树才，华夏，韩云虹. 地方政府债务影响金融风险的传导机制：基于房地产市场和商业银行视角的研究 [J]. 金融论坛，2020，25（4）：70-80.

[112] 马万里，张敏. 地方政府隐性举债对系统性金融风险的影响机理与传导机制 [J]. 中央财经大学学报，2020（3）：10-18.

[113] 马万里. 中国地方政府隐性债务扩张的行为逻辑：兼论规范地方政府举债行为的路径转换与对策建议 [J]. 财政研究，2019（8）：60-71，128.

[114] 毛捷，徐军伟. 中国地方政府债务问题研究的现实基础：制度变迁、统计方法与重要事实 [J]. 财政研究，2019（1）：3-23.

[115] 毛锐，刘楠楠，刘蓉. 地方政府债务扩张与系统性金融风险的触发机制 [J]. 中国工业经济，2018（4）：19-38.

[116] 陶玲，朱迎. 系统性金融风险的监测和度量：基于中国金融体系的研究 [J]. 金融研究，2016（6）：18-36.

[117] 熊琛，金昊. 地方政府债务风险与金融部门风险的"双螺旋"结构：基于非线性 DSGE 模型的分析 [J]. 中国工业经济，2018（12）：23-41.

[118] 李玉龙. 地方政府债券、土地财政与系统性金融风险 [J]. 财经研究，2019，45（9）：100-113.

[119] 吉富星. 我国 PPP 政府性债务风险治理的研究 [J]. 理论月刊，2015（7）：120-124.

[120] 李丹，王郐强. PPP 隐性债务风险的生成：理论、经验与启示 [J]. 行政论坛，2019，26（4）：101-107.

[121] 王建丰，郭佳良. 论地方政府融资平台与地方官员经济激励 [J].

中南大学学报（社会科学版），2012，18（4）：8-13.

［122］ DELL'ARICCIA, LAEVEN L, MARQUEZ R. Monetary policy, leverage, and bank risk-taking ［R］. New York: SSRN, 2011.

［123］ BORIO C, ZHU H. Capital regulation, risk-taking and monetary policy: a missing link in the transmission mechanism? ［J］. Journal of financial stability, 2012, 8 （4）: 236-251.

［124］ DELIS M D, KOURETAS G P. Interest rates and bank risk-taking ［J］. Journal of banking & finance, 2011, 35 （4）: 840-855.

［125］ CHEN K, REN J, ZHA T A. The nexus of monetary policy and shadow banking in China ［R］. Cambrige MA: NBER, 2017.

［126］ SHLEIFER A, VISHNY R W. Politicians and firms ［J］. Quarterly journal of economics, 1994, 109 （4）: 995-1025.

［127］ DINÇ IS. Politicians and banks: political influences on government-owned banks in emerging markets ［J］. Journal of financial economics, 2005, 77 （2）: 453-479.

［128］ PORTA R, SHLEIFER A, VISHNY R. The quality of government ［J］. Journal of law, economics & organization, 1999, 15 （1）: 222-279.

［129］ GEORGE R, CLARKE G, ROBERT C. Why privatize? The case of argentina's public provincial banks ［J］. World development, 1999, 27 （5）: 865-886.

［130］ ANDRIANOVA S, DEMETRIADES P, SHORTLAND A. Government ownership of banks, institutions, and financial development ［J］. Journal of development economics, 2008, 85 （1-2）: 218-252.

［131］ ADRIAN T, ASHCRAFT A B. Shadow banking: a review of the literature ［R］. Washington DC: Federal Reserve Bank, 2012.

［132］ PING A, MENGXUAN Y. Neglected part of shadow banking in China ［J］. International review of economics & finance, 2018, 57 （9）: 211-236.

［133］ ANDERSON R C, FRASER D R. Corporate control, bank risk taking, and the health of the banking industry ［J］. Journal of banking & finance, 2000, 24 （8）: 1383-1398.

［134］ BARAKAT A, HUSSAINEY K. Bank governance, regulation, supervision, and risk reporting: Evidence from operational risk disclosures in European banks [J]. International review of financial analysis, 2013 (30): 254-273.

[135] BARTH J, CAPRIO G, LEVINE R. Banking systems around the globe: do regulation and ownership affect performance and stability? [R]. Washington DC: The World Bank, 2002.

[136] BECK T, LEVINE R. Industry growth and capital allocation: does having a market- or bank-based system matter? [J]. Journal of financial economics, 2002, 64 (2): 147-180.

[137] BECKER G S. A theory of competition among pressure groups for political influence [J]. The quarterly journal of economics, 1983, 98 (3): 371-400.

[138] BECKER G S, STIGLER G J. Law enforcement, malfeasance, and compensation of enforcers [J]. The journal of legal studies, 1974, 3 (1): 1-18.

[139] BRUNNERMEIER M K. Deciphering the liquidity and credit crunch 2007—2008 [J]. Journal of economic perspectives, 2009, 23 (1): 77-100.

[140] CAI H, TREISMAN D. Did government decentralization cause china's economic Miracle? [J]. World politics, 2006, 58 (4): 505-535.

[141] CARUANA J. Financial regulation, complexity and innovation [R]. London: Speech General Manager of the Bank for International Settlements, prepared for the Promontory Annual Lecture, 2014.

[142] CHARUMILIND C, KALI R, WIWATTANAKANTANG Y. Connected lending: Thailand before the financial crisis [J]. The journal of business, 2006, 79 (1): 181-218.

[143] DIALLO B, AL-MANSOUR A. Shadow banking, insurance and financial sector stability [J]. Research in international business and finance, 2017 (42): 224-232.

[144] DIAMOND D W, DYBVIG P H. Bank runs, deposit insurance, and liquidity [J]. Journal of political economy, 1983, 91 (3): 401-419.

[145] FLEISCHER V. Regulatory arbitrage [R]. Denver: University of Colorado, 2010.

[146] GERSCHENKRON A. Financial development and economic growth [M] // Economic backwardness in historical perspective: a book of essays. Cam-

bridge MA: Harvard University Press, 1962.

[147] GREENWALD B C, STIGLITZ J E. Externalities in economies with imperfect information and incomplete markets [J]. The quarterly journal of economics, 1986, 101 (2): 229-264.

[148] GROSSMAN S J, STIGLITZ J E. On the impossibility of informationally efficient markets [J]. The American economic review, 1980, 70 (3): 393-408.

[149] HSU J C, MOROZ M. Shadow banks and the financial crisis of 2007—2008 [M] // The banking crisis handbook. Los Angeles: CRC Press, 2010.

[150] JACKSON H E, ROE M J. Public and private enforcement of securities laws: resource-based evidence [J]. Journal of financial economics, 2007, 93 (2): 207-238.

[151] KONISHI M, YASUDA Y. Factors affecting bank risk taking: evidence from Japan [J]. Journal of banking & finance, 2004, 28 (1): 215-232.

[152] KORNAI J. Resource-constrained versus demand-constrained systems [J]. Econometrica, 1979, 47 (4): 801-819.

[153] LAEVEN L, LEVINE R. Bank governance, regulation and risk taking [J]. Journal of financial economics, 2009, 93 (2): 259-275.

[154] LAFFONT J J, TIROLE J. The politics of government decision-making: a theory of regulatory capture [J]. The quarterly journal of economics, 1991, 106 (4): 1089-1127.

[155] LAZEAR E P, ROSEN S. Rank-order tournaments as optimum labor contracts [J]. Journal of political economy, 1981, 89 (5): 841-864.

[156] LI D D, LIANG M. Causes of the soft budget constraint: evidence on three explanations [J]. Journal of comparative economics, 1998, 26 (1): 104-116.

[157] LI H, MENG L, WANG Q, et al. Political connections, financing and firm performance: evidence from Chinese private firms [J]. Journal of development economics, 2008, 87 (2): 283-299.

[158] LI H, ZHOU L A. Political turnover and economic performance: the incentive role of personnel control in China [J]. Journal of public economics, 2005, 89 (9-10): 1743-1762.

[159] LOHSE T, PASCALAU R, THOMANN C. Public enforcement of securi-

ties market rules: resource-based evidence from the securities and exchange commission [J]. Journal of economic behavior & organization, 2014 (106): 197-212.

[160] MEGGINSON W L. The economics of bank privatization [J]. Journal of banking & finance, 2005, 29 (8): 1931-1980.

[161] PARTNOY F. Financial derivatives and the costs of regulatory arbitrage [J]. Journal of corporation law, 1996, 22: 211-256.

[162] PELLEGRINI C B, MEOLI M, URGA G. Money market funds, shadow banking and systemic risk in United Kingdom [J]. Finance research letters, 2017 (21): 163-171.

[163] PELTZMAN S. The economic theory of regulation after a decade of deregulation [M]. London: Oxford University Press, 1998.

[164] POZSAR Z, ADRIAN T, ASHCRAFT A B, et al. Shadow banking [R]. Washington DC: The Federal Reserve Bank, 2012.

[165] QIAN Y, WEINGAST B. Federalism as a commitment to perserving market incentives [J]. Journal of economic perspectives, 1997, 11 (4): 83-92.

[166] QIAN Y, WEINGAST B R. China's transition to markets: market-preserving federalism, Chinese style [J]. The journal of policy reform, 1996, 1 (2): 149-185.

[167] ROSEN R J. Too much right can make a wrong: setting the stage for the US financial crisis [M]. New York: Palgrave Macmillan, 2010.

[168] SAUNDERS A, STROCK E, TRAVLOS N G. Ownership structure, deregulation, and bank risk taking [J]. Journal of finance, 1990, 45 (2): 643-654.

[169] SHIVE S, FORSTER M. The revolving door for financial regulators [J]. Review of finance, 2013.

[170] STIGLER G J. The theory of economic regulation [J]. The bell journal of economics and management science, 1971, 2 (1): 3-21.

[171] TARULLO D K. Shadow banking after the financial crisis [R]. San Francisco: the Federal Reserve Bank of San Francisco Conference on "Challenges in Global Finance: The Role of Asia", 2012.

[172] WEINGAST B R. The economic role of political institutions: market-preserving federalism and economic development [J]. Journal of law, economics & or-

ganization, 1995, 11 (1): 1-31.

[173] TREIN P, RUIZ-PALMERO C. Fiscal centralization in times of crisis: evidence from 11 federal states [R]. New York: SSRN, 2015.

[174] XU C. The fundamental institutions of China's reforms and development [J]. Journal of economic literature, 2011, 49 (4): 1076-1151.

[175] ROCH F, UHLIG H. The dynamics of sovereign debt crises and bailouts [J]. Journal of international economics, 2018 (114): 1-13.

[176] BECK R, FERRUCCI G, HANTZSCHE A, et al. Determinants of sub-sovereign bond yield spreads-The role of fiscal fundamentals and federal bailout expectations [J]. Journal of international money and finance, 2017, 12 (79): 72-98.

[177] KORNAI J. Resource-constrained versus demand-constrained systems [J]. Econometrica: journal of the econometric society, 1979, 47 (4): 801-819.

[178] WILDASIN E. The institutions of federalism: toward an analytical framework [J]. National tax journal, 2004, 57 (2): 247-272.

[179] PERSSON T, SVENSSON L E. Why a stubborn conservative would run a deficit: policy with time-inconsistent preferences [J]. The quarterly journal of economics, 1989, 104 (2): 325-345.

[180] BESFAMILLE M, LOCKWOOD B. Bailouts in federations: is a hard budget constraint always best? [J]. International economic review, 2008, 49 (2): 577-593.

[181] VARIAN H R. Intermediate microeconomics: a modern approach [M]. 9th ed. New York: W.W.Norton, 2014.

[182] AUGUSTIN P, BOUSTANIFAR H, BRECKENFELDER J, et al. Sovereign to corporate risk spillovers [J]. Journal of money, credit and banking, 2018, 50 (5): 857-891.

[183] BECK T, LEVINE R, LEVKOV A. Big bad banks? The winners and losers from bank deregulation in the United States [J]. The journal of finance, 2010, 65 (5): 1637-1667.

[184] CANTONI D, CHEN Y, YANG D Y, et al. Curriculum and ideology [J]. Journal of political economy, 2017, 125 (2): 338-392.

[185] CHEN S, WANG L. Will political connections be accounted for in the in-

terest rates of Chinese urban development investment bonds? [J]. Emerging markets finance and trade, 2015, 51 (1): 108-129.

[186] CHEN C R, LI Y, LUO D, et al. Helping hands or grabbing hands? An analysis of political connections and firm value [J]. Journal of banking & finance, 2017 (80): 71-89.

[187] HE F, MA Y. Do political connections decrease the accuracy of stock analysts' recommendations in the Chinese stock market? [J]. Economic modelling, 2019 (81): 59-72.

[188] HOPENHAYN H A. Entry, exit, and firm dynamics in long run equilibrium [J]. Econometrica: journal of the econometric society, 1992 (1): 1127-1150.

[189] HOU Q, HU M, YUAN Y. Corporate innovation and political connections in Chinese listed firms [J]. Pacific-basin finance journal, 2017 (46): 158-176.

[190] OTCHERE I, SENBET L W, ZHU P. Does political connection distort competition and encourage corporate risk taking? International evidence [J]. Journal of empirical finance, 2020, 1 (55): 21-42.

[191] SU Z Q, XIAO Z, YU L. Do political connections enhance or impede corporate innovation? [J]. International review of economics & finance, 2019 (63): 94-110.

[192] WU W, WU C, ZHOU C, et al. Political connections, tax benefits and firm performance: evidence from China [J]. Journal of accounting and public policy, 2012, 31 (3): 277-300.

[193] MONTINOLA G, QIAN Y, WEINGAST B R. Federalism, Chinese style: the political basis for economic success in China [J]. World politics, 1995, 48 (1): 50-81.

[194] CLARIDA R, GALI J, GERTLER M. Monetary policy rules and macroeconomic stability: evidence and some theory [J]. The quarterly journal of economics, 2000, 115 (1): 147-180.

[195] KORNAI J, MASKIN E, ROLAND G. Understanding the soft budget constraint [J]. Journal of economic literature, 2003, 41 (4): 1095-1136.

[196] KAUFMAN G G, SCOTT K E. What is systemic risk, and do bank regulators retard or contribute to it? [J]. The independent review, 2003, 7 (3): 371-391.

[197] ZHANG X. Fiscal decentralization and political centralization in China: Implications for regional inequality [J]. Journal of comparative economics, 2005, 34 (4): 713-726.

[198] JIN H, QIAN Y, WEINGAST B R. Regional decentralization and fiscal incentives: Federalism, Chinese style [J]. Journal of public economics, 2005, 89 (9-10): 1719-1742.

[199] CLAESSENS S, FEIJEN E, LAEVEN L. Political connections and preferential access to finance: the role of campaign contributions [J]. Journal of financial economics, 2008, 88 (3): 554-580.

[200] FAN J P, RUI O M, ZHAO M. Public governance and corporate finance: Evidence from corruption cases [J]. Journal of comparative economics, 2008, 36 (3): 343-364.

[201] ADRIAN T, SHIN H S. Financial intermediaries and monetary economics [M]. Amsterdam: Elsevier B. V., 2009.

[202] DISYATAT P. The bank lending channel revisited [J]. Journal of money credit & banking, 2011, 43 (4): 711-734.

[203] MARTIN R. The local geographies of the financial crisis: from the housing bubble to economic recession and beyond [J]. Journal of economic geography, 2011, 11 (4): 587-618.

[204] AGORAKI M-EK, DELIS M D, PASIOURAS F. Regulations, competition and bank risk-taking in transition countries [J]. Journal of financial stability, 2011, 7 (1): 38-48.

[205] BOLTON P, JEANNE O. Sovereign default risk and bank fragility in financially integrated economies [J]. IMF economic review, 2011, 59 (2): 162-194.

[206] KLOMP J, DE HAAN J. Banking risk and regulation: Does one size fit all? [J]. Journal of banking & finance, 2012, 36 (12): 3197-3212.

[207] DELIS M D, TRAN K C, TSIONAS E G. Quantifying and explaining pa-

rameter heterogeneity in the capital regulation—bank risk nexus [J]. Journal of financial stability, 2012, 8 (2): 57-68.

[208] BARTH J R, LIN C, MA Y, et al. Do bank regulation, supervision and monitoring enhance or impede bank efficiency? [J]. Journal of banking & finance, 2013, 37 (8): 2879-2892.

[209] GENNAIOLI N, MARTIN A, ROSSI S. Banks, government bonds, and default: what do the data say? [R]. Washington DC: IMF, 2014.

[210] FANG H, GU Q, ZHOU L-A. The gradients of power: evidence from the chinese housing market [R]. Cambrige MA: National bureau of economic research, 2014.

[211] ACHARYA V, DRECHSLER I. A Pyrrhic Victory? Bank Bailouts and Sovereign Credit Risk [J]. Journal of finance, 2014, 69 (6): 2689-2739.

[212] LUO C. Questioning the soft budget constraint [J]. Annals of economics and finance, 2014, 15 (1): 403-412.

[213] LI T. Shadow banking in China: expanding scale, evolving structure [J]. Journal of financial economic policy, 2014, 6 (3): 198-211.

[214] SHARMA S D. Shadow banking, Chinese style [J]. Economic affairs, 2014, 34 (3): 340-352.

[215] HUANG Q, HAAN J, SCHOLTENS B. Analyzing systemic risk in the Chinese banking system [R]. Munich: CESifo, 2015.

[216] SHENG A, SOON N C. Bringing Shadow Banking into the Light: opportunity for financial reform in China [R]. Hongkong: Fung Global Institute, 2015.

[217] BARTH J R, LI T, SHI W, et al. China's shadow banking sector: beneficial or harmful to economic growth? [J]. Journal of financial economic policy, 2015, 7 (4): 421-445.

[218] WU X. An introduction to Chinese local government debt [R]. Beijing: Tsinghua University, 2015.

[219] NUNO G, THOMAS C. Monetary policy and sovereign debt vulnerability [R]. New York: SSRN, 2015.

[220] TSAI K S. The political economy of state capitalism and shadow banking in China [R]. New York: SSRN, 2015.

［221］ PEREZ D. Sovereign debt, domestic banks and the provision of public liquidity ［R］. Palo Alto: Stanford University, 2015.

［222］ AMBROSE B W, DENG Y, WU J. Understanding the risk of China's local government debts and its linkage with property markets ［J］. Social science electronic publishing, 2015, 1 (29): 36.

［223］ GABALLO G, ZETLIN-JONES A. Bailouts, moral hazard and bankss home bias for sovereign debt ［R］. Pittsburgh: Carregie-Rochester-NYU Conference, 2016.

［224］ HATCHONDO J C, MARTINEZ L. Debt Dilution and Sovereign Default Risk ［J］. Journal of political economy, 2016, 124 (5): 1383-1422.

［225］ LUO J, HUANG Z, LI X. The effectiveness of China's anti-corruption campaign ［R］. Firm level Evidence working paper, 2016.

［226］ STANFIELD J R, YOU J, ZHANG B, et al. Is anti-corruption regulation necessarily a recipe for economic efficiency? ［R］. New York: SSRN, 2016.

［227］ GRIFFIN J M, LIU C, SHU T. Is the Chinese anti-corruption campaign effective? ［R］. New York: SSRN, 2016.

［228］ DE MARZO P, HE Z. Leverage dynamics without commitment ［R］. Cambrige MA: NBER, 2016.

［229］ BOCOLA L. The pass-through of sovereign risk ［J］. Journal of political economy, 2016, 124 (4): 879-926.

［230］ BEHR P, FOOS D, NORDEN L. Cyclicality of SME lending and government involvement in banks? ［J］. Journal of banking & finance, 2017 (77): 64-77.

［231］ ROETTGER J. Discretionary monetary and fiscal policy with endogenous sovereign default ［J］. Journal of economic dynamics and control, 2019, 105 (5): 44-66.

［232］ CHEN Z, HE Z, LIU C. The financing of local government in China: stimulus loan wanes and shadow banking waxes ［J］. Journal of financial economics, 2020, 137 (1): 42-71.

［233］ CHEN K, WEN Y. The great housing boom of China ［J］. American economic journal: macroeconomics, 2017, 9 (2): 73-114.

［234］ AHAMED M M, MALLICK S K. House of restructured assets: how do they affect bank risk in an emerging market? [J]. Journal of international financial markets institutions & money, 2017 (47): 1-14.

[235] GLAESER E, HUANG W, MA Y, et al. A real estate boom with Chinese characteristics [J]. Journal of economic perspectives, 2017, 31 (1): 93-116.

[236] ARELLANO C, BAI Y, BOCOLA L. Sovereign default risk and firm heterogeneity [R]. Cambrige MA: NBER, 2017.

[237] SOSA-PADILLA C. Sovereign defaults and banking crises [R]. Hamilton: McMaster University, 2017.

[238] AMSTAD M, HE Z. Chinese bond market and interbank market [R]. Cambrige MA: NBER, 2019.

[239] HUANG Z, DU X. Holding the market under the stimulus plan: local government financing vehicles' land purchasing behavior in China [J]. China economic review, 2018, 8 (50): 85-100.

[240] CHEN H, CHEN Z, HE Z, et al. Pledgeability and asset prices: evidence from the Chinese corporate bond Markets [R]. Chicago: Chicago Booth, 2018.

附录

本书使用逆向归纳法来求解模型，假设银行的预期利润函数为

$$\Pi = \left[q(r_L - r_D(1-k)) - r_E k - \frac{cq^2}{2} \right] L(r_L) \tag{1}$$

首先，求解银行在第三阶段的最优选择，即在 r_L 和 k 给定的情况下，银行选择监督的努力程度 q。银行最优的监督努力程度的一阶条件为

$$\frac{\partial \Pi}{\partial q} = [r_L - r_D(1-k) - cq] L(r_L) \tag{2}$$

令 $\frac{\partial \Pi}{\partial q} = 0$，可得

$$\hat{q} = \frac{r_L - r_D(1-k)}{c} \tag{3}$$

接着，求解第二阶段银行贷款利率的最优选择。

因为 $r_D = \frac{r^*}{\hat{q}}$，带入式（3）式可得

$$cq^2 - r_L * q + r^*(1-k) = 0 \tag{4}$$

求解一元二次方程，可以得到

$$\hat{q}(k) = \frac{1}{2c}\left(r_L + \sqrt{r_L^2 - 4c\,r^*(1-k)} \right) \tag{5}$$

再回到利润函数，对利润函数求 r_L 的一阶导数：

$$\frac{\partial \Pi}{\partial r_L} = \hat{q}L(r_L) + \frac{\partial L(r_L)}{\partial r_L}\left(\hat{q}(r_L - r_D(1-k)) - r_E k - \frac{c\,\hat{q}^2}{2} \right) + \frac{\partial \Pi}{\partial q}\frac{\partial q}{\partial r_L} \tag{6}$$

根据包络定理可知 $\frac{\partial \Pi}{\partial q}\frac{\partial q}{\partial r_L} = 0$，则式（6）可写为

$$\frac{\partial \Pi}{\partial r_L} = \hat{q}L(r_L) + \frac{\partial L(r_L)}{\partial r_L}\left(\hat{q}(r_L - r_D(1-k)) - r_E k - \frac{c\,\hat{q}^2}{2} \right) \tag{7}$$

令 $Z = \dfrac{\partial \Pi}{\partial r_L} = 0$，求最优贷款利率 $\widehat{r_L}$：

$$\widehat{r_L} = \frac{A}{2b} + \frac{1}{2\hat{q}}\left(r^*(1-k) + r_E k + \frac{c\,\hat{q}^2}{2}\right) \tag{8}$$

根据隐函数求导法则：

$$\frac{\partial \widehat{r_L}}{\partial k} = -\frac{\dfrac{\partial Z}{\partial k}}{\dfrac{\partial Z}{\partial r_L}}$$

先求 $\dfrac{\partial Z}{\partial r_L}$，令 $Y = \hat{q}(r_L - r_D(1-k)) - r_E k - \dfrac{c\,\hat{q}^2}{2}$，带入上式可得

$$\frac{\partial Z}{\partial r_L} = \hat{q}\frac{\partial L(r_L)}{\partial r_L} + L(r_L)\frac{\partial \hat{q}}{\partial r_L} + \hat{q}\frac{\partial L(r_L)}{\partial r_L} + \frac{\partial^2 L(r_L)}{\partial r_L^2}Y + \frac{\partial L(r_L)}{\partial r_L}\frac{Y}{\partial q}\frac{\partial q}{\partial r_L} \tag{9}$$

又因为：

$$\frac{\partial^2 L(r_L)}{\partial r_L^2} = 0 \tag{10}$$

根据包络定理：

$$\frac{\partial L(r_L)}{\partial r_L}\frac{Y}{\partial q}\frac{\partial q}{\partial r_L} = 0 \tag{11}$$

所以：

$$\frac{\partial Z}{\partial r_L} = 2\hat{q}\frac{\partial L(r_L)}{\partial r_L} + L(r_L)\frac{\partial \hat{q}}{\partial L(r_L)} \tag{12}$$

根据 $Z = 0$，可以反推：

$$L(r_L) = -\frac{\partial L(r_L)}{\partial r_L}\frac{Y}{\hat{q}} \tag{13}$$

将上式代入式（12）可得

$$\frac{\partial Z}{\partial r_L} = \frac{1}{\hat{q}}\left(2\,\hat{q}^2\frac{\partial L(r_L)}{\partial r_L} - \frac{\partial L(r_L)}{\partial r_L}Y\frac{\partial \hat{q}}{\partial L(r_L)}\right) \tag{14}$$

将式（3）代入式（14）可得

$$\frac{\partial Z}{\partial r_L} = \frac{1}{\hat{q}}\frac{\partial L(r_L)}{\partial r_L}\left(\frac{3}{2}\left(\frac{r_L - r_D(1-k)}{c}\right)^2 + \frac{r_E k}{c}\right) < 0 \tag{15}$$

现在求 $\dfrac{\partial Z}{\partial k}$，根据 $r_D = \dfrac{r^*}{q}$ 可得

$$\frac{\partial Z}{\partial k} = \frac{\partial L(r_L)}{\partial r_L}\left(-\xi + \frac{\partial \hat{q}}{\partial k}(r_L - c\hat{q})\right) + L(r_L)\frac{\partial \hat{q}}{\partial k} \tag{16}$$

将式（5）代入上式可得

$$\frac{\partial Z}{\partial k} = \frac{L(r_L)\,r^*}{\sqrt{r_L^2 - 4c\,r^*(1-k)}} > 0 \tag{17}$$

因此：

$$\frac{\partial \widehat{r_L}}{\partial k} = -\frac{\dfrac{\partial Z}{\partial k}}{\dfrac{\partial Z}{\partial r_L}} > 0 \tag{18}$$

根据式（5）可得

$$c\frac{\partial \hat{q}}{\partial k} = 0.5\frac{\partial \widehat{r_L}}{\partial k} + \frac{c\,r^* + 0.5\dfrac{\partial \widehat{r_L}}{\partial k}\widehat{r_L}}{\sqrt{r_L^2 - 4c\,r^*(1-k)}} \tag{19}$$

因为 $\dfrac{\partial \widehat{r_L}}{\partial k} > 0$，显然：

$$\frac{\partial \hat{q}}{\partial k} > 0 \tag{20}$$

通过隐函数求导法则，可以知道 $\dfrac{d\,r_L}{d\,r^*} = -\dfrac{\dfrac{\partial Z}{\partial r^*}}{\dfrac{\partial Z}{\partial r_L}}$，显然：

$$\frac{\partial Z}{\partial r_L} < 0 \tag{21}$$

$$\frac{\partial Z}{\partial r^*} = \frac{\partial \hat{q}}{\partial r^*}L(r_L) - \frac{\partial L(r_L)}{\partial r_L}\left(1 - \frac{\partial \hat{q}}{\partial r^*}(\widehat{r_L} - c\hat{q})\right) \tag{22}$$

将式（5）代入式（21）可得

$$\frac{\partial Z}{\partial r^*} = -\frac{\partial L(r_L)}{\partial r_L}\frac{1}{4\,r^*\sqrt{r_L^2 - 4c\,r^*(1-k)}}\left(2\,r^*c\hat{q}(1+k) + 4k\xi(\widehat{r_L} - c\hat{q})\right) > 0 \tag{23}$$

由此可证：

$$\frac{d\,r_L}{d\,r^*} = -\frac{\dfrac{\partial Z}{\partial r^*}}{\dfrac{\partial Z}{\partial r_L}} > 0 \qquad (24)$$

最后回到利润函数，求解银行资本结构的最优选择：

$$\Pi = \left[\hat{q} * \widehat{r_L} - r^*(1-k) - r_E k - \frac{c\,\hat{q}^2}{2}\right] L(\widehat{r_L}) \qquad (25)$$

利润函数对 k 求一阶导数可得

$$\frac{\partial \Pi}{\partial k} = r^* - r_E + \frac{\partial \hat{q}}{\partial k}(\widehat{r_L} - c\hat{q}) = -\xi + \frac{\partial \hat{q}}{\partial k}(\widehat{r_L} - c\hat{q}) \qquad (26)$$

现在判断 $\widehat{r_L} - c\hat{q}$ 的符号，将式（5）代入可得

$$\widehat{r_L} - c\hat{q} = \frac{1}{2}\left(r_L - \sqrt{r_L^2 - 4c\,r^*(1-k)}\right) > 0 \qquad (27)$$

考虑如下导数：

$$\frac{d}{d\,r^*}\left(\frac{\partial \Pi}{\partial k}\right) = \frac{\partial}{\partial\,r^*}\left(-\xi + \frac{\partial \hat{q}}{\partial k}(\widehat{r_L} - c\hat{q})\right) = \frac{\partial \hat{q}}{\partial k}\left(\frac{d\,\widehat{r_L}}{d\,r^*} - c\frac{d\hat{q}}{d\,r^*}\right) + \frac{\partial q^2}{\partial k\partial\,r^*}(\widehat{r_L} - c\hat{q})$$

要证 $\dfrac{\partial \Pi}{\partial k} = 0$，即证 $\dfrac{d}{d\,r^*}\left(\dfrac{\partial \Pi}{\partial k}\right) = 0$。而 $\dfrac{d}{d\,r^*}\left(\dfrac{\partial \Pi}{\partial k}\right) = 0$ 等价于式（28）

$$\frac{\partial \hat{q}}{\partial k}\left(\frac{d\,\widehat{r_L}}{d\,r^*} - c\frac{d\hat{q}}{d\,r^*}\right) + \frac{\partial q^2}{\partial k\partial\,r^*}(\widehat{r_L} - c\hat{q}) = 0 \qquad (28)$$

又因为：

$$\hat{q}(k) = \frac{1}{2c}\left(r_L + \sqrt{r_L^2 - 4c\,r^*(1-k)}\right) \qquad (29)$$

所以：

$$\frac{\partial q^2}{\partial k\partial\,r^*} = \frac{\partial^2}{\partial k\partial\,r^*}\left(\frac{1}{2c}\left(r_L + \sqrt{r_L^2 - 4c\,r^*(1-k)}\right)\right) = \frac{r_L^2 - 2c\,r^*(1-k)}{\left(r_L^2 - 4c\,r^*(1-k)\right)^{\frac{3}{2}}} > 0$$

$$(30)$$

而且：

$$\widehat{r_L} - c\hat{q} > 0 \qquad (31)$$

所以：

$$\frac{\partial \hat{q}}{\partial k}\left(\frac{d\,\widehat{r_L}}{d\,r^*} - c\frac{d\hat{q}}{d\,r^*}\right) = -\frac{\partial q^2}{\partial k\partial\,r^*}(\widehat{r_L} - c\hat{q}) < 0$$

又因为：

$$\frac{\partial \hat{q}}{\partial k} > 0 \tag{32}$$

$$\frac{d \hat{r_L}}{d r^*} > 0 \tag{33}$$

$$c > 0$$

所以：

$$\frac{d\hat{q}}{d r^*} > 0 \tag{34}$$

假说 1 证明完毕。

在原假设下，加入政府官员晋升激励变量后的预期利润函数：

$$\Pi' = \left[(q + q_g)(r_L - r_D(1 - k)) - r_E k - \frac{c(q + q_g)^2}{2} \right] L(r_L) \tag{35}$$

给定 k 和 r_L，银行最优的监督努力程度的一阶条件为

$$\frac{\partial \Pi'}{\partial q} = [r_L - r_D(1 - k) - c(q + q_g)] L(r_L) \tag{36}$$

令 $\dfrac{\partial \Pi'}{\partial q} = 0$，可得

$$q'^* = \frac{r_L - r_D(1 - k)}{c} - q_g > q^* \tag{37}$$

假说 2 证明完毕。

后记

　　本书是国家社会科学基金项目"中央与地方政府目标偏差视角下金融系统性风险研究"的研究成果。项目获批后，课题组收集、整理和分析了大量相关文献、资料与数据，并对监管机构、地方政府、商业银行和企业进行了调查研究，与相关工作人员进行深入交流，为课题的顺利进行奠定了重要的感性认识基础并提供了丰富的支撑材料。

　　在梳理经济现实的基础上，本书立足银行系统与债券市场两个维度来考察金融系统性风险的生成，有助于更清晰地认识中央与地方政府间激励不一致造成的金融资源配置扭曲与财政金融风险隐匿的中微观症结。一方面，有别于"地方政府→银行风险"这一主流研究模式，本书立足"地方政府→银行风险←中央政府"的双向模式，从货币政策、监管政策与反腐败多层面引入中央政府的角色，考察了中央与地方政府在银行风险生成上的制衡作用。另一方面，既有研究基本认同地方政府债务风险的重要根源是中央与地方政府目标不一致所形成的预算软约束问题，但主要聚焦于"问题→原因→方案"的探讨，对于治理方案的后续评估不足。本书基于债券市场数据，从 2014 年版《预算法》入手，考察了中央硬化地方政府预算约束的效果，以及可能导致风险外溢效应；尝试从官员变更的角度捕捉地方政府对辖内企业的"兜底"行为及其风险后果。这些都有助于调整与完善地方债务与金融风险治理政策，实现治理举措与治理效果的统一。

随着我国经济进入追求高质量发展阶段，如何全面及时地识别、判断金融系统性风险以维护金融安全是我们必须面对的问题。基于中国特征性因素研究中国系统性风险问题是一个长期的话题。尽管本书从中央与地方政府目标偏差的视角切入，做了一些努力，克服了一些难题，但仍然只是一个尝试，研究中还有许多有待于进一步思考的问题。书中不当之处，恳请读者批评指正。

　　本书的出版离不开课题研究团队的倾情付出，感谢李书昕、符旭、陈应、徐梓涵、邓浩田、沈思宇、张正一等同学在研究过程中所付出的努力。感谢在课题研究期间给予帮助和鼓励的师友们，有幸与你们一路同行。最后，衷心感谢本书的责任编辑李思嘉为书稿编校付出的辛勤劳动。

邹瑾

2021 年 7 月